幼儿园兴趣衔接课程

张爱芳　王凤梅　著

中国海洋大学出版社
·青岛·

图书在版编目（CIP）数据

幼儿园兴趣衔接课程 / 张爱芳，王凤梅著. — 青岛：中国海洋
大学出版社，2024.10

ISBN 978-7-5670-4014-4

Ⅰ．G613

中国国家版本馆CIP数据核字第2024FN1975号

幼儿园兴趣衔接课程

YOUERYUAN XINGQU XIANJIE KECHENG

出版发行	中国海洋大学出版社
社　　址	青岛市香港东路 23 号　　邮政编码　266071
网　　址	http://pub.ouc.edu.cn
出 版 人	刘文菁
责任编辑	董　超　郝倩倩
印　　制	高密市现代印刷有限公司
版　　次	2024 年10月第 1 版
印　　次	2024 年10月第 1 次印刷
成品尺寸	185 mm × 260 mm
印　　张	20.25
字　　数	359 千
印　　数	1 ～ 1000
定　　价	58.00 元
订购电话	0532-82032573（传真）

发现印装质量问题，请致电 0536-2356908，由印刷厂负责调换。

序言

在孩子们清澈如水的眼眸中,世界宛如一本尚未被翻阅的神奇之书,每一页都写满了未知与好奇。作为教育工作者,我们深知,学前教育,这扇通往知识世界的门扉,不仅是孩子们身心发展的基石,更是他们兴趣、梦想、性格塑造的摇篮。因此,我们怀着对童真世界的敬畏与热爱,精心创作了这本《幼儿园兴趣衔接课程》,旨在为孩子们的成长之路添上一抹亮丽的色彩。

课程源于儿童兴趣。在《幼儿园保育教育评估指南》的指引下,我们坚信:"教育的真谛,在于激发孩子的自主学习潜能。"正如蒋梦麟教授所倡导,让每一个孩子都充满活力,而这活力的源泉,正是源于他们对世界的热爱与兴趣。兴趣,是孩子们探索世界的动力,是他们追求梦想的翅膀。因此,我们设计的五大领域兴趣课程,紧紧围绕"兴趣"这一核心,让孩子们在游戏中学习,在快乐中成长。

我们深知,教育不仅仅是传授知识,更是引领孩子们发现自我、实现自我。因此,在本书中,我们特别强调了教育要回归"儿童立场",从儿童的角度出发,关注他们的需求、兴趣和经验。我们期望通过富有吸引力和挑战性的课程,激发孩子们的学习兴趣,让他们在快乐中学习,在成长中收获。

课程基于生活和游戏。本书基于儿童心理学的研究成果,结合幼儿园生活即教育的理念,精心设计了五大领域的兴趣课程。五育兴趣衔接课程涵盖了健康、语言、社会、科学和艺术等多个方面,旨在通过生动有趣的活动和游戏,激发孩子们的学习兴趣,培养他们的综合能力。

健康领域,我们注重培养孩子们的身体素质和健康意识,通过体育活动和游戏,让他们学会基本的运动技能和健康知识。语言领域,我们鼓励孩子们勇敢表达,通过故事讲述、角色扮演等活动,提升他们的语言表达能力和沟通技巧。社会领域,我们引导孩子们学会与人交往、分享和合作,培养他们的团队精神和社交能力。科学领域,我们激发孩子们的好奇心,通过探索实验和观察活动,培养他们的科学思维和实践能力。艺术领域,我们鼓励孩子们发挥想象力和创造力,通过绘画、音乐等活动,培养他们的审美能力和艺术修养。

课程回归"儿童立场"。 本书强调"兴趣"在教学中的核心地位。我们相信,只有当孩子们对学习充满兴趣时,他们才能真正投入其中,获得更好的学习效果。随着五育兴趣课程的深入实践,我们更加认识到兴趣培养对孩子的个性化发展和综合素质的重要性。为此,在本书的编写过程中,我们充分考虑了孩子们的认知特点和学习习惯,在课程设计上注重趣味性、互动性和实践性,让孩子们在轻松愉悦的氛围中快乐学习、健康成长,采用了生活化、游戏化、活动化的教学方式,让课程有趣、好玩、有用。

同时,我们也意识到教育不仅仅是教师的责任,更是家长和社会共同的事业。因此,我们邀请了多位教育专家和一线教师、家长参与本书的审订和实践优化工作,确保本书的科学性、系统性和实用性。在此,我们衷心感谢所有参与本书实践和审订工作的专家、教师和家长朋友们,是他们的辛勤付出和宝贵经验,使得本书得以顺利完成。

最后,我们衷心希望这本书能够成为广大幼儿园教师和家长的良师益友,为孩子们的快乐学习和健康成长提供有力的支持。让我们携手共进,为孩子们的明天播下希望的种子,让他们的未来因兴趣而绚烂多彩!

张爱芳

2024年5月

目 录

第一章

幼儿园兴趣衔接课程概述

一、课程构建背景

（一）国家育人要求

兴趣是开启幼儿成长的钥匙，本课程深入贯彻《国家中长期教育改革和发展规划纲要（2010—2020年）》和《国务院关于当前发展学前教育的若干意见》，指导幼儿园和家庭实施科学的保育和教育，促进幼儿身心全面和谐发展，遵循幼儿的发展规律和学习特点。

《3-6岁儿童学习与发展指南》中指出，要珍视幼儿生活和游戏的独特价值，充分尊重和保护其好奇心和学习兴趣，创设丰富的教育环境，合理安排一日生活，最大限度地支持和满足幼儿通过直接感知、实际操作和亲身体验获取经验的需要，尊重幼儿发展的个体差异；既要准确把握幼儿发展的阶段性特征，又要充分尊重幼儿发展连续性进程上的个别差异，支持和引导每个幼儿从原有水平向更高水平发展，按照自身的速度和方式到达，切忌用一把"尺子"衡量所有幼儿。

（二）个性发展的需求

兴趣培养与个性发展之间存在着密切且互相促进的关系。

1.兴趣反映个性特点

孩子的兴趣爱好往往与其内在的心理特质和个性特征紧密相关。比如，内向的孩子可能更倾向于阅读、绘画这类安静、独处的活动；外向的孩子则可能更喜欢足球、舞蹈等团队合作类活动。因此，兴趣爱好可以成为了解孩子个性的一个窗口。

2.兴趣促进个性发展

通过参与他们感兴趣的活动，孩子们能在探索和实践中逐渐形成自我认知，增强自信心，发展独立性和责任感。兴趣爱好提供了自我表达的平台，有助于孩子发现并强化自己的优势，同时也能学会如何面对挑战和失败，这些经历对个性的成熟有着不可或缺的作用。

3.个性影响兴趣选择

孩子的个性特点也会影响他们的兴趣偏好。例如，一个好奇心强、喜欢探索的孩子可能会对科学实验表现出浓厚兴趣，而一个有耐心、细致的孩子则可能更喜欢拼图或模型制作。个性特质不仅影响兴趣的形成，还决定了孩子在活动中的态度和方式。

4.因材施教的重要性

认识到兴趣与个性的这种相互作用，教育者应当采用因材施教的方法，尊重并利用孩子的个性差异来引导兴趣培养。这意味着在课程设计、活动安排上，教师应创造多样化的环境，以满足不同个性孩子的需求，促使每个孩子都能在符合自身兴趣和个性的领域中得到成长。

5.个性与兴趣的相互塑造

在兴趣培养的过程中，孩子的个性也会逐渐被塑造和完善。例如，团队合作活动不仅能满足外向孩子社交的需求，也能帮助内向的孩子逐步增强社交技能。反之，个性的成长也会促使孩子对新的兴趣领域产生好奇，进一步丰富其兴趣范围。兴趣培养与个性发展是一个相辅相成的过程。教育者和家长应鼓励和支持孩子探索多元兴趣，同时也要关注并尊重孩子的个性特征，以此来促进孩子全面发展。

（三）科学衔接的需求

随着教育需求的现代化和多元化，幼儿园与小学教育之间的衔接问题越来越受到关注。家长对幼小衔接的认知与重视日益提高，许多家长在孩子即将从幼儿园升入小学的关键时刻会感到焦虑，会采取不当的教育方式，想过早地让幼儿接受过多的知识教育和应试教育。教师方面也存在一定的误区和挑战：对于幼小衔接的重要性认识不足，往往过于关注幼儿的知识灌输和技能训练，而忽视了幼儿情感、社交、自理能力等方面的培养。

五育兴趣衔接课程在这种背景下应运而生，旨在激发幼儿的学习兴趣，培养其良好的学习习惯，为幼儿顺利度过幼小衔接阶段提供全面、生动、有趣的教育支持。

二、课程界定

（一）课程内涵

1.幼儿园兴趣衔接课程的内涵

以五育并举、全面发展为核心，以幼儿为本、注重个体差异为基础，通过游戏化教学、寓教于乐的方式以及成果展示的形式来促进幼儿的全面发展并激发其潜能的课程。

2.五育并举，全面发展

幼儿园兴趣衔接课程将德育、智育、体育、美育和劳动教育五个方面相互融合，结合幼儿园课程中五个领域内容的学习，以促进幼儿的全面发展为目标。这五个方面相互关联，共同构成了幼儿教育的完整体系。

德育：培养幼儿正确的道德观念和道德行为，注重培养幼儿的责任感、爱心和良好的行为习惯。

智育：关注幼儿认知能力的发展，包括观察力、记忆力、思维能力和解决问题的能力等，通过知识的传授和智力的开发，为幼儿的未来发展奠定基础。

体育：提高幼儿的身体素质，培养其运动技能和身体协调能力，通过体育活动增强幼儿的体质，促进其健康成长。

美育：培养幼儿的审美情感和审美能力以及创造美的能力，通过美育活动丰富幼儿的情感体验，提升其艺术素养。

劳动教育：使幼儿学会珍惜劳动成果，培养其独立生活能力和自我服务能力，通过劳动教育让幼儿在实践中获得成长。

以幼儿为本，注重个体差异：幼儿园兴趣衔接课程强调以幼儿为中心，尊重每个幼儿的个体差异，根据每个幼儿的兴趣、特长和发展水平来制订个性化的教育方案，让每个幼儿都能在适宜的环境下得到全面发展。

3.游戏化教学，寓教于乐

幼儿园兴趣衔接课程注重通过幼儿喜欢的游戏形式来进行教学，将知识和技能自然而然地融入游戏中，让幼儿在轻松愉快的氛围中学习和成长。

4.成果展示，激发幼儿潜能

课程还强调通过各种形式的表演、展示和互动活动来锻炼幼儿的表达和交流能力，同时展示幼儿的成果和潜力，增强幼儿的自信心和表现力。

（二）课程价值

幼儿园兴趣衔接课程是幼儿持续发展的需要，主要体现在促进幼儿全面发展、培养自主学习能力、增强社交能力、确保幼小顺畅衔接以及提升幼儿的综合素质等方面。这些需求对于幼儿未来的学习和成长具有重要意义。

1.促进幼儿全面发展

兴趣衔接课程有助于幼儿在德育、智育、体育、美育和劳动教育等各个方面得到均衡发展。通过多样化的教学活动，可以激发幼儿在不同领域中的潜能和兴趣，进而促进其全面素质的提升。

2.培养幼儿的自主学习能力

在兴趣衔接课程中，幼儿能够根据自己的兴趣选择学习内容，这种自主学习的方式有助于培养幼儿主动探索、独立解决问题的能力，为未来的学习和生活打下坚实的基础。

3.增强幼儿的社交能力

兴趣衔接课程通常包含小组合作、集体活动等形式，这有助于幼儿在团队中学会沟通、合作与分享，从而提升其社交能力，为其未来的社会交往做好准备。

4.确保幼小顺畅衔接

幼儿园兴趣衔接课程可以帮助幼儿更好地适应小学的学习环境。通过提前接触和了解小学的学习内容及学习方式，幼儿在升入小学后能够更快地融入新的学习环境，以减少因环境变化而带来的学习压力。

5.提升幼儿的综合素质

兴趣衔接课程注重培养幼儿的创新思维、实践能力和团队协作精神等综合素质。这些素质的培养不仅有助于幼儿在小学阶段取得更好的学习成绩，还能为其未来的发展奠定坚实的基础。

（三）课程原则

幼儿园兴趣衔接课程的原则可以归纳为以下几点。

1.全面发展原则

课程应涵盖德育、智育、体育、美育和劳动教育五个方面，确保幼儿在各个领域都能得到均衡发展，避免偏废其一。

2.以幼儿为中心原则

课程设计需根据幼儿的兴趣、年龄特点和认知发展规律来定制，确保课程内容既有趣味性，又能满足幼儿的学习需求。

3.实践性原则

课程应包含实践活动，让幼儿通过亲身参与和动手操作来增强理解和记忆，培养实际操作能力。

4.循序渐进原则

教学内容应从易到难，由浅入深，逐步引导幼儿深入学习和探索，避免跳跃式或超出幼儿接受能力的教学安排。

5.个性化教学原则

尊重每个幼儿的个性和差异，提供多样化的教学方式和内容，以满足不同幼儿的学习需求和兴趣点。

6.家园共育原则

积极与家长沟通合作，共同关注幼儿的发展，使家庭教育成为幼儿园教育的延伸和补充，形成教育合力。

7.持续性原则

兴趣衔接课程的实施应是一个持续不断的过程，需要长期坚持并不断调整优化，以适应幼儿成长的变化和需求。

这些原则共同构成了幼儿五育兴趣衔接课程的基础，指导着课程的规划、设计和实施，以确保幼儿能够在全面、系统、有趣的学习环境中健康成长。

三、课程目标

幼儿园兴趣衔接课程的目标在于通过兴趣引导，使幼儿在愉快的氛围中形成良好的品德习惯、扎实的知识基础、健康的体魄、丰富的审美情感和初步的劳动技能，为其终身发展奠定坚实的基础。

课程总目标：广培兴趣，全面发展；精育特长，促进个性成长。关注幼儿多领域兴趣，为幼儿全面、个性化发展打好基础。

各领域结合兴趣培养的具体目标概述如下。

1.德育（社会领域）兴趣培养目标

通过角色扮演、故事讲述、节日庆典等趣味活动，激发幼儿对善良行为、互助友爱的兴趣，培养诚实守信、尊重他人、爱护环境的道德情感和社会责任感。

2.智育（语言与科学领域）兴趣培养目标

依据幼儿兴趣设置探索性学习活动，如科学小实验、数学游戏、语言故事创编，激发幼儿对新知识的好奇心和探索欲，促进逻辑思维、语言表达和认知能力的发展。

3.体育（健康领域）兴趣培养目标

通过多样化、趣味化的体育游戏和活动，如亲子运动会、模仿动物跳跃、舞蹈律动，培养幼儿对运动的兴趣，增强体质，发展基本运动技能，同时培养团队协作和规则意识。

4.美育（艺术领域）兴趣培养目标

提供丰富的艺术材料和环境，如彩绘、泥塑、音乐律动，鼓励幼儿根据个人兴趣自由创作，激发对美的感知、欣赏和创造力，培养审美情趣和艺术表现力。

5.劳动教育（实践与生活技能）兴趣培养目标

结合幼儿的兴趣开展日常生活技能的学习，培养幼儿生活自理能力，通过参与实践活动，培养幼儿的动手能力、耐心以及对劳动成果的珍惜，同时增进其对社会生活的初步认识。

四、课程内容

幼儿园兴趣衔接课程旨在通过寓教于乐的方式，促进幼儿在德、智、体、美、劳全面发展，同时考虑到每个幼儿的个性与兴趣，确保学习内容贴近幼儿的实际需要和兴趣点。

基于国家五育并举的育人要求，结合幼儿年龄特点，依据《3-6岁儿童学习与发展指南》，对照各年龄段课程目标，构建五育兴趣衔接课程的框架内容，课程内容涵盖了趣味运动、科学探究、快乐阅读、愉悦社交、多彩艺术五个领域，其中多彩艺术所包含的创意美术、玩转音乐和快乐舞蹈，旨在全面培养幼儿的身体素质、认知能力、情感态度和社会技能，促进幼儿的身心健康发展，为其顺利过渡到小学阶段的学习与生活奠定坚实的基础。

1.趣味运动

以培养幼儿兴趣为主，结合体能训练、体育游戏、基本技术等，促进幼儿身心健康发展、激发运动潜能。

2.快乐阅读

游戏化、情景化的小故事、小儿歌，让幼儿在系统的课程体系、愉悦的教学环境中，养成良好的阅读习惯，清楚表达、大胆表现。

3.爱上探究

开展科学小实验、趣味操作帮助幼儿进行探索、求知，多样化的探索材料让幼儿感受科学的魔力，培养幼儿的动手能力、自主探索能力，锻炼思维，促进其脑智力均衡发展。

4.愉悦社交

设置游戏化、生活化、活动化的情境，让幼儿学会分享、等待、尊重和合作，在安全、轻松的环境中实践社交技能，体验友好相处的乐趣，提高适应环境的能力。

5.多彩艺术

创意美术：以绘画游戏为载体，包括泥工、手工等多种形式，用多样化的材料使幼儿学会从感知到运用的方法，开拓幼儿思维，让其内心世界得到充分表达。

玩转音乐：律动可以培养幼儿的节奏性并锻炼其动作技巧，培养其观察力、模仿力、创造力和想象力。还能通过与他人的接触，训练其社交能力和团队合作的能力。

快乐舞蹈：基本功训练可以磨炼意志，塑造形体和气质。舞蹈不仅是艺术教育，更是美育教育，让幼儿一生受益。

五、课程特点

幼儿园兴趣衔接课程在设计与实施上，充分体现了"有趣、好玩、有用"三大特点，具体表现在以下几个方面。

（一）有趣

1.内容设计

课程内容紧密贴合幼儿的兴趣爱好，采用故事化、游戏化的方式引入学习主题，如通过童话故事讲解道德小知识，利用动物角色教授自然现象，让学习变得生动有趣。

2.互动体验

大量融入角色扮演、情境模拟、互动游戏等元素，鼓励幼儿积极参与，享受探索和发现的乐趣，提高学习的积极性和主动性。

（二）好玩

1.活动多样

课程活动形式多样，包括户外探险、室内建构、创意美术、音乐律动等，满足不同幼儿的玩耍需求，让幼儿在玩中学、学中玩。

2.动手操作

强调动手操作和实践体验，如亲手种植花草、制作手工艺品，通过直接的操作实践，激发幼儿的好奇心和创造力，让学习过程充满乐趣。通过实践活动来巩固和深化所学知识，提高幼儿的实践能力。

（三）有用

1.全面发展

五育并举，确保活动既富有娱乐性，又能促进幼儿德、智、体、美、劳均衡发展，为幼儿日后的学习和生活打下坚实基础。

2.生活联系

紧密结合幼儿的生活实际，采用生活化的学习内容，如简单的自理能力训练、环保小知识，让幼儿学到的知识和技能在日常生活中得到应用，增强实用性。

3.习惯养成

在有趣的活动中潜移默化地培养幼儿良好的学习习惯、生活习惯和社会行为规范，如规律作息、分享合作、爱护环境，为幼儿的长远发展奠基。

幼儿园五育兴趣课程通过"有趣、好玩、有用"的设计理念，不仅激发了幼儿的学习兴趣，还有效促进了其全面发展，让幼儿在快乐中成长，在成长中收获。

六、教学方式

五育并举全面发展是幼儿教育的重要目标。为了实现这一目标，课程主要采用游戏化、生活化、活动化的教学方式。

（一）游戏化教学

游戏是幼儿期最重要的学习方式之一，它能够全面促进幼儿身心健康、智力、社会情感、语言表达等方面的发展。游戏化教学可以根据其功能和目的分为多种类型，教师结合学科特点选择以下五种游戏化教学类型。

1.角色扮演游戏

开展扮演不同角色的游戏，让幼儿体验不同的生活情境，培养他们的社会适应能力和解决问题的能力。例如，可以设立医院、超市、餐厅等各种角色扮演区，让幼儿自由选择和参与。

2.建构游戏

使用积木、拼图等材料，让幼儿自由搭建和创作，锻炼他们的空间感、想象力和创造力。此外，建构游戏还能促进幼儿的手眼协调和精细动作技能的发展。

3.桌面游戏

通过棋类、卡牌类、益智类等桌游，培养幼儿的逻辑思维、策略分析和团队协作能力。这类游戏通常需要理解一定的规则并执行，有助于提高幼儿的规则意识和自我控制能力。

4.音乐舞蹈游戏

开展唱歌、跳舞、敲击乐器等活动，让幼儿感受音乐节奏和旋律，培养他们的艺术修养和表现力。音乐舞蹈游戏还能提高幼儿的身体协调性和节奏感。

5.户外运动游戏

组织各种户外运动活动，如跳绳、踢球、攀爬，让幼儿在活动中锻炼身体、提高运动技能，并培养他们的团队协作和竞争意识。

游戏化教学的有效策略如下。

1.以幼儿为中心

关注幼儿的兴趣和需求，设计符合他们年龄和认知发展阶段的游戏活动，使他们在游戏中获得快乐和成就感。根据幼儿个体差异，实施差异化教学，确保每个幼儿都能在适合自己的水平上得到发展。

2.多元化的游戏类型

结合各种游戏类型，如角色扮演、建构游戏、桌游，丰富教学手段，满足幼儿的不同学习需求。

3.跨学科融合

将游戏与各个学科相结合，如在数学游戏中融入语言、科学等元素，让幼儿在游戏中自然而然地学习多学科知识。

4.灵活运用游戏资源

利用现有的教育资源，如玩具、图书、数字媒体，作为游戏材料，增加游戏的吸引力和实用性。

5.注重游戏的过程而非结果

鼓励幼儿在游戏过程中积极思考、尝试和创新，培养他们的探究精神和创新能力，而不仅仅是追求游戏的结果。

6.适时引导和支持

在幼儿游戏过程中，教师要适时给予指导和支持，解答疑惑，引导幼儿发现问题、解决问题，提升他们的自主学习能力。

7.家园共育

倡导家长参与幼儿的游戏化教学，如共享家庭教育经验、共同组织家庭游戏活动，形成良好的家校合作关系，共同促进幼儿的成长。

8.持续评估和调整

定期对游戏化教学的效果进行评估，根据幼儿的反馈和成长情况及时调整教学策略，确保教学活动始终适应幼儿的需求和发展。

（二）生活化教学

1.融入日常生活

将教学内容与幼儿的日常生活紧密相连，基于幼儿生活经验开展相关主题教学活动。如通过观察季节变化学习自然科学，或在日常饮食中引入营养知识。

2.实际操作

鼓励幼儿参与日常生活的实践，比如自己整理书包、参与简单的家务劳动，培养良好的生活习惯和独立性。

3.情境模拟

利用生活化的情境，使学习内容贴近幼儿实际经验，增强学习的实用性和趣味性。创设贴近生活的教学情境，如开设小小超市，让幼儿体验购物过程，学习货币概念和社交礼仪。

（三）活动化教学

1.主题式活动

围绕特定主题（如环保、节日庆典）设计一系列互动活动，让幼儿在参与的过程中多方面学习和发展。

2.综合实践活动

组织丰富多样的实践活动，如科学小实验、艺术创作、社会体验活动，鼓励幼儿提出问题、自我探索、合作解决问题，培养批判性思维和创新能力。促进幼儿全面发展。组织户外观察、自然探索活动，如植物认知、小动物观察，丰富幼儿的自然知识，增强其环保意识。

3.亲子活动

定期举办亲子手工活动、运动会等，加强幼儿家庭与幼儿园的联系，同时促进幼儿的情感发展和社会交往能力。

游戏化、生活化、活动化的教学方式能够充分调动幼儿的学习积极性，使他们在轻松愉快的氛围中获得全面发展。教师在设计课程时应注重教学内容的趣味性和实用性，确保教学活动既符合幼儿的认知发展水平，又能激发他们的学习兴趣。

七、课程规划与实施

（一）制订计划

依据《3-6岁儿童学习与发展指南》目标，对应小学阶段相应学科的核心能力和素养要求，制订教学计划，把32个目标有针对性地分配到五领域学期计划中，确定每周的教学计划。每周五个兴趣主题，每天一类兴趣培养，立足全面发展的同时，注重个性发展。

1.第一步：研究《3-6岁儿童学习与发展指南》

在制订教学计划之前，深入理解《3-6岁儿童学习与发展指南》中列出的32个具体目标，分析这些目标如何与五大领域（健康、语言、社会、科学、艺术）相对应。确保每个目标都能够在五领域中得到体现，并且根据儿童的年龄特点和认知水平，将这些目标分配到各个学期的教学计划中。

2.第二步：对应小学阶段相应学科核心能力和素养要求

考虑到幼小衔接的重要性，对接学科核心能力和素养要求，确保学前教学计划能够为幼儿未来进入小学打下坚实基础。在教学计划中融入这些要求，帮助幼儿逐步适应未来小学的学习和生活。

3.第三步：制订五领域学期计划

根据《3-6岁儿童学习与发展指南》目标和小学阶段各学科要求，将32个目标有针对性地分配到五领域的学期计划中。例如，在语言领域，可以安排阅读、听说、表达等具体活动；在科学领域，设计观察、实验和探索性的学习活动。确保每个领域都有明确的教学目标和活动内容。

4.第四步：确定每周教学计划

在学期计划的基础上，进一步细化到每周的教学计划。每周设定五个兴趣主题，这些主题可以围绕五领域的内容展开，如"自然探索周""艺术创作周""语言表达周""健康生活周"和"社会交往周"。每个主题下设计具体的教学活动和游戏，以促进儿童在该领域的发展。

5.第五步：安排每日兴趣培养活动

在每周教学计划下，每天安排一类兴趣培养活动。例如，周一是科学探究日；周二为艺术创作日；周三为快乐阅读日，进行语言表达活动；周四为趣味运动日，关注健康生活技能的培养；周五是愉悦社交日，开展社会交往和团队合作的游戏。这样的安排旨在通过多样化的活动，促进儿童的全面发展。

6.第六步：注重个性发展

在教学计划的实施过程中，要关注每个儿童的个性和兴趣差异。通过观察儿童在活动中的表现，了解他们的特长和兴趣点，并为他们提供个性化的学习资源和支持。例如，对于对艺术特别感兴趣的儿童，可以提供更多的绘画材料和创作机会；对于喜欢科学的儿童，则可以提供更多的实验器材和科学探索活动。

通过以上六个步骤，可以制订出一个既符合《3～6岁儿童学习与发展指南》目标，又能够衔接小学教育、注重幼儿全面发展的教学计划。同时，通过关注每个儿童的个性差异，确保他们在学前阶段能够得到充分的成长和发展。

（二）课程研创

根据教学计划，各领域教研组教师们自主认领课程、自主研创设计，名师团队带领教师在领域教研组内研讨打磨课例，由导师团队指导和审议，最后形成定稿发给教师共同实施。

1.研创内容

明确课程目标：基于幼儿发展需求，以《3～6岁儿童学习与发展指南》为统领，设定清晰的教育目标，涵盖德、智、体、美、劳各个方面。

选择教学内容：根据课程目标，选择适宜的教学主题和内容，确保内容的启蒙性、整合性和开放性。

设计教学活动：设计符合幼儿年龄特点和兴趣的游戏化、生活化、活动化教学活动。

2.教研机制

幼儿园课程研发教研机制是确保幼儿园教育质量和教学效果的重要环节。为了推动幼儿园课程的不断创新和优化，构建完善的教研机制，具体方案如下。

（1）教研团队组建与职责

教研团队：由园长、骨干教师、教育专家等组成专业的教研团队，共同负责课程研发工作。

团队职责：分析幼儿发展需求，确定课程目标；研究和设计适合幼儿发展的课程内容；评估和修订课程，确保其科学性和实效性。

（2）课程研发流程

需求调研：通过问卷、观察等方式收集幼儿、家长和教师的需求，为课程研发提供依据。

课程设计：根据调研结果，结合教育理念和幼儿发展目标，设计课程框架和具体内容。

教材编写与审定：依据课程设计，编写或选择适合的教材，并经过团队审定，确保质量。

教学实施与反馈：在课程实施过程中收集教师、幼儿和家长的反馈，及时调整和优化课程。

（3）教研活动的开展

定期研讨：每周、每月或每季度组织教研团队成员进行课程研讨，分享教学经验，解决教学问题。

教学观摩：组织教师相互观摩课堂教学，提出改进意见，共同提高教学水平。

专家指导：定期邀请教育专家进行课程指导和培训，提升教研团队的专业素养。

（4）教研成果的应用与推广

成果整理：将教研过程中的优秀案例、教学方法等进行整理归档，形成园本课程资源库。

成果应用：将教研成果应用于日常教学中，提高教育教学质量。

成果推广：通过学术会议、教育论坛等途径推广教研成果，与同行共享教育智慧。

（5）持续改进与优化

反馈收集：持续收集教师、幼儿和家长的反馈意见，作为课程改进的依据。

课程修订：根据反馈和教学实际情况，定期对课程进行修订和优化，确保课程的时效性和针对性。

通过以上教研机制的构建和实施，可以推动幼儿园课程的持续创新和发展，提升教师的教学水平，促进幼儿的全面发展。

3.研创模式

采用三段式研课模式，该模式针对幼儿兴趣衔接课程进行了精心的设计和规划。

（1）课前研课

研课程目标：确定课程的具体目标，这些目标应该与幼儿的发展阶段相匹配，并考虑到他们的兴趣和需要。确保目标是具体的、可衡量的，以便在课程结束后评估幼儿的进步。

研活动流程：设计活动的整体流程，确保活动有趣且能吸引幼儿的注意力。考虑活动的顺序和逻辑性，以及如何在活动中自然地引入新的概念和技能。

研重点难点：识别课程中可能出现的难点和挑战，如某些复杂概念的引入或需要特定技能的任务。准备辅助材料和教学方法，以帮助幼儿克服这些难点。

（2）课中观察与调整

观课程实施情况：密切观察幼儿在课堂上的表现和反应，以评估课程的实际效果。注意幼儿是否能够跟上课程的节奏，是否对活动内容感兴趣。

研个别关注：针对个别幼儿的特殊需求或困难，提供额外的支持和指导。鼓励幼儿参与并表达自己的想法，确保每个幼儿都能从课程中受益。

研教师回应：教师需要根据幼儿的实时反馈灵活调整教学策略。及时回应幼儿的问题和困惑，以保持他们的学习兴趣和动力。

（3）课后反馈与完善

及时反馈：在课程结束后，立即收集幼儿、其他教师以及家长的反馈。分析反馈数据，了解课程的优点和不足。

研突出问题：针对反馈中提到的突出问题进行深入研究。找出问题的根源，并思考如何在未来的课程中避免类似问题的出现。

研活动反思与课程生成：反思整个活动的设计和实施过程，总结经验教训。根据反思结果，调整和完善课程内容，生成新的课程计划。

完善与展示：教师根据各方反馈不断完善课程，直至形成精品课程。每月集中展示精品课程，邀请其他教师、家长和幼儿共同评价。

通过这种三段式研课模式，教师不仅能够提升教学质量，还能够更好地满足幼儿的学习需求和兴趣，促进他们的全面发展。同时，这一模式也鼓励教师之间的合作与交流，共同推动幼儿园教育水平的提升。

4.实施步骤

一是制作海报，在家长群发布，让家长明了活动的时间、内容、特点、流程。

二是教师课前根据课程制作思维导图，熟悉教学流程，并根据本班幼儿进行个性化调整。

三是教具、学具和幼儿经验准备，做到无教具、学具不进课堂。

四是记录活动过程。主教认真执教，助教做好拍照、拍视频以及个别幼儿指导工作。用视频记录活动过程，便于课后的反思与调整。

五是课后反馈。每天下午活动结束后及时反馈交流，便于调整优化。

六是活动延伸、家园共育。导师团队示范引领，名师团队先行带动，骨干教师积极参与。

（三）实施策略

在幼小衔接背景下，兴趣培养显得尤为重要，因为它不仅关乎孩子们的学习动力，还影响他们未来的学习和发展。幼小衔接背景下的兴趣培养措施包括创设合适的学习环境、引导学习活动的多样化、鼓励自主学习、顺应个体差异以及引导家长参与等方面。这些需求的满足将有助于幼儿顺利地从幼儿园过渡到小学，并持续保持对学习的热情。

1.创设合适的学习环境

准备教学材料：根据教学计划，收集或制作必要的教具、玩具、图书等资源，提供充满趣味和启发性的学习材料和工具，以激发幼儿的好奇心。

创设学习环境：布置教室，创建安全、温馨、富有启发性的学习空间，支持幼儿自主探索。鼓励合作与探索，让幼儿在互动中共同学习和成长。

2.引导学习活动的多样化

利用游戏和手工活动，让幼儿通过亲自动手的方式培养对学习的兴趣。引入美术、音乐等创意活动，以培养幼儿的审美能力和创造力。组织户外探索和自然观察活动，让幼儿在与自然的互动中激发对科学的兴趣。

3.鼓励自主学习

提供自由选择的学习机会，允许幼儿根据自己的兴趣选择学习内容，从而增强他们的学习主动性。教师通过引导提问、示范、反馈等策略，促进幼儿积极参与，鼓励幼儿探索、发现、解决问题。培养幼儿解决问题的能力，让他们在解决问题的过程中建立自信和独立思考的能力。鼓励幼儿制订个性化的学习计划，以更加主动地参与学习并追求自我提升。

4.顺应个体差异

教师应通过观察和交流了解每个幼儿的兴趣和优势，以便因材施教。根据幼儿的学习需求和偏好，制订个性化的学习计划，以满足他们的学习需求。灵活调整教学内容和方法，以适应不同幼儿的学习节奏和能力，确保每个幼儿都能获得适合其发展的学习体验。

5.引导家长参与

家长在孩子的兴趣培养中扮演着重要角色。定期与家长沟通幼儿在园表现，分享教学内容和成果，获取家长的支持与配合。鼓励家长参与孩子的学习过程，与孩子共同探索和学习。组织家园共育活动，如亲子游戏、家长会，促进家校一致的教育理念和方法。引导家长配合幼儿园的教育活动，为孩子提供必要的学习资源和支持，以促进孩子兴趣的持续发展。

（四）实施流程

幼儿园课程实施流程和策略是确保课程目标达成的关键步骤，一般包括以下几个阶段。

1.深入了解幼儿特点与需求

进行幼儿兴趣和能力评估：通过观察和评估工具，了解每个幼儿的兴趣点和发展水平，为后续课程设计提供依据。

家长访谈：与家长进行深入交流，了解幼儿在家庭环境中的表现、喜好及家长的教育期望。

2.创设有利于兴趣发展的教学环境

教室布置：设置不同的学习区域，如阅读区、艺术区、科学探索区，以满足幼儿不同领域的学习兴趣。

教学辅助材料：准备丰富的教学辅助材料，如图书、乐器、实验器材，以支持多样化的教学活动。

3.整合多元化教学资源与方法

利用多媒体教学资源：结合幼儿的年龄特点，选择适合的动画、音频和视频等多媒体材料辅助教学。

开展游戏化教学：设计富有挑战性和趣味性的游戏，让幼儿在游戏中学习新知识，提升学习兴趣。

4.设计多样化的课程内容与活动

主题式教学：围绕特定主题（如动物、植物、宇宙等）设计系列课程活动，引导幼儿深入探索和学习。

实践体验活动：组织幼儿参与科学实验、艺术创作、户外探险等实践活动，培养幼儿的动手能力和创新思维。

5.鼓励幼儿自主学习与探索

设立自主学习时间：在课程中留出一定时间供幼儿自主选择学习内容和方式，培养他们的自主学习习惯。

问题导向学习：鼓励幼儿提出问题，并引导他们通过独立思考和合作探讨寻找答案。

6.加强家园合作与沟通

定期家长会：组织家长会，与家长分享幼儿的学习情况和进步，同时了解家长对课程的反馈和建议。

家校互动平台：利用网络平台（如微信群）定期发布幼儿的学习成果和活动信息，增强家长对课程的参与感和认同感。

7.持续评估与调整课程方案

学习成果展示：定期组织幼儿进行学习成果展示活动，以评估他们的学习进步和兴趣发展情况。

课程反馈与调整：根据幼儿的学习表现和家长的反馈意见，及时调整课程内容和教学方法，以满足幼儿不断变化的学习需求。

通过上述流程和策略的实施，课程能够更加系统、有效地促进幼儿的全面发展，在幼小衔接背景下开展五育兴趣培养课程，帮助幼儿发现并发展自己的兴趣点，为他们的未来发展奠定坚实基础。同时，这个流程也强调了课程的持续优化和更新，以确保课程始终与幼儿的发展需求和市场趋势保持同步。

（五）课程评估

1.课程评估方式

过程性评估：通过观察、记录、作品分析等方式，对幼儿的学习过程和行为表现进行持续评估。

终结性评估：学期末或课程结束时，通过展示、测试、家长反馈等形式，总结幼儿的学习成果。

反馈与改进：将评估结果反馈给幼儿、家长及教师，用于指导后续教学的调整和优化。

每日反馈：导师团、名师团每天课后带领老师及时反馈交流，指出优点和不足，便于第二天及时调整。

每周反馈：每周定时组织领域组进行线下或线上教研，总结反馈本周课程的实施情况。每周定时组织名师团线上或群内书面交流总结，针对问题调整下周的活动安排。

每月反馈：月底做好每周精品课程、教研记录、实施情况统计表、调查表等资料的整理工作，便于分析、改进。

2.课程评估维度

教育目标的明确性与匹配度：评估课程是否明确了与幼儿全面发展需求相匹配的教育目标，这些目标应涵盖语言与沟通、社交与情感、身体运动、艺术与创造、认知与科学五大领域。

课程内容的多样性与丰富性：考察课程内容是否多样化，是否包含丰富的学习机会，如语言游戏、社交活动、体育运动、艺术表现和科学探索，以满足幼儿的不同兴趣和需求。

教师的素质与专业性：评价教师的专业素养和教学能力，包括是否具备相关专业知识和技能，以及能否运用合适的教学方法和策略引导幼儿学习。同时，还应评估教师是否具备关爱、耐心和尊重幼儿的态度。

学习环境的适宜性：观察学习环境是否有利于幼儿的学习和成长，包括教室布置、游戏设施、图书角和艺术材料等。环境应安全、卫生、愉悦且丰富，以激发幼儿的学习动力和创造力。

幼儿参与度和兴趣：分析幼儿在学习过程中的参与度和兴趣表现。课程设计应能引起幼儿的积极参与，激发他们的好奇心和求知欲。同时，应鼓励幼儿主动探索和互动，培养他们的自主学习能力。

家园合作与家长满意度：了解家长对课程的反馈和满意度，以及幼儿园与家长之间的沟通和合作情况。有效的家园合作对促进幼儿的发展至关重要，而家长的意见和建议也可以帮助幼儿园改进课程设计和实施。

幼小衔接的准备：特别关注课程是否帮助幼儿做好了进入小学的准备，包括学习小学学科知识、学习方法和学习技能的培养，以及小学生活适应性的辅导等。

课程效果评估：定期对课程效果进行评估，通过观察幼儿的发展情况、学习成果展示以及教育效果反馈等方式，全面了解课程对幼儿全面发展的促进作用。

综上所述，幼儿五育兴趣衔接课程的评估应综合考虑教育目标、课程内容、教师素质、学习环境、幼儿参与度、家园合作以及幼小衔接准备等多个方面，以确保课程能够全面促进幼儿的成长和发展。

3.课程评估方法

课程评估方法可以多样化，以确保全面、客观地评价课程效果。常用评估方法可以归纳为以下几种。

（1）观察评估法

通过对幼儿在日常课程活动中的行为、言语、动作等进行系统观察，评估他们在五育（德、智、体、美、劳）各个领域的发展情况。这种方法能够全面了解幼儿的兴趣、学习态度和技能掌握情况。

成果评估法：收集和分析幼儿在课程期间完成的作品、项目或任务，以此来评价他们的学习效果和创造力。通过对比课程开始前后的作品质量，可以评估幼儿在课程中的进步。

（2）测验评估法

使用专门针对幼儿设计的测验或量表，对幼儿在认知、语言、社交情感等方面的能力进行科学评估。这种方法能够提供更量化、客观的数据，帮助教师更精确地了解幼儿的发展水平。

（3）教师评价

教师根据幼儿在课堂上的表现、作业完成情况以及与同伴的互动，对幼儿进行综合评价。教师的专业判断能够提供有关幼儿学习态度、合作能力和问题解决技能等方面的深入见解。

（4）家长反馈法

通过问卷调查、座谈会或个别交流等方式，收集家长对幼儿在课程中的表现和进步的看法。家长的观察和反馈是评估幼儿发展的重要补充，同时也能促进家校之间的合作与沟通。

（5）自我对比法

鼓励幼儿进行自我评价，或是在教师的引导下进行同伴之间的互评。这有助于培养幼儿的自我认知能力和批判性思维，同时也能让教师了解幼儿对课程的主观感受。

（6）追踪评估法

对幼儿进行长期的追踪观察，记录他们在课程中的持续发展和变化。通过对比不同时间点的评估结果，可以分析课程对幼儿发展的长远影响。

综合运用以上评估方法，可以获得更全面、准确的幼儿五育兴趣衔接课程效果评价，从而为课程的改进和优化提供有力支持。

4.课程实施审议机制

"幼儿的兴趣、需要在哪里，我们的课程就在哪里。"这一理念强调了幼儿兴趣和需求在课程设计和实施中的核心地位。为了真正追随幼儿的兴趣和需要，让幼儿成为课程的主人，并促进幼儿课程的发展，幼儿园建立了完善的幼儿兴趣衔接课程实施审议机制。

（1）组建审议团队

组建了专家、幼儿园、家长三方联动的课程审议团队，幼儿园成立以园长、主任、骨干教师为主体的课程团队，并成立了五育兴趣衔接课程研创小组。审议团队既有理论支持，又具有丰富的教育经验和专业知识，能够确保课程审议的全面性和专业性。

（2）明确审议内容

在课程审议过程中，注重以下几个方面内容的审议。

基于幼儿生活经验设计课程：我们深入了解幼儿的生活经验和兴趣点，以此为基础设计课程，确保课程内容与幼儿的实际生活紧密相连，激发他们的学习兴趣。

目标导向：严格遵循《3-6岁儿童学习与发展指南》中的幼儿培养目标，确保课程目标与国家教育标准相一致。

聚焦关键能力培养：关注幼儿的十大关键能力培养，包括语言表达、数学思维、科学探究、艺术创作、社会交往等方面，确保课程能够全面提升幼儿的综合素养。

幼小衔接架构：结合幼小衔接入学准备进行课程设计，细化身心准备、生活准备、社会准备和学习准备四个方面的入学准备，精打细磨每一堂课，确保课程既符合幼儿当前的发展需求，又能为他们未来的学习生活打下坚实的基础。

课程系统性：架构科学五育兴趣衔接课程体系，注重德育、智育、体育、美育和劳动教育的有机融合，在课程中充分体现五育并举的教育理念，促进幼儿全面发展。

（3）课程审议阶段

课程研创与初步审议：由名师团队负责课程的初步研创并进行内部审议，确保课程内容的科学性和适宜性。

课堂示范与执教指导：幼儿园负责人亲自带领课程小组成员进行课堂示范执教，为教师提供具体的指导，确保课程实施的质量。

反馈调整与优化：在课程实施过程中，我们注重收集教师和幼儿的反馈意见，及时调整课程内容，确保课程更加符合幼儿的实际需求。

通过这样完善的审议机制，我们确保幼儿兴趣衔接课程能够真正追随幼儿的兴趣和需要，让他们在快乐中学习，全面发展。

八、课程优化与迭代

好课程必须适合幼儿发展，因此在课程构建与实施过程中，要特别注重课程的优化和迭代，编写的课例虽然经历了两年的实践打磨和迭代优化，但还需要使用者基于幼儿实际和教师自身情况，进行课程的优化和迭代，具体可以从多个方面入手，以下提供一些具体的操作过程。

（一）课程内容的优化与更新

1.持续更新课程内容

根据幼儿的兴趣和发展需求，定期更新课程内容，确保其与时代发展和教育目标保持一致。

2.引入多元化主题

设计多样化的主题，涵盖艺术、科学、社会等多个领域，以激发幼儿对不同领域的兴趣。

（二）教学方法的改进与创新

1.采用游戏化教学法

通过游戏化的方式引导幼儿学习，让他们在轻松愉快的氛围中掌握知识。

2.实践性与互动性相结合

增加实践操作和互动环节，让幼儿在亲身体验中学习和成长。

（三）个性化学习支持

1.了解每个幼儿的特点

通过观察、记录和分析幼儿的学习情况和兴趣点，为每个幼儿提供个性化的学习支持。

2.分组教学与个别辅导相结合

根据幼儿的不同需求和水平，进行分组教学，同时针对个别幼儿提供专门的辅导。

（四）评估与反馈机制的建立

1.定期评估学习效果

通过定期的测试和评估，了解幼儿的学习进度和掌握情况，以便及时调整教学策略。

2.家长与教师的及时反馈

建立家长与教师之间的即时反馈机制，共同关注幼儿的学习和发展。

（五）利用现代科技手段辅助教学

1.使用多媒体教学工具

借助多媒体设备，如投影仪、电子白板，使教学内容更加生动有趣。

2.开发互动教学软件

设计适合幼儿学习的互动教学软件，让他们在游戏中学习新知识。

（六）家园合作与资源共享

1.定期举办家长会

与家长分享幼儿的学习情况，征求家长的意见和建议，共同促进幼儿的发展。

2.建立家园共享资源平台

通过网络平台，分享教学资源和育儿经验，提高家长的参与度。

幼儿园兴趣衔接课程的优化和迭代需要从课程内容、教学方法、个性化学习支持、评估反馈机制、现代科技辅助教学以及家园合作等多个方面入手。通过不断改进和创新，我们可以为幼儿提供更加优质、有趣且富有挑战性的课程和学习环境。

```
                                              ┌─── 故事
                             ┌── 快乐阅读 ─────┤ 诗歌
                             │                │ 童话剧
                             │                └─── 看图讲述等
                             │
                             │                ┌─── 歌唱
                             ├── 玩转音乐 ─────┤ 奏乐
                             │                │ 舞蹈
                             │                └─── 音乐游戏等
                             │
                             │                ┌─── 科学实验
                             ├── 爱上探究 ─────┤ 数字游戏
                             │                │ 图形探秘
兴趣衔接课程 ─────────────────┤                └─── 益智游戏等
                             │
                             │                ┌─── 绘画
                             ├── 创意美术 ─────┤ 泥工
                             │                │ 纸工
                             │                └─── 拓印等
                             │
                             │                ┌─── 人际交往
                             ├── 愉悦社交 ─────┤ 情境体验
                             │                │ 规则游戏
                             │                └─── 品格养成等
                             │
                             │                ┌─── 体育游戏
                             └── 趣味运动 ─────┤ 花样篮球
                                              │ 花样跳绳
                                              └─── 阳光体操等
```

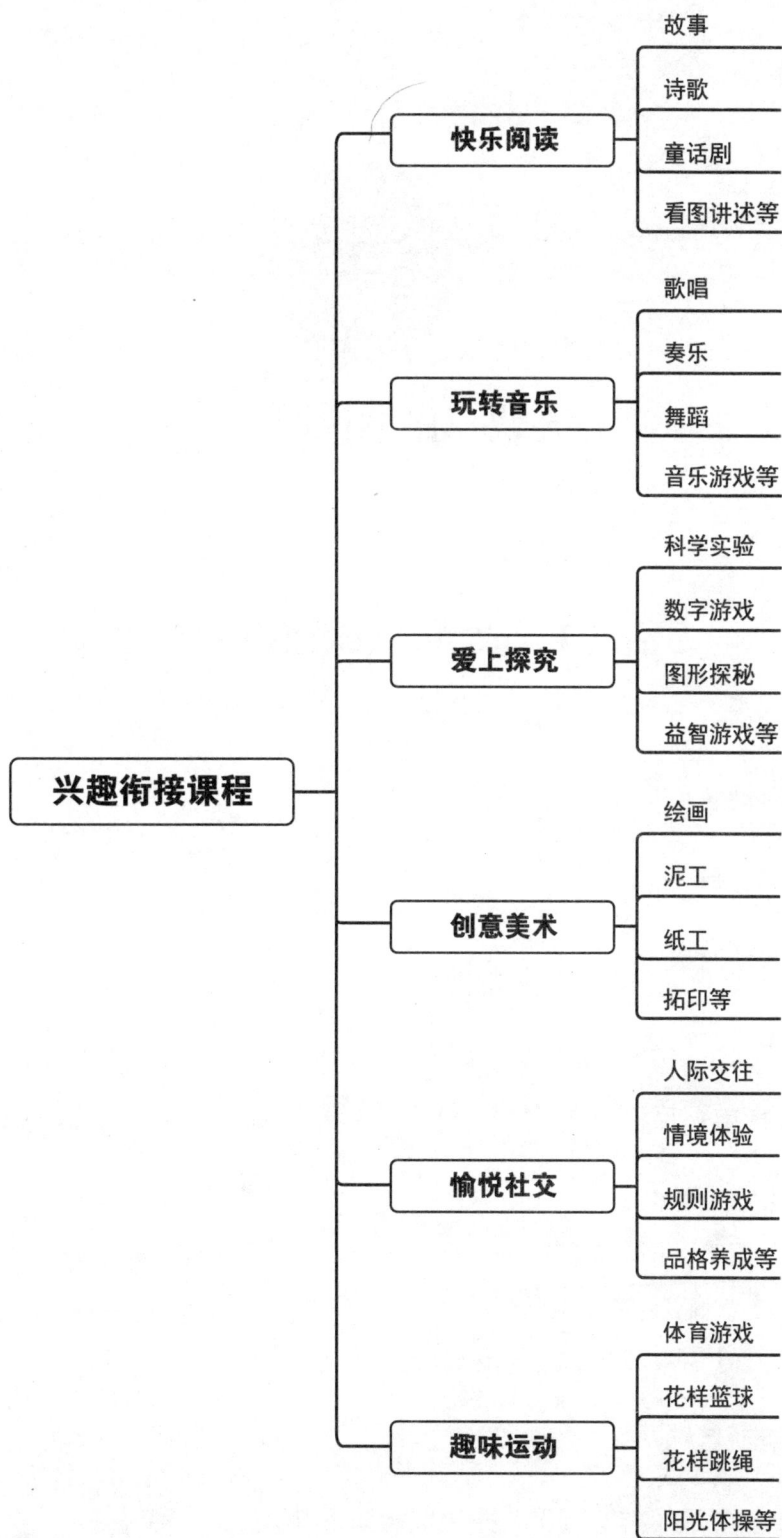

图1-1 兴趣衔接课程框架

第二章

快 乐 阅 读

活动1　故事：《狐狸和乌鸦》

一、活动名称

《狐狸和乌鸦》

二、活动对象

5～6岁幼儿

三、《指南》目标

【领域】语言领域。

【维度】阅读与书写准备。

【目标2】具有初步的阅读理解能力。

【具体目标】5～6岁：能说出所阅读的幼儿文学作品的主要内容。

四、活动目标

1.初步理解故事内容，懂得乌鸦上当受骗的原因。

2.尝试看图说出狐狸和乌鸦之间发生的故事的基本情节，能大胆运用动作、语言表现故事内容。

3.积极参加活动，大胆表达自己的想法。

五、活动准备

幼儿经验准备：对故事中各种小动物的特点有初步的了解。

教师资源准备：活动课件。

六、活动过程

【环节一】图片导入，激发幼儿参与活动的兴趣。

教师出示狐狸的图片，激发幼儿的兴趣。

师：孩子们，今天老师带来了一只很特别的小动物，快看，是谁呢？

幼：是小狐狸。

师：孩子们，看！这只狐狸哪里很特别呢？它怎么了？

幼1：它留了好多口水呀。

幼2：它的口水从嘴巴里面流出来了。

师：想想看，狐狸为什么流口水呢？

幼1：狐狸看到好吃的，就会口水直流。

幼2：狐狸看到自己喜欢吃的食物了，所以会流口水。

师：它看到什么东西会口水直流呢？

幼：狐狸最喜欢吃肉了。

师：孩子们，你们都非常有想象力，一块肉把狐狸馋得直流口水，那狐狸能不能成功地吃到肉，接下来会发生什么有趣的故事呢？我们一起往下看。

【分析与解读】
通过图片导入激发幼儿的好奇心，设置悬念，激发幼儿的想象，引起幼儿阅读的兴趣。

【环节二】教师分段讲述故事，幼儿初步感知故事内容。

1.教师出示乌鸦和狐狸居住的图片。

师：森林里有一棵大树，树上住着谁呢？

幼：树上住着一只乌鸦。

025

教师同时将字卡"乌鸦"张贴在乌鸦的旁边。

师：树下有一个洞，洞里住着谁呢？

幼：一只狐狸。

教师将字卡"狐狸"张贴在狐狸的旁边。

2.教师出示乌鸦嘴里叼肉的图片。

师：孩子们，看，此时乌鸦在做什么呢？

幼1：乌鸦嘴巴里含了一块肉。

幼2：它的嘴巴里有一块肉。

师：是呀，乌鸦叼来一块肉，站在树上休息，被狐狸看到了。狐狸此时的心情怎么样？

幼1：狐狸很高兴。

幼2：狐狸非常得意。

师：你们得意的时候是什么样子呢？谁能来学一学？

幼儿模仿。

幼1：我得意的时候会露出牙齿来。

幼2：我高兴的时候会跳起来。

师：猜猜狐狸此刻会想什么呢？

幼1：要是我能吃到这块肉该多好呀。

幼2：我得找个办法让乌鸦把肉给我吐出来。

3.教师出示乌鸦和狐狸打招呼的图片。

师：是呀，狐狸非常想得到乌鸦嘴里的肉。猜猜看，狐狸会想到哪些办法呢？

幼1：狐狸想跟乌鸦交朋友。

幼2：狐狸会直接从乌鸦嘴巴里把肉抢过来。

师：你们都想出了这么多的办法，我们一看来看看狡猾的狐狸是怎么做的。

师：狐狸说："亲爱的乌鸦，您好吗？"狐狸跟乌鸦做什么呢？

幼：狐狸在跟乌鸦打招呼。

师：狐狸是真心在跟乌鸦打招呼吗？

幼：不是真心的，狐狸为了骗乌鸦嘴里的肉吃。

师：狐狸看到乌鸦没有搭理它，紧接着又问乌鸦："您的孩子好吗？"乌鸦依旧没有回答。这时狐狸可急坏了，如果你是狐狸，你会想哪些办法呢？

幼1：我会夸乌鸦长得真漂亮。

幼2：我会说，乌鸦我喜欢你的羽毛。

师：那狐狸为了得到肉，还会想出哪些办法呢？我们一起往下看。

师：狐狸夸赞乌鸦："亲爱的乌鸦，您的羽毛真漂亮。"乌鸦听到后，它的心情怎么样？

幼：太开心了。

师：谁想当狐狸来夸奖一下乌鸦呢？请你用好听的声音，加上动作学一学。

4.教师出示狐狸夸赞乌鸦唱歌好听的图片。

师：这位小朋友学得非常像，乌鸦听了都骄傲地翘起了羽毛。狐狸又夸奖乌鸦："谁都爱听您唱歌，您就唱几句吧。"此时，乌鸦心情怎么样？

幼：乌鸦太高兴了。

师：乌鸦一高兴，接下来发生了什么事情呢？

幼1：乌鸦高兴地唱了起来。

幼2：乌鸦一张嘴，它嘴里的肉就掉下来了，让狐狸叼走了。

师小结：狐狸真是太狡猾了，它为了骗乌鸦嘴里的肉，想了各种办法夸赞、诱惑乌鸦，最后乌鸦经不住狐狸的夸赞而开口唱歌，嘴里的肉就掉下来被狐狸叼走了。

【分析与解读】

教师巧设多样化的提问，引导幼儿有目的地观察，猜测故事情节，让幼儿对故事充满期待。

【环节三】播放视频《狐狸和乌鸦》，完整欣赏故事情节。

师：接下来，让我们再来完整地欣赏一遍故事的内容。狐狸很想吃乌鸦嘴巴里的肉，狐狸都用了哪些办法让乌鸦张嘴呢？

播放视频，完整感受故事内容。

幼1：狐狸先跟乌鸦热情地打招呼。

幼2：狐狸夸赞乌鸦的羽毛真漂亮。

幼3：狐狸夸赞乌鸦唱歌真好听。

师：孩子们，狐狸是真的夸赞乌鸦羽毛长得漂亮、唱歌好听吗？

幼：狐狸不是真正地夸奖乌鸦，是为了骗到这块肉。

师：原来乌鸦真的以为狐狸是在夸奖它，轻信了狐狸的话，上当受骗了。

【分析与解读】

幼儿完整欣赏故事内容，进一步梳理整个故事内容，加深对故事情景的印象，体验故事的趣味性。

【环节四】情感升华：我不上你的当。

师：孩子们，想一想为什么乌鸦会上当受骗呢？

幼1：因为乌鸦轻易相信了乌鸦的话。

幼2：乌鸦喜欢听好听的话。

师：想一想，如果在生活中我们碰到陌生人说好听的话、给我们好吃的，应该怎么办？

幼1：不能随便听信陌生人说的话。

幼2：不能随便要陌生人的东西。

幼3：要赶紧向周围的人寻求帮助。

师：在生活中，我们小朋友遇到事情要多动脑筋，不能光听好话，以免上当受骗。

【分析与解读】

引导幼儿联系日常生活，调动幼儿已有经验，增强幼儿的防范意识。

【环节五】活动延伸：绘本故事延续。

师：如果狐狸碰到了这只变聪明的乌鸦，不会上狐狸的当，又会发生怎样的故事？回家可以和爸爸妈妈一起分享这个有趣的故事。

七、反思与调整

【优点】

《幼儿园教育指导纲要》提出要提高幼儿语言交往的积极性，发展语言能力；创设一个自由、宽松的语言交往的环境，支持、鼓励、吸引幼儿与教师、同伴交谈，体验语言交流的乐趣。幼儿的语言是通过在生活中积极主动地运用而发展起来的。在本节语言活动中，教师充分利用各种机会，引导幼儿积极运用语言进行交往。《狐狸和乌鸦》是一个经典的寓言故事，它是幼儿喜闻乐见的艺术形式，教师在幼儿耳熟能详的基础上挖掘和利用它，巧妙地设计故事情节以激发幼儿的思维和想象，让幼儿自由猜狐狸用的什么方法骗到肉的？让幼儿主动动脑、大胆想象，积极表达并表演，并从中明白轻信别人的花言巧语容易上当受骗的道理，从而激发幼儿对寓言故事的兴趣、体验成功的快乐。

【不足】

在设计分角色学说狐狸和乌鸦的对话时，给予幼儿尝试表演的机会过少，没有让所有幼儿充分参与进来。

【改进措施】

对于情节跌宕起伏、人物性格特点分明的绘本故事，教师要给予幼儿充分的表演、表达的机会，以增强幼儿的语言表达能力和展现自我的能力。

活动2　故事创编：《狐狸和乌鸦》

一、活动名称

创编故事——《狐狸和乌鸦》

二、活动对象

5～6岁幼儿

三、《指南》目标

【领域】语言领域。

【维度】阅读与书写准备。

【目标2】具有初步的阅读理解能力。

【具体目标】5～6岁：能根据故事的部分情节或图书画面的线索猜想故事情节的发展，或续编、创编故事。

四、活动目标

1.对生活中常见的简单标记和文字符号感兴趣，能理解图示符号的含义。

2.根据故事结局大胆创编故事情节，并初步尝试用图示符号表达。

3.发展想象、推理和大胆表达的能力。

五、活动准备

幼儿经验准备：了解绘本故事《狐狸和乌鸦》的内容。

教师资源准备：

1.活动课件：（图片1）狐狸抬头看见乌鸦嘴里叼着肉；（图片2）狐狸抬头看见乌鸦嘴里叼着肉；（图片）创编故事：《狐狸又见乌鸦》。

2.操作图：每组幼儿一套操作材料，教师一套操作材料，分别表示狐狸和乌鸦不同表现的对比图，上贴角色头像。

3.字卡：伤心。符号卡：问号、错号、眼睛、唱歌、苦脸、高兴等若干。

六、活动过程

【环节一】回忆故事情节，初次感知图标。

教师出示狐狸和乌鸦的图片，激发孩子的兴趣。

师：小朋友们，你们还记得狐狸和乌鸦第一次见面的故事吗？

幼：狐狸让乌鸦唱歌，把乌鸦嘴里的肉骗走了。

师：那狐狸为骗到肉，对乌鸦说的第一句话是什么？当时乌鸦的反应是怎样的？

幼：亲爱的乌鸦，您好吗？

师：狐狸在问候乌鸦，现在老师用一个简单的图标来表示一下（教师在狐狸的头像旁打上"？"），那乌鸦的反应是怎样的？

幼：乌鸦没有回答。

师：对，老师也用一个简单的图标来表示一下。（教师在乌鸦头像旁打上"×"）

师：接着狐狸又是怎么说的？乌鸦的反应是什么？你们想用怎么样的图标米表示？

教师根据幼儿的回答画相应的图标或请幼儿尝试练习用图标。

幼1：狐狸说："亲爱的乌鸦，您的孩子好吗？"乌鸦看了狐狸一眼，还是没有回答。

幼2：狐狸可以用问号表示，乌鸦可以用眼睛和错号表示。

师：第三次狐狸又是怎么说的？乌鸦呢？我们可以什么样的图标来表示呢？

幼1：狐狸说："您的羽毛真漂亮，五彩缤纷，比其他的鸟都好看，而且您的嗓子真好，可以给我唱首歌吗？"乌鸦听了张开嘴唱歌，肉掉了下来。

幼2：在狐狸头像旁画上羽毛及音符，在乌鸦头像旁画唱歌和往下的箭头。

师：画上简单的图标，故事一看就明白了。在这个故事里你觉得这是一只怎样的乌鸦？

幼：这乌鸦太愚笨了，骄傲自大。

【分析与解读】

通过图片导入激发幼儿的好奇心，设置悬念，激发幼儿的猜测和想象，引起幼儿阅读的兴趣。

【环节二】根据结局创编故事，初步运用图标。

1.教师出示乌鸦的图片。

师：上当受骗的乌鸦心情也不太好。日子就这么一天天地过着。有一天，狐狸又在树林里逛。一抬头，它发现了什么？是怎么想的？

幼1：它发现树上的乌鸦嘴里叼着一块肉，可能还想再骗它一次。

幼2：它可能想向乌鸦道歉。

（教师同时将字卡"伤心"和哭脸表情张贴在乌鸦的旁边）

师：你觉得狐狸这次还能成功地欺骗乌鸦吗？

幼1：我觉得乌鸦不会被骗了。

幼2：我觉得狐狸应该不会骗乌鸦了。

师：谁来说一说理由？

幼1：我觉得乌鸦不会被同一只狐狸骗两次。

幼2：我觉得狐狸很聪明，乌鸦有点笨，可能还会被骗。

师小结：看来是各有各的理儿啊。这中间到底发生了什么样的事情呢？请你也给狐狸三次机会，编成一个故事，并用简单的符号记录下来，然后讲给身边的小朋友听，看看老师会给你几颗五星。有信心挑战吗？

幼：有信心！

【分析与解读】

　　教师借助图片和表情，引导幼儿利用图画符号将故事进行创编，激发幼儿的想象力，锻炼了幼儿的语言表达能力。

【环节三】幼儿练习运用图标创编故事。

　　师：谁愿意到前面与我们分享一下你的精彩故事？

　　邀请一组小朋友到前面分享。

　　幼1：狐狸先跟乌鸦热情地打招呼。（笑脸符号）

　　幼2：狐狸夸赞乌鸦唱歌真好听："上次听了您的歌声，我好几天都没睡觉，能不能再唱一首呀？"（大拇指符号）

　　幼3：乌鸦记得上次的教训，不说话。（错号符号）

　　幼4：狐狸眼珠一转，又想了一个办法："哈哈哈，上次其实我就是骗你的，你的羽毛是所有动物里最丑的，又黑又难看，你看连小麻雀都比你漂亮，声音比你好听！"

　　幼5：乌鸦虽然很生气，但还是不说话。（错号符号）

　　幼6：狐狸看乌鸦还是不说话，于是换了一副表情："乌鸦先生，对不起，我上次真的是太饿了，实在是快要晕倒了才骗了你嘴里的肉。这次我决定赔偿你。我知道一片大果园，里面有很多好吃的葡萄、苹果等等，虽然没有肉那么好吃，但是填饱肚子还是可以的。"（水果符号）

　　幼1：乌鸦更生气了，张开嘴说："你别骗我了，我不会跟你说话的！"可是它一张嘴，肉就掉了下来。（往下的箭头）

　　师：你想对乌鸦说什么？

　　幼：乌鸦，你又上当了！

【分析与解读】

　　幼儿分组展示创编的故事内容，大胆运用图画符号标记，体验故事的趣味性。

【环节四】续编故事：狐狸又见乌鸦。

　　师：老师这儿也有一个故事《狐狸又见乌鸦》（附后），里面讲了些什么呢？根据具体的情境进行表演。

幼1：狐狸吃到了坏掉了的肉。

幼2：乌鸦非常善良，拿出了药给狐狸吃。

师：想一想，如果在生活中被别人欺骗，应该怎么办？

幼：不能随便听信陌生人说的话。

师：想一想，如果伤害过你的人遇到危险了，你会帮助他吗？

幼1：如果他跟我道歉了，我会帮助他。

幼2：我不会，因为狐狸太坏了。

师：在生活中，小朋友遇到事情要多动脑筋，不能光听好话，以免上当受骗。但是当朋友遇到困难或麻烦时，也要乐于帮助他人。

【分析与解读】

引导幼儿联系日常生活，增强防范意识，但也要对生活心存善意。

【环节五】活动延伸：创编故事连环画。

师：今天我们一起听了也创编了许多狐狸和乌鸦的故事，接下来让我们拿起手中的画笔，把这个故事画下来吧！

七、反思与调整

【优点】

在创编活动中大胆使用图标，运用简单的图标作为穿起故事的链条的想法很有创意，幼儿在创编时图标简单易操作，能够表达自己的真实想法，既锻炼了幼儿使用工具——图标的能力，实现了"真"创编，又发展了幼儿的想象力和语言表达能力。

【不足】

1.本活动既有环节三的创编，又有环节四的结尾续编，内容太多，目标不突出。

2.在环节三中，每个幼儿都有自己独立的想法，每组幼儿用一套材料进行创编，可操作材料少、秩序乱。

【改进措施】

1.给幼儿充足的时间，将环节三的创编丰富起来，将环节四作为延伸，开展图书角活动。

2.为每位幼儿准备一套打印有乌鸦和狐狸的纸，让幼儿根据创编的情节在乌鸦和狐狸的后面画图标，根据自己画的图标进行讲述会更有条理，还可以带回家分享给父母，让父母在纸上记录幼儿的讲述，订成册后让幼儿第二天带回来分享。

附故事：《狐狸又见乌鸦》

话说当年小乌鸦被狐狸骗走了肉以后。又生气又着急。回到家，乌鸦妈妈安慰它说："孩子，没关系，我知道你是个听话的乖孩子。但你要记住，最美的东西不是羽毛，也不是声音，而是心灵。""心灵美有什么好处呢？""心灵美的人会得到真正的快乐。"

日子一天天地过着，有一天，狐狸又在树林里逛。一抬头，咦，这不是那只傻得可爱的小乌鸦吗？哇，还有一块肉！"嘿嘿。运气真不错！不过这次不能再用老办法了，我该想个什么计策再骗到这块肉呢？"

狐狸眼珠一转，装出一副可怜样儿说："我是真心跟您道歉啊！自从骗走了您的肉，邻居们都把我当坏人，不跟我说话。就连我的孩子也不理我了！我好后悔啊！"说着，流出了眼泪。

小乌鸦听了，有点儿心软了。它想：我该如何安慰它呢？狐狸一看这一招有点儿管用了，接着说："亲爱的小乌鸦。您要是不原谅我，我就一头撞死！"说着，狐狸真的向树跑去。小乌鸦一看着急了，马上叫道："不要……"一开口，肉被狐狸接住了。

狐狸哈哈大笑，说："小乌鸦，你又上当了。"

狐狸刚要张嘴吃肉，小乌鸦急忙说："别吃，别吃，这块肉是坏的，我准备拿到很远的地方扔掉！"

"你骗谁啊？你以为别人都像你一样笨吗？"狐狸说着，吞下了肉。

不一会儿，狐狸觉得肚子开始痛了起来，而且越来越痛。它抱着肚子在地上打滚："哎哟，哎哟……"

正在这时，小乌鸦飞回来了。它累得满头大汗，说："这是止疼药，快点儿把它吃了吧！"

"不吃。不吃！我骗了你的肉。你想害死我！"

"这真的是止疼药，再不吃。您的肚子会更痛的。"

"你会那么好心吗？我骗了你的肉。你还来帮我？你是存心来看热闹的吧？"狐狸的肚子越来越痛，昏了过去。

小乌鸦赶紧把药给狐狸喂下。过了一会儿，狐狸才睁开眼，它摸了摸自己的肚子，"咦？不痛了！"再看看满头大汗的小乌鸦，狐狸什么都明白了，它笑着对小乌鸦说："小乌鸦，你真的很美丽！"

活动3　故事：《狐狸先生和三个蛋》

一、活动名称

《狐狸先生和三个蛋》

二、活动对象

5~6岁幼儿

三、《指南》目标

【领域】语言领域。

【维度】阅读与书写准备。

【目标2】具有初步的阅读理解能力。

【具体目标】5~6岁：能根据故事的部分情节或图书画面的线索，猜想故事情节的发展。

四、活动目标

1.初步理解故事内容，知道朋友之间要互相信任，对待朋友要真诚，认识词语"母鸡"和"蛋"。

2.尝试看图说出狐狸先生和小母鸡之间发生的故事的大致情节，能大胆地运用语言、动作、表情等方式表达自己对故事的理解。

3.积极参加活动，体验故事中狐狸先生和小母鸡之间的友谊与信任。

五、活动准备

幼儿经验准备：对故事中各种小动物的特点有初步的了解。

教师资源准备：活动课件、三个字卡"母""鸡""蛋"。

六、活动过程

【环节一】谜语导入，激发幼儿参与活动的兴趣。

教师出示母鸡的图片，激发幼儿的兴趣。

师：小朋友们，今天老师请来了两只小动物，请你们通过这两个谜语猜一猜，它们是谁？

师：尖嘴尖耳尖下巴，细腿细角细小腰，生性狡猾多猜疑，尾后拖着一丛毛。

幼：是小狐狸。

师：对，它是小狐狸，让我们一起来猜一猜另一只小动物是谁吧？是鸟比一般的鸟大，像鸭比鸭嘴尖，生下蛋来咯咯叫。

幼：是小母鸡。

师：没错就是小母鸡，你们可真聪明呀！今天我们要讲的就是狐狸先生和小母鸡之间的故事，让我们一起来欣赏一下吧。

【分析与解读】
通过猜谜语能够概括两只小动物的主要特征，帮助幼儿理解故事内容，启发幼儿的兴趣。

【环节二】分段讲述故事，初步感知故事内容。

1.教师出示狐狸先生和三个蛋的图片以及字卡。

师：这个故事是《狐狸先生和三个蛋》。小朋友们，请你们猜一猜这三个蛋是谁的蛋啊？（教师将字卡"蛋"张贴在蛋图片的旁边）

幼：是小母鸡的蛋。

师：没错，是小母鸡的蛋。那狐狸先生和小母鸡下的三个蛋会发生什么有趣的故事呢？让我们继续往下看吧。（教师将字卡"母鸡"张贴在母鸡图片的旁边）

2.教师出示小母鸡和狐狸先生躺在草地上的图片。

师：小朋友们，你们看图片中小母鸡和狐狸先生在干什么？

幼1：小母鸡和狐狸先生一起躺在草地上。

幼2：小母鸡和狐狸先生在聊天。

师：从前有一只小母鸡，它和狐狸先生是农场里的一对好朋友。它们以前是，以后也一直会是好朋友，哪怕别人总说狐狸最爱吃的就是母鸡！

师：刚刚我们的故事中说小母鸡和狐狸先生是什么关系？狐狸最喜欢吃什么？

幼1：小母鸡和狐狸先生是最好的朋友。

幼2：狐狸最喜欢吃母鸡。

3.教师出示小母鸡和三个蛋的图片。

师：小朋友们，让我们一起来看，这幅图片中发生了什么事情？

幼1：有好多鸡宝宝围在小母鸡的身边。

幼2：小母鸡下了三个蛋。

师：这天早上，小母鸡下了三个漂亮的蛋。大家都"咯咯咯"地给小母鸡提建议。"你得学习织毛衣和做饭。""还得学习讲母鸡的故事，当然，不是那些狐狸吃母……"母鸡苏泽特正说着，突然闭嘴不出声了。"够了！大家都出去吧！"母鸡奶奶大声说，"有些话，不适合讲给新下的蛋听！"

师：小朋友，请你想一想母鸡苏泽特还没有说完的话是什么？为什么刚刚母鸡苏泽特正说着，突然闭嘴不出声了？

幼1：苏泽特还没有说完的话是狐狸吃母鸡。

幼2：因为苏泽特想起来小母鸡和狐狸先生是好朋友。

4.教师出示小母鸡和狐狸先生对话的图片。

师：小朋友们，请猜一猜这幅图中小母鸡在干什么呢？

幼1：小母鸡在织毛衣。

幼2：小母鸡在孵蛋。

师：像平常一样，狐狸先生伸着尖尖的嘴，来找小母鸡一起出去散步。"咦，你怎么了？为什么待在窝里不出来啊？"狐狸先生有点儿惊讶。"瞧！我就要当妈妈啦！"小母鸡骄傲地说。它的脸蛋粉扑扑的，嘴角挂着微笑。"哇！它们长得真漂亮！"狐狸先生激动地说。"确实漂亮，但是很脆弱。不许碰！"小母鸡严肃地说。

师：小朋友们，请你们想一想小母鸡一开始和狐狸是一对好朋友，生了蛋后它们还是好朋友吗？为什么小母鸡很严肃地说不让狐狸先生碰它的蛋？

幼1：小母鸡生了蛋后和狐狸不是好朋友了，小母鸡不信任狐狸了。

幼2：因为小母鸡怕狐狸先生把它的蛋吃掉。

小结：小母鸡不信任狐狸先生，所以它们不是好朋友了，小母鸡怕狐狸先生把它的蛋弄碎或者把它的蛋吃掉，所以不让狐狸先生动它的蛋。

师：狐狸先生不知道自己究竟做错了什么，垂头丧气地离开了农场，心里难过极了。日子一天天过去了，小母鸡把它心爱的蛋焐得特别热。但是，它感觉好无聊，好无聊，真的好无聊啊！"够了！我要和狐狸先生和好，没有它的日子实在是太无聊了！"

师：小朋友们，请你们猜一猜，小母鸡跑出去找谁了？

幼：小母鸡跑出去找狐狸先生了，它想和狐狸先生和好。

师：猜一猜，后来狐狸先生和小母鸡和好了吗？

5.教师请幼儿表演。

师：小朋友们，请你们想一想，当你的好朋友不信任你时，你的心情是怎样的？谁想来表演一下？（请幼儿大胆上前表演，引导幼儿表演出垂头丧气的样子）

师：狐狸先生独自坐在池塘边的一段枯树干上，心里好难过啊！"狐狸先生，我的朋友，没有你，我真是无聊死了！"小母鸡抱歉地说。可狐狸先生只是微微地动了一下嘴唇，并没有说话。小母鸡有些尴尬，它向狐狸先生道歉："这是我第一次孵蛋，有点儿紧张。再加上大家总说狐狸……净胡说！"狐狸先生松了口气，决定原谅小母鸡。

师：狐狸先生很伤心，谁想来当小母鸡表演一下是怎样向狐狸先生道歉的？（请幼儿大胆上前表演）

小结：狐狸先生因为小母鸡的不信任而伤心，我们与同伴相处时一定要互相信任。

师："唉，这些天我闷在屋里，简直要发霉啦！我想去做个美容，你觉得我能离开一下吗？"小母鸡说。"放心吧，我会照看好你的蛋的！"狐狸先生欣喜地说。可是，狐狸先生不知道该怎么照看小母鸡的三个蛋。突然，它想到了一个绝妙的主意！

师：小朋友们，请你们猜一猜，狐狸先生想到了什么好办法来照看这三个蛋？

幼1：狐狸先生把蛋包在被子里孵。

幼2：狐狸先生像小母鸡一样坐在蛋上。

师："我也应该像小母鸡那样做！"于是，狐狸先生特别、特别小心地坐到了蛋上面。时间一点点过去了，狐狸先生一直在坐着"孵蛋"。

它想稍微舒展一下身体，便把一只脚慢慢伸了出去……接着是另一只脚……

突然，从狐狸先生的屁股下面，传出一阵奇怪的响声，窝外的母鸡们也听到了动静。这个时候，小母鸡在美容店里又听到了有关狐狸的各种各样的坏话，渐渐担心起来。

"万一它们说的是真的呢?"小母鸡焦急地向农场跑去。此时,狐狸内疚万分……

师:小朋友,请你想一想,这一阵奇怪的响声是什么声音?

幼1:蛋破的声音。

幼2:孵出小鸡的声音。

师:当小母鸡回到窝里时,发现一枚蛋竟然裂开了,而狐狸先生这时已经彻底吓傻了!小母鸡把那枚裂开的蛋紧紧地捧在胸前。"原来它们说的是真的!你就是想吃我的蛋!"小母鸡愤怒地说。"不,不是的!小母鸡,不对!"狐狸先生结结巴巴地说。突然,窝里又响起一阵细微的声音。三个蛋在晃动。蛋壳一点点地裂开,最后完全裂开啦!毛茸茸的小脑袋破壳而出,太可爱啦!

师:哪位小朋友想来学一学小母鸡愤怒的声音和狐狸先生结结巴巴的声音?(请幼儿大胆上前表演)

小结:狐狸先生没有想吃小母鸡的蛋,它一直在保护、照顾着这三个蛋,但是小母鸡并没有完全信任狐狸先生。小朋友,你在和好朋友相处的时候,如果发生了矛盾,一定要把事情的经过弄清楚,一定要信任对方。

师:第二天早上,母鸡们都想好好看看这三只新孵出来的小鸡。

当然了,母鸡们也都想"咯咯咯"地给小母鸡提建议,但是,小母鸡和狐狸先生手拉着手走开了,才不听它们胡说呢。

三只小鸡跟在小母鸡和狐狸先生身后,它们还有事情要做呢,它们要一起去池塘边野餐!

【分析与解读】
教师巧设多样化的提问,引导幼儿有目的地观察,猜测故事情节,让幼儿对故事充满期待。

【环节三】播放视频《狐狸先生和三个蛋》,完整地欣赏故事情节。

师:接下来,让我们再来完整地欣赏一遍故事的内容。小母鸡因为什么不信任狐狸先生?

(播放视频,幼儿完整感受故事内容)

幼1:因为狐狸最喜欢吃鸡。

幼2:小母鸡怕狐狸先生吃掉它的三个蛋。

师：小朋友们，听完故事后，你觉得小母鸡信任狐狸先生吗？

幼：小母鸡不信任狐狸先生。

小结：是的，小母鸡对狐狸先生缺少信任。小母鸡并不相信狐狸先生能认真地照顾它的三个蛋，而且小母鸡总是听信别人的话，认为狐狸先生会对它的蛋不好，它一直担心狐狸先生吃掉它们。

师：怎样才能与你的好朋友友好相处呢？

幼1：要和好朋友互相信任。

幼2：不能总是听别人说朋友的不好，要听朋友自己是怎么说的。

【分析与解读】

幼儿完整地欣赏故事内容，进一步梳理整个故事的内容，加深对故事情景的印象，体验故事的趣味性。引导幼儿联系日常生活，调动已有经验，让幼儿知道与朋友相处时要互相信任。

【环节四】感情升华，学会与朋友友好相处。

师：故事里的小狐狸是坏的吗？它是想吃母鸡的三个蛋吗？狐狸和母鸡是怎么化解矛盾的？如果你和朋友有了误会，你会怎么办呢？

小结：其实，有时候交朋友并不能只看表象，尤其不能轻易听信别人说的话，你的朋友，你要用心去感受、信任对方。

【分析与解读】

幼儿回顾所学词语，加深对字的印象，为下一环节游戏的开展奠定基础。

【环节五】游戏："谁来了?""谁走了?"

师：小朋友们，现在我们已经认识这几个字了，让我们一起来玩两个小游戏吧！第一个游戏："谁来了?"请你仔细听游戏规则，当我说"小朋友请闭眼"时，请大家闭上眼睛；当我说"谁来了"时，请小朋友睁开眼睛并快速说出它的名字，请你用完整的语言告诉我"×来了"。（教师一直出完三个字卡"母""鸡""蛋"，一开始可以按顺序出示，幼儿一起回答，之后可以打乱顺序，用提问的方式加深幼儿对字卡的认识）

师：第二个游戏的名字叫作"谁走了"。请你仔细听游戏规则，当我说"小朋友请闭眼"时，请大家闭上眼睛；当我说"谁走了"时，请小朋友睁开眼睛并快速说出它的名字，请你用完整的话告诉我"×走了"。（教师将三个字卡"母""鸡""蛋"固定在黑板上，让幼儿先记忆字卡的位置，一开始可以按顺序拿走字卡，并让幼儿一起回答；之后可以打乱顺序，用提问的方式加深幼儿对字卡的认识）

【分析与解读】

幼儿在玩中学，玩游戏能够很好地调动氛围，抓住幼儿的兴趣点，让幼儿在体验游戏乐趣的同时，加深对字的记忆，实现活动目标。

【环节六】活动延伸：回家与家人分享故事和小游戏。

师：小朋友们，回家后我们可以给家人讲一讲我们今天学的故事，也可以教给家人今天玩的小游戏。

【分析与解读】

幼儿回家后和家人分享故事以及游戏，不仅能够让幼儿巩固今日所学，还能够创造良好的亲子氛围，实现家园共育。

七、反思与调整

【优点】

绘本《狐狸先生和三个蛋》是一个完美地诠释信任和友情，给人带来温暖和信心的感人故事。绘本选材适合大班幼儿的年龄特点，尤其是玫红色小母鸡和可爱狐狸先生的形象设计，能够极大地引发孩子的阅读兴趣，并且在不知不觉中提升了孩子对于朋友要信任的认知。教师各环节设置比较完整，充分地引导幼儿看图讲述故事的大致情节，体验故事主人公之间互相信任的美好情感。故事贴近幼儿的生活，更容易激发其探索的兴趣，故事发展生动有趣，给幼儿良好的故事体验。

【不足】

识字游戏可以与故事演绎相结合，让幼儿演绎故事的同时，加深对相应字卡的认识，比如将字卡贴在相应角色人物身上。

【改进措施】

加入情感升华，加深幼儿对故事的理解，体会故事中角色的情感。

活动4　故事续编：《狐狸先生和三个蛋》

一、活动名称

《狐狸先生和三个蛋》

二、活动对象

5～6岁幼儿

三、《指南》指南目标

【领域】语言领域。

【维度】阅读与书写准备。

【目标2】具有初步的阅读理解能力。

【具体目标】5～6岁：能根据故事的部分情节、图书画面的线索猜想故事情节的发展，或续编、创编故事。

四、活动目标

1.能根据故事结局，联系生活实际合理续编情节，并进行连贯讲述。

2.巩固图标的运用，了解生活中常见的安全标志。

3.积极参与活动，发展想象力、推理能力和语言表达能力。

五、活动准备

幼儿经验准备：了解绘本故事《狐狸先生和三个蛋》的内容。

教师资源准备：

1.活动课件：绘本故事图片。

2.字卡：安全、危险。

3.正方形彩纸、画笔。

六、活动过程

【环节一】回忆故事情节。

教师出示狐狸和母鸡的图片，激发孩子的兴趣。

师：小朋友们，还记得这对好朋友吗？

幼：记得，母鸡生下了三个蛋，大家都说狐狸吃母鸡。

师：那母鸡相信大家的话了吗？

幼1：一开始相信了，狐狸很伤心。

幼2：母鸡后来去找狐狸了，它们和好了。

师：狐狸和母鸡和好以后，又发生了什么事情呢？

幼1：母鸡去做美容。

幼2：狐狸坐在鸡蛋上，鸡蛋破壳了，孵出来了三只小鸡。

师：原来，狐狸并没有吃它们，而是用心照顾了它们。

幼：不能轻易相信别人的话，要相信狐狸。

师：那故事的最后呢？

幼：它们手拉手去池塘边野餐了！

【分析与解读】

通过图片导入激发幼儿的好奇心，引导幼儿回顾故事内容，并进行大胆回忆和讲述，引导幼儿了解故事情节和任务。

【环节二】利用图标，创编四格故事。

师：小朋友们，故事的最后它们一起去哪里了？

幼：池塘边野餐。

师：提到池塘，你会想到什么？

（教师出示池塘图片）

幼1：池塘里有鱼，可以钓鱼。

幼2：去池塘要注意安全，不然会掉下去。

师：你们的想象力可真丰富！池塘边可以钓鱼，还要注意安全！关于野餐，你会想到什么呢？

（教师出示食品图片）

幼：和好朋友一起吃好吃的东西。

师：瞧，狐狸、母鸡和三只小鸡终于来到了池塘边，接下来它们会做些什么事情呢？请小朋友们分成小组，开动脑筋想一想、说一说，并将这些事情利用图标依次记录在我们的四线方格纸上。

（请每组选一名幼儿上台讲述）

幼1：狐狸先生和母鸡一起来到池塘边（蓝色圆圈标志），母鸡教育小鸡要注意安全（红色圆圈标志），然后小鸡们一起玩捉迷藏的游戏，狐狸和母鸡去池塘边钓鱼。

幼2：它们来到池塘边野餐，突然小鸡不小心掉进了水里（水滴标志），大喊救命，母鸡非常担心小鸡，狐狸就赶紧游过去把小鸡救出来了，然后母鸡非常感谢狐狸。

小结：小朋友们，你们的想象力真丰富，创编出了这么多有趣的四格故事。

【分析与解读】
教师以故事的结尾为线索展开，引导幼儿续编狐狸和母鸡去池塘的故事，创编出四个故事，激发幼儿的想象力，锻炼幼儿的语言表达能力。

【环节三】借助线索，引出安全警示。

师：小朋友们，故事中的狐狸、母鸡和三只小鸡在池塘边野餐是一件多么开心美好的事情呀！但是，在外出游玩时，我们一定要注意哪些问题呢？

幼1：注意安全！

幼2：不能游泳，会淹死！

师：对啦！我们常说"预防溺水，从我做起"，所以，不管是小鸡还是小朋友们，都要注意安全，这个词就叫——安全。

（出示图片及字卡：安全）

幼：我们要注意安全，远离水域。

师：是啊，池塘、河边等水深的地方都是很危险的，人们通常会在水深处立安全警示标志，提醒游客危险，这个词就叫——危险。

（出示图片及字卡：危险）

师：小朋友们，我们平时在放学后或者周末一定要注意保护自己，不要随意乱跑，更不要到水深的地方去，防止溺水事故的发生。看一看，这些安全标志你认识吗？

幼：我见过这些标志！

师：每个安全标志都是对我们的提醒，让我们牢记在心，时刻学会保护自己。

【分析与解读】

借用故事线索"池塘"，引导幼儿思考游玩安全，巩固学过的安全标志，提高幼儿的安全意识和责任。

【环节四】活动延伸：画画我的四格故事。

师：小朋友们，我们将狐狸与母鸡、三只小鸡在池塘边的故事进行了创编，回家记得讲给爸爸妈妈听一听哦，并画出自己和朋友间有趣的四格故事吧，我们将统一展示到阅读区！

七、反思与调整

【优点】

活动中，教师通过回顾故事内容，引导幼儿大体描述故事情节，再根据结尾故事线索"池塘"，让幼儿进行后续的联想创编。幼儿大都能积极参与并主动回答，在活动中思路清晰，能将自己的生活经验带到故事中进行想象。

【不足】

结合图标进行创编时，图标形式较为单一，幼儿在创编时，内容不够丰富。

【改进措施】

鼓励幼儿创编各种图标，充分利用图标进行四格故事的绘制，并进行小组合作，分工绘制和讲述。

活动5 自制图书:《狐狸先生和三个蛋》

一、活动名称

《狐狸先生和三个蛋》

二、活动对象

5~6岁幼儿

三、《指南》目标

【领域】语言领域。

【维度】阅读与书写准备。

【目标3】具有书面表达的愿望和初步技能。

【具体目标】5~6岁:愿意用图画和符号表现事物或故事。

四、活动目标

1.根据故事内容,愿意用图画和符号制作图书,表现事物或故事。

2.能用自己制作的图书布置环境、美化生活。

3.发展倾听能力、表达能力和前书写能力。

五、活动准备

幼儿经验准备:了解绘本故事《狐狸先生和三个蛋》的内容及续编故事内容。

教师资源准备:

1.活动课件:绘本故事图片,图书。

2.字词卡:图书,化装舞会。

3.纸条、卡纸或废旧纸壳、画笔、双面胶、剪刀等。

六、活动过程

【环节一】师幼谈话，回忆故事情节。

教师出示狐狸和母鸡的图片，激发幼儿的兴趣。

师：小朋友们，还记得农场里的这对好朋友吗？

幼：记得，母鸡生下了三个蛋，大家都说狐狸爱吃鸡。

师：那母鸡相信大家的话了吗？

幼1：一开始相信了，狐狸很伤心地走了，母鸡很无聊。

幼2：母鸡后来去找狐狸了，它们和好了。

师：狐狸和母鸡和好以后，又发生了什么事情呢？

幼1：母鸡出去找食物。

幼2：狐狸学母鸡的样子坐在鸡蛋上，鸡蛋破壳了，孵出来了三只小鸡。

师：原来，狐狸并没有吃它们，而是用心照顾了它们。

幼：不能轻信别人的话，要相信狐狸。

师：那后来呢？

幼：它们手拉手去池塘边野餐了！

师：告诉大家一个好消息，今天小母鸡给我们发来邀请函，邀请全班小朋友去农场参加化装舞会，小朋友们开心吗？

幼：我非常愿意去农场参加化装舞会。

（教师出示图书）

师：那么，提到化装舞会，你会想到什么？

幼1：可以扮演小动物。

幼2：可以制作图书，扮演自己喜欢的小动物。

（出示字卡：图书）

【分析与解读】

通过图片导入激发幼儿的好奇心，引导幼儿回顾故事内容，并进行大胆的回忆和讲述，锻炼幼儿的记忆力和语言倾听表达能力。

【环节二】利用图画符号用画笔装饰图书，练习幼儿前书写能力。

（教师戴上狐狸的装饰）

师：瞧，老师变成谁了？

幼：老师变成了狐狸先生!

师：我想扮演狐狸先生，因为它很值得信任。小朋友们，你们最想扮演故事中的谁呢？为什么？

幼1：我想扮演母鸡，因为它很漂亮，还会生蛋宝宝。

幼2：我想扮演蛋宝宝，因为它们很可爱。

幼3：我想扮演小鸡，因为我喜欢小鸡。

师：农场里还会有谁呢？

幼1：还有鸡奶奶和其他母鸡。

幼2：还有小鱼、小鸭、鳄鱼。

幼3：还有小花、小草和池塘。

师：你们的想象力可真丰富啊!

（教师展示图书）

师：瞧，我的图书由两部分组成，这是头圈，是用长纸条围在头上，折一下做个记号后粘起来做成的，可以用画笔装饰上好看的花纹。这是图案，喜欢什么动物，就在纸上画出来，也可以只画出动物的头，然后沿轮廓剪下来，粘在头圈上，这样一个图书就做好了。小朋友想不想自己动手来做一下呢？小朋友们可以用画笔画出自己喜欢的图书图案哦。

（重点让幼儿利用画笔画图案，练习前书写准备。教师巡回指导。）

师：老师给小朋友准备了制作图书的材料，请小朋友们开动脑筋想一想、说一说，并将自己喜欢的图书制作出来吧。

（制作完成后，请小朋友们说一说自己制作的是什么图书，是怎样制作完成的）

幼1：我制作的是小草图书。我先用纸条粘好了头圈，并且画上花纹，又在纸上画山小草，然后剪下来粘在头圈上。

幼2：我制作的是小鸡图书。我先用纸条粘好了头圈，又在纸上画出小鸡，然后剪下来粘在头圈上。我还把头圈进行了装饰。

师小结：小朋友们，你们学会了自己制作图书，真是太能干了!

【分析与解读】

教师以自带图书展开，引导幼儿观察图书，了解图书的构成与制作方法，学习自主设计自己喜欢的图书，激发幼儿的想象力，锻炼幼儿的语言表达能力和前书写能力。

【环节三】借助化装舞会，愉悦展示图书。

（出示字词卡：化装舞会）

师：小朋友们，化装舞会马上就要开始了，请大家把图书戴好，和好朋友一起来展示吧！在展示的时候，要注意哪些问题呢？

幼1：要有秩序。

幼2：要跟上音乐的节奏。

幼3：要间隔距离。

师：小朋友们说得很对！下面，我们首先来走红毯，找到好朋友，分组进行展示。

（幼儿找到自己的好朋友，随音乐进行展示）

师：小朋友们走得真神气！接下来围成圆圈，手拉手来跳圆圈舞吧！

（幼儿随音乐进行舞蹈）

【分析与解读】

借用幼儿自己制作的图书，引导幼儿思考化装舞会注意事项，提高幼儿的安全意识和审美能力。

049

【环节四】活动延伸：家园共育。

师：小朋友们，今天我们学会了自己制作图书，回家记得讲给爸爸妈妈听一听，并教爸爸妈妈做一做，做出更多有趣的图书，我们将统一展示到阅读区共同欣赏哦！

七、反思与调整

【优点】

幼儿通过回忆故事情节，能够巩固所学。利用图画符号制作图书不仅能够激发幼儿的好奇心以及学习兴趣，还能够激发幼儿的想象力与创造力。

【不足】

活动过程中没有进一步突出前书写表达的比重。

【改进措施】

在各环节中突出前书写的练习比重。

活动6 故事表演:《狐狸先生和三个蛋》

一、活动名称

《狐狸先生和三个蛋》

二、活动对象

5～6岁幼儿

三、《指南》目标

【领域】语言领域。

【维度】阅读与书写准备。

【目标2】具有初步的阅读理解能力。

【具体目标】5～6岁:能根据故事的部分情节、图书画面的线索猜想故事情节的发展,或续编、创编故事。

【领域】艺术领域。

【维度】表现与创造。

【目标2】具有初步的艺术表现与创造能力。

【具体目标】5～6岁:能自编自演故事,并为表演选择和搭配简单的服饰、道具或布景。

四、活动目标

1.大胆运用语言、动作、表情来表现狐狸与母鸡的不同特征,增加角色对话内容。

2.能运用图书或道具进行角色装扮。

3.喜欢故事中的角色,积极与同伴合作表演。

五、活动准备

幼儿经验准备：了解绘本故事《狐狸先生和三个蛋》的内容。

教师资源准备：

1.教具：绘本故事情节图片、音乐。

2.道具：狐狸、母鸡等各种小动物图书；自制鸡窝、美食等若干道具。

3.环境创设：表演舞台，幼儿分组（每组有不同角色）。

六、活动过程

【环节一】欣赏自己准备的图书、道具，练习角色对话。

教师出示舞台图片或道具，激发幼儿表演兴趣。

师：小朋友们看，这是什么？猜猜今天我们要进行什么游戏？

幼：我们要表演绘本故事《狐狸先生和三个蛋》。

师：上节课我们一起做了非常多的图书，今天我们就利用自己做的图书装扮成小动物来进行表演。大家都做了什么图书呢？谁想来展示一下你的图书？

幼1：我做了狐狸的图书，因为我想扮演狐狸先生。

幼2：我做了母鸡的图书，我把它涂成了粉色的，我觉得很漂亮。

幼3：我做了森林里其他小动物的图书，它们会和小鸡一起玩。

师：小朋友都很喜欢自己的图书，那么怎样才能把自己的角色表现出来呢？如果你是狐狸，你应该怎样表演狐狸先生的友好和礼貌？

幼：学这个小动物说话和走路。

师：你是母鸡，你应该怎么表演母鸡护蛋时的小心翼翼？

幼：应该护着自己的蛋。

师：请小朋友在小组内尝试一下你的角色。

【分析与解读】

通过有关舞台的图片激发幼儿表演的兴趣，引导幼儿欣赏与喜欢自己的图书，小组内练习角色对话，调动经验为表演做准备。

【环节二】个别幼儿示范表演片段，讨论并感知表演方法。

师：哪两位小朋友想要展示一下狐狸和母鸡的样子？你们想要展示哪个片段呢？

幼：狐狸来找母鸡散步，发现它要孵蛋，然后母鸡不让狐狸碰蛋的场景。

师：小表演家们，请开始吧。

（幼儿自由选择想要表演的片段）

师：他们表演得怎么样？请小朋友来当小评委。

幼1：他们表演得很好。

幼2：狐狸难过的时候应该垂头丧气。

师：你可以来尝试表演一下垂头丧气是什么样子的吗？

（请个别幼儿尝试更形象的表演）

幼3：应该学母鸡走路的样子，它保护蛋的时候应该很严肃。

师：哦，我们应该有明显的表情和动作。

师：小朋友们，通过刚才的尝试，大家总结一下，怎样才可以更好地进行表演？第一，要大胆地运用动作和表情；第二，我们可以使用道具。

（总结表演方法）

【分析与解读】

通过个别幼儿的示范表演，幼儿集体讨论并感知表演的方法，知道应该运用动作、语言、表情、道具等来表现故事。

【环节三】提出游戏要求，幼儿分组自主表演。

师：小朋友们，我们在表演的时候，要和同伴一起商量，选择你们想要表演的片段；你可以大胆表演与创新，增加对话内容。接下来，请小朋友们在小组内分配角色并进行表演吧！

（幼儿小组内自主表演，教师观察并指导）

【分析与解读】

引导幼儿在活动中产生游戏性体验，有自主选择的权利，表演方式自主决定，而不能要求幼儿按照教师要求机械地表演。因此教师要给予幼儿足够的时间，允许幼儿探索，教师进行支持、引导。

【环节四】交流游戏情况，分享与互评。

师：小朋友们，今天的表演游戏中你扮演了什么角色？你认为小组中谁演得最好？好在哪里呢？

幼：×××。因为……

师：那我们邀请这些小朋友上台一起来展示一下吧！

（请幼儿发表观点并邀请幼儿表演）

师：你们增加狐狸与母鸡的故事了吗？有没有新的角色出现呀？

幼1：我们有小狗、小猫。它们在池塘边和狐狸、母鸡一起野餐。

幼2：我们一起在森林中开舞会。

（表扬认真表演的小组，邀请幼儿表演，鼓励其他幼儿学习）

师：你在游戏中有没有遇到困难呢，是怎样解决的？

【分析与解读】

在游戏结束后要积极与幼儿进行探讨，组织幼儿互评，对本次的表演游戏进行总结。鼓励认真表演的幼儿，邀请幼儿上台展示片段，为小演员颁发小奖状。

游戏后的总结可以帮助幼儿抒发游戏中的情绪体验，促进幼儿相互学习，建构新经验。

【环节五】整理游戏场地。

师：今天我们都是小表演家，现在大家一起将我们的道具送回家吧！

【分析与解读】

舞台场地的布置、道具作为表演游戏的重要环境支持，在游戏结束后，一定要组织幼儿整理场地，养成有始有终的良好习惯。

【环节六】活动延伸：家园共育。

师：小朋友们，将我们的图书带回家，邀请爸爸妈妈一起做更多的表演道具，然后和爸爸妈妈一起表演这个故事吧！

七、反思与调整

【优点】

先欣赏图书、小组讨论要表演的情景能调动幼儿的积极性；不局限表演情景能够发挥幼儿的创造性。

【不足】

部分幼儿对故事情景对话已经模糊，可以上课前一天回顾故事内容或在教室区角提前熟悉。

【改进措施】

设置关键场景课堂练习，引导幼儿集体练习表演技巧，在表演前先让幼儿选择感兴趣的故事片段，讲一讲故事之后再进行合作表演。

活动7　诗歌：《如果我能飞》

一、活动名称

《如果我能飞》

二、活动对象

5～6岁幼儿

三、《指南》目标

【领域】语言领域。

【维度】阅读与书写准备。

【目标2】具有初步的阅读理解能力。

【具体目标】5～6岁：能说出所阅读的幼儿文学作品的主要内容。

四、活动目标

1.理解诗歌内容，感受诗歌的优美意境，认识词语"星星"和"浪花"。

2.学习用语言和动作表现闪烁的小星、舞蹈的浪花和歌唱的小鸟，体会儿歌快乐的情感。

3.能够大胆想象，积极表述"如果我会飞，我要飞到×××，变成××××"的美好愿望。

五、活动准备

幼儿经验准备：初步认识"如果……我会……"，认识天空、森林、大海的景象。

教师资源准备：诗歌课件。

六、活动过程

【环节一】谈话导入。

师：小朋友们，你们知道天空是谁的家吗？

幼：天空是小鸟的家。

师：没错，天空是小鸟的家。那你们知道为什么小鸟能够在天上飞来飞去吗？

幼：因为小鸟有翅膀。

师：如果你有一对神奇的翅膀，能够飞起来，你想飞到哪里去呢？

【分析与解读】

通过谈话导入，引导幼儿从熟悉的动物展开联想，思考"如果我能飞会怎样"，激发幼儿参与活动的兴趣。

【环节二】观看图片，讲述诗歌画面。

师：如果你能飞，你要飞到哪里？

幼1：如果我能飞，我要飞到太空里。

幼2：我想飞去沙漠里看一看。

师：现在让我们一起飞。"如果我能飞，我要飞到蓝天上。"看，我们又飞到哪里啦？

幼：我们飞到了天空里。

师：没错！"如果我能飞，我要飞到大海上。"你看飞过了大海，又来到哪里啦？

幼：森林里。

师：我们一起飞吧！"如果我能飞，我要飞到森林里。"（两遍）

小结：刚才，我们都飞到哪里啦？让我们大声讲出来……

师：小朋友，如果你飞到了蓝天里，你可以变成什么呢？

幼1：如果我飞到了蓝天里，我可以变成太阳。

幼2：如果我飞到了蓝天里，我可以变成飞船。

幼3：如果我飞到了蓝天里，我可以变成小鸟。

师：哇，真厉害！看我变成了什么？

幼：变成了小星星。

师：那你猜猜，它在干什么？我们来看看。

幼：它在闪闪发光。

师：我们一起来飞。"如果我能飞，我要飞到蓝天上／变成一颗星星，闪闪发光。"

师：我们还飞到了大海上。到了大海上你要变成什么呢？

幼：我要变成潜水艇。

师：看我变成了什么？

幼：变成浪花。

师：那它在干吗？"如果我能飞，我要飞到大海上／变成一朵浪花，随风舞蹈。"

师：我们飞到了森林里，你要变成什么呢？

幼：我要变成大狮子。

师：看看我变成了什么？"如果我能飞，我要飞到森林里／变成一只鸟儿，快乐歌唱。"

【分析与解读】

通过观察图片，幼儿在观察与讲述中初步了解诗歌内容。

【环节三】完整地欣赏诗歌《如果我能飞》，感受诗歌的结构和内容。

播放音频，完整地欣赏诗歌。

如果我能飞，我要飞到蓝天上

变成一颗星星，闪闪发光。

如果我能飞，我要飞到大海上

变成一朵浪花，随风舞蹈。

如果我能飞，我要飞到森林里

变成一只鸟儿，快乐歌唱。

师：现在请小朋友们一起看着图片，自己来说一说这首诗歌吧，看谁记得又快又好！

【分析与解读】

通过结合图片听音频，听一听，说一说，培养幼儿认真倾听的习惯，发展其专注力、语言表达能力。

【环节四】创编诗歌。

师：小朋友们，如果你能飞，你还想飞到哪里去，变成什么呢?

幼1：如果我能飞，我要飞到沙漠里，变成一棵仙人掌，开心玩耍。

幼2：如果我能飞，我要飞到海洋里，变成一条小鱼，欢乐遨游。

【分析与解读】

通过小朋友们自己创编诗歌，引导幼儿加深对诗歌的理解，同时发挥想象力，激发幼儿参与活动的主动性，感受诗歌的语言魅力。

【环节五】活动延伸：家园共育。

师：回家后给爸爸妈妈表演一下《如果我能飞》这首诗歌吧。

七、反思与调整

【优点】

让幼儿了解诗歌固定句型，并进行创编。考虑到大班幼儿爱学、好问的特点，在整个活动过程中用问题启发幼儿思考，激发了幼儿的兴趣，当老师提问"如果你也有一双翅膀，想要飞到哪里去，变成什么"时给幼儿提供了足够的想象空间和表达机会。

【不足】

教师缺乏引导幼儿用恰当的词语表达的主动意识。

【改进措施】

活动创编环节，老师首先让幼儿尝试自己创作作品，并进行肯定与鼓励，然后再与幼儿一起欣赏诗歌的完整内容，提高幼儿创作的积极性。

活动8　诗歌仿编:《如果我能飞》

一、活动名称

《如果我能飞》

二、活动对象

5～6岁幼儿

三、《指南》目标

【领域】语言领域。

【维度】阅读与书写准备。

【目标2】具有初步的阅读理解能力。

【具体目标】5～6岁:能根据故事的部分情节、图书画面的线索猜想故事情节的发展,或续编、创编故事。

四、活动目标

1.回忆诗歌内容,知道要按照"如果我能飞,我想飞到……,变成……"的句式进行仿编。

2.能够联系实际生活,按照已有经验进行诗歌仿编。

3.大胆表达自己,体验诗歌仿编的乐趣。

五、活动准备

幼儿资源准备:已经学过《如果我能飞》这首诗歌。

教师资源准备:课件《如果我能飞》仿编。

六、活动过程

【环节一】回忆诗歌内容,复习所学字词。

出示诗歌相关图片进行提问。

师：小朋友们，还记得这位小仙女么？

幼：记得，她变成过好多东西，飞到过好多地方。

师：请你回想一下她都飞到过哪里，又变成过什么呢？

幼1：她飞到了蓝天上，变成了一颗小星星，闪闪发光。

幼2：她飞到了大海上，变成了一朵小浪花，随风舞蹈。

幼3：她飞到了森林里，变成了一只鸟儿，快乐歌唱。

师：小朋友们，上次活动中我们还认识了两个词，你们还记得是什么吗？让我们一起来看一下吧！

【分析与解读】

通过图片导入激发幼儿的兴趣，引导幼儿回顾诗歌的内容和所学字词，通过回忆诗歌内容引出下一环节仿编诗歌。

【环节二】利用图片规定场景，仿编诗歌。

师：小朋友们，小仙女上一次飞到了那么多的地方，让我们来看看这一次她又飞去哪里了呢？

（出示森林的图片）

幼：她又飞到了森林里。

师：她变成了什么？请你用"如果我能飞，我想飞到……，变成……"的句式进行仿编。

幼1：如果我能飞，我想飞到森林里，变成一只小兔子，蹦蹦跳跳。

幼2：如果我能飞，我想飞到森林里，变成一棵小草，随风飘扬。

幼3：如果我能飞，我想飞到森林里，变成一朵小花，散发香气。

师：小朋友们，小仙女又飞到了草原上，如果你是小仙女，你想变成什么呢？请你用"如果我能飞，我想飞到……，变成……"的句式来说一说吧。

（出示草原的图片）

幼1：如果我能飞，我想飞到草原上，变成一匹马儿，尽情奔跑。

幼2：如果我能飞，我想飞到草原上，变成一只小羊，享受阳光。

师：她又飞到了海洋里，如果你是小仙女，你想变成什么呢？请你用"如果我能飞，我想飞到……，变成……"的句式来说一说吧。

（出示海洋的图片）

幼1：如果我能飞，我想飞到海洋里，变成一棵海草，摇摇摆摆。

幼2：如果我能飞，我想飞到海洋里，变成一条小鱼，游来游去。

幼3：如果我能飞，我想飞到海洋里，变成一只海龟，爬来爬去。

【分析与解读】

幼儿通过仔细观察画面，联系已有经验，发挥想象力进行诗歌仿编。这不仅能够提高幼儿的想象力，还能够锻炼幼儿的语言表达能力。

【环节三】幼儿散发思维，独自仿编诗歌。

师：小朋友们，如果你是小仙女，你想飞到哪里去呢？你又想变成什么呢？请你用"如果我能飞，我想飞到……，变成……"的句式来说一说吧。

幼1：如果我能飞，我想飞到大树上，变成一只小鸟，尽情歌唱。

幼2：如果我能飞，我想飞到天空里，变成一朵云彩，随意变幻。

幼3：如果我能飞，我想飞到农田里，变成一只蚯蚓，疏松土壤。

【分析与解读】

幼儿通过发散思维，自己想象要去的场景和要变成的事物，锻炼思维能力和想象能力。

【环节四】活动延伸：画画我的仿编诗歌。

师：小朋友们，回家后你们可以把今天仿编的诗歌画下来，讲给家人听。

【分析与解读】

幼儿把活动中的所学所想画到纸上，在画的过程中能够帮助幼儿巩固诗歌内容。幼儿通过讲给家人听，不仅能够锻炼语言表达能力，还能够实现家园共育，营造良好的亲子氛围。

七、反思与调整

【优点】

诗歌句式重复，画面形象，幼儿易于联想，便于仿编。

【不足】

设置的场景有些不足。幼儿在仿编诗歌时局限于诗歌内容，思路打不开，而且大部分幼儿说到变成什么，后面说不出来。

【改进措施】

在仿编诗歌的过程中，我将课件中的图片进行了调整，先出示大海及海洋动植物图，再出示草原及动植物图，后出示森林景物图。图片由微观形象到宏观抽象，最后脱离课件，将仿编场景迁移到幼儿园内、发散想象至幼儿园外，幼儿一边发散想象，一边仿编表达，辅以动作演示，发展了幼儿的想象力、创造力和语言表达能力。

活动9　诗歌表演：《如果我能飞》

一、活动名称

《如果我能飞》

二、活动对象

5~6岁幼儿

三、《指南》目标

【领域】 语言领域。

【维度】 倾听与表达。

【目标2】 愿意讲话并能清楚地表达。

【具体目标】 5~6岁：能有序、连贯、清楚地讲述一件事情。

【领域】 艺术领域。

【维度】 表现与创造。

【目标2】 具有初步的艺术表现与创造能力。

【具体目标】 5~6岁：能自编自演故事，并为表演选择和搭配简单的服饰、道具或布景。

四、活动目标

1. 大胆地运用语言、创编动作来表现诗歌的内容。

2. 能运用自制的道具完成诗歌表演。

3. 积极参与同伴合作表演，体验表演的乐趣。

五、活动准备

幼儿经验准备：了解诗歌的内容。

教师资源准备：PPT、道具（打印夜空、大海、森林等场景图片供幼儿粘贴）。

幼儿自制道具（星星、浪花、小鸟等）。

六、活动过程

【环节一】回顾诗歌内容，欣赏自己准备的道具。

教师出示诗歌内容，引导幼儿一起回顾。

师：小朋友们，还记得这个小仙女飞到过哪些地方吗？

幼1：小仙女飞到了天上。

幼2：小仙女飞到了大海里。

幼3：小仙女飞到了森林里。

师：她飞到过好多地方，你还记得飞到这些地方之后，小仙女分别变成了什么吗？

幼1：小仙女飞到天上，变成了小星星。

幼2：小仙女飞到大海里，变成小浪花。

幼3：小仙女飞到森林里，变成小鸟。

师：现在请小朋友来介绍一下你做的表演道具是什么，你想怎样来使用你的道具。

幼1：我画的道具是小星星，我想把它贴在夜空里。

幼2：我画的道具是小浪花，我想把它贴在大海里。

幼3：我的道具是小鸟，我想和它一起飞到森林里。

师：接下来就借助我们的道具一起来尝试表演一下这首诗歌吧。

【分析与解读】

通过回顾诗歌情节，引导幼儿说一说自己制作的道具，帮助幼儿理清诗歌的内容。

【环节二】幼儿尝试表演片段，讨论并总结表演方法。

师：请你先来想一想你会用怎样的动作来表演。老师给小朋友们准备了不同的场景图片，谁先作为榜样给大家表演一下呢？

幼1：我想表演场景一，最后变成小星星。

幼2：我想表演场景二，变成小浪花。

师：请开始你们的表演吧。

（幼儿自主选择表演片段，寻找自制的道具并粘贴到正确的位置）

师：他们表演得怎么样？请小朋友们来当评委，说一说你的看法。

幼1：她的动作很好看，把手放在身后飞过来的。

幼2：他的声音太小了，我听不清说了什么。

师：谁来分享一下你不一样的表演，你会用怎样的姿势来飞呢？会用怎样的动作表示星星？

（请个别幼儿分享自己不一样的表演动作）

幼1：我会用超人一样的姿势飞过去。

幼2：我用手打开合起来表示小星星。

师：小朋友们，通过刚才的表演尝试，我们知道了一些帮助我们表演得更好的办法。第一，表演的时候要大胆地用你喜欢的动作来表演。第二，在动作表演的同时，嘴巴可以大声说出诗歌的内容。

【分析与解读】

通过个别幼儿的示范表演，幼儿相互学习，一起讨论并总结表演的方法，幼儿尝试大胆地运用动作、语言、道具来表演诗歌。

【环节三】幼儿分组合作表演。

师：小朋友们，这首诗歌里的小仙女去了3个地方，我们根据这3个地方把这首诗歌分成3部分进行表演。现在6个人一个小组，进行合作表演。首先选择你想要表演的部分和借用的道具，然后用好听的声音、好看的动作开始表演吧！

（幼儿小组内自主表演，教师观察并指导）

【分析与解读】

通过小组合作表演，促进幼儿相互学习不同的表演方法，了解表演的规则，增强幼儿之间分工合作的能力。

【环节四】分享展示，集体加动作表演。

师：小朋友们，你认为小组里谁表演得最好，好在哪里呢?

幼：×××。他的小浪花动作做得很好看。

幼：××。她的小鸟唱歌动作做得很好看。

师：那我们邀请这些小朋友上台来展示一下吧。

师：小朋友们在表演的诗歌里设计了很多好看和有趣的动作，现在我们一起用好听的声音和好看的动作完整地表演一下这首诗歌吧。

【分析与解读】

通过诗歌表演，鼓励幼儿发挥想象力，自己创编不同的动作，体会诗歌表演的乐趣。

【环节五】活动延伸：家园共育。

师：小朋友们，把这首好听的诗歌回家表演给爸爸妈妈看看吧，请他们来猜一猜你变成了什么。

七、反思与调整

【优点】

孩子们对整首诗歌的掌握非常熟练，并在此基础上加上了相应的动作进行表演。

【不足】

诗歌表演是跟随诗歌的学习进行的，目的在于通过动作表现帮助幼儿掌握诗歌的内容，单独拿出来表演，目的性不强，只是为了表演而表演。

【改进措施】

适当采用多种形式的表演方式，如双人互相表演、小组表演；可延伸至诗配画、诗配乐等活动。可以充实一些字词的学习，如星、花、鸟，丰富词汇，也可以玩识字游戏等。

活动10　自制图书：《如果我能飞》

一、活动名称

《如果我能飞》

二、活动对象

5～6岁幼儿

三、《指南》目标

【领域】语言领域。

【维度】阅读与书写准备。

【目标2】具有书面表达的愿望和初步技能。

【具体目标】5～6岁：愿意用图画和符号表现事物或故事。

065

四、活动目标

1.根据诗歌内容以及之前仿编的诗歌内容，愿意用图画和符号绘画，表现事物或诗歌。

2.能用自己的绘画作品布置环境、美化生活。

3.发展倾听能力、表达能力和前书写能力。

五、活动准备

幼儿经验准备：了解诗歌的内容及仿编诗歌的内容。

教师资源准备：相关课件，画纸，画笔。

六、活动过程

【环节一】回顾原诗内容，分享仿编的诗歌。

教师出示诗歌图片，引导幼儿一起回顾。

师：小朋友们，还记得这个小仙女飞到过哪些地方吗？

幼1：小仙女飞到了蓝天上。

幼2：小仙女飞到了大海上。

幼3：小仙女飞到了森林里。

师：你还记得小仙女飞到这些地方之后，分别变成了什么，做了什么吗？

幼1：小仙女飞到蓝天上，变成小星星，闪闪发光。

幼2：小仙女飞到大海上，变成小浪花，随风舞蹈。

幼3：小仙女飞到森林里，变成鸟儿，快乐歌唱。

师：现在请小朋友一边朗诵，一边用动作表演这首诗歌吧。

（幼儿一边朗诵，一边用肢体动作表演诗歌）

师：小朋友朗诵和表演得真好！那么，你们还记得自己仿编的诗歌吗？谁能看着背景图用诗歌中的语言来说一说？

幼1：如果我能飞，我要飞到蓝天上，变成一道彩虹，架在天空。

幼2：如果我能飞，我要飞到大海上，变成一艘大轮船，快乐航行。

幼3：如果我能飞，我要飞到森林里，变成一只小松鼠，采摘松果。

师：你们还想飞到哪里，变成什么，去做什么？一起用诗歌的语言来说一说吧！

（幼儿说一段自己仿编的诗歌）

【分析与解读】

通过回顾之前学过的诗歌及仿编的诗歌，引导幼儿说一说原诗歌及仿编的诗歌，帮助幼儿进一步回忆诗歌的内容，为下一步画诗做好铺垫。

【环节二】依托四格画纸，讨论画诗的方法。

师：小朋友，这首诗歌太美了！你们能不能画下来，带回家给爸爸妈妈看一看，教爸爸妈妈说一说呢？（教师出示四格纸）请小朋友看一看这张四格纸，想一想可以怎么把诗歌画下来呢？谁来试试看，讲给大家听一听？

幼1：第一个格可以画"飞到蓝天上，变成小星星，闪闪发光"。

幼2：第二个格可以画"飞到大海上，变成小浪花，随风舞蹈"。

幼3：第三个格可以画"飞到森林里，变成鸟儿，快乐歌唱"。

师：第四个格，你们想画什么呢？

幼1：第四个格可以画自己编的诗歌，"如果我能飞，我要飞到马路上，变成一辆小汽车，安全驾驶"。

幼2：第四个格我要画房子和小朋友，"如果我能飞，我要飞到小区里，变成一座房子，给人当家"。

幼3：第四个格我要画草地和小白兔，"如果我能飞，我要飞到草地上，变成一只小白兔，快乐吃草"。

师：（出示带背景的图片）小朋友们，请看一看、想一想，如果四个格里都画自己编的诗歌，你想怎么画呢？

幼1：第一个格可以画太阳和白云，"飞到蓝天上，变成一个太阳，闪闪发光"。

幼2：第二个格可以画大海和海带，"飞到大海上，变成一条海带，快乐舞蹈"。

幼3：第三个格可以画树和老虎，"飞到森林里，变成一只大老虎，快乐捕猎"。

幼4：第四个格可以画花和蜜蜂，"飞到花园里，变成一只小蜜蜂，快乐采蜜"。

师：请小朋友们一边说自己仿编的诗歌，一边在四格纸上画一画吧。

师：小朋友们，通过刚才的尝试，我们知道了画诗的好办法。第一种方法，可以先选择诗歌里的三段（或两段、一段）内容画到四格纸里，再在剩余的格内添画自己仿编的诗歌。第二种方法，可以根据诗歌里的背景，把自己仿编的诗歌画到四格纸里，再在剩余的格内添画自己仿编的诗歌。第三种方法，可以把自己编的四段诗歌分别画在四个格里。

【分析与解读】

通过个别幼儿的示范讲解，幼儿互相学习。根据教师引导，一起讨论和总结画诗的不同方法，幼儿尝试大胆地运用不同的方式来画诗歌。

【环节三】发放绘画纸笔，画出想画的诗歌。

师：现在，我们一起用自己喜欢的方式来画诗歌吧。（幼儿自主画诗，教师观察并指导）

【分析与解读】

教师通过设计四格纸，引导幼儿自主选择画出原诗歌并添画自编的诗歌，或自编诗歌四段进行绘画，满足不同水平幼儿的发展需要，促进幼儿逻辑思维能力的提升。

【环节四】作品分享展示，互相交流评价。

教师将幼儿画的诗歌进行展示，引导幼儿互相交流评价。

师：小朋友们，你认为谁画得最好？好在哪里呢？

幼：×××。他画的画很好看。

幼：××。她画得很清楚，一看就知道她飞到哪里，变成了什么。

师：那我们邀请这些小朋友上台来讲一讲他们画的诗歌吧。

师：小朋友们画得都很好，现在我们一起用诗歌来讲一讲吧。

【分析与解读】

通过看图说诗歌，让幼儿大胆地说出自己画的诗歌，体会画诗的乐趣。

【环节五】绘画活动延伸：亲子诗画互动。

师：小朋友们，把你们画的诗歌带回家，说给爸爸妈妈听，让爸爸妈妈帮你们把诗歌记在画纸上，明天带回幼儿园，装订成一本诗歌图书吧！

七、反思与调整

【优点】

环节设计紧凑，层次分明，关注到不同层次的幼儿发展水平，为幼儿绘画提供了切实可行的抓手。

【不足】

幼儿用于画诗的时间有些少，不能全部完成四格画。

【改进措施】

延伸到家庭，可以进一步完善好画面。给幼儿多提供一些情景，拓宽幼儿思维，进一步丰富创作内容。

活动11　故事:《小壁虎借尾巴》

一、活动名称

《小壁虎借尾巴》

二、活动对象

5～6岁幼儿

三、《指南》目标

【领域】语言领域。

【维度】阅读与书写准备。

【目标2】具有初步的阅读理解能力。

【具体目标】5～6岁:能根据故事的部分情节、图书画面的线索猜想故事情节的发展,或续编、创编故事。

四、活动目标

1.初步了解故事中小动物们尾巴的作用。

2.能看图猜测小壁虎和小动物们之间发生的大致故事情节,分角色进行简单的对话表演。

3.培养幼儿关心、爱护小动物的情感。

五、活动准备

幼儿经验准备:对故事中各种小动物的尾巴的本领有初步的了解。

教师资源准备:活动课件。

六、活动过程

【环节一】图片导入,激发幼儿对故事的兴趣。

教师出示断尾巴的小壁虎的图片。

师：今天老师带来了一位特别的小动物，是谁呢？

幼：是小壁虎。

师：请小朋友们仔细观察一下小壁虎，它哪里很特别呢？它怎么了？

幼：小壁虎的尾巴断了，它没有尾巴。

师：小壁虎的尾巴断掉了，它的心情怎么样？

幼1：小壁虎非常伤心。

幼2：小壁虎很难过。

师：它的尾巴为什么会没有了呢？让我们一起到故事里去看看吧。

【分析与解读】

通过图片导入激发幼儿的好奇心，设置悬念，激发幼儿的猜测和想象，引起幼儿阅读的兴趣。

【环节二】分段讲述故事，初步感知故事内容。

1.出示小壁虎趴在墙上的图片。

师：小壁虎正在墙角捉蚊子时，谁出现了？

幼：一条小蛇。

师：猜猜看，接下来，小蛇会对小壁虎做什么呢？

幼1：小蛇会吃掉小壁虎。

幼2：小蛇会把小壁虎的尾巴吃掉。

师：这条蛇咬住了小壁虎的尾巴，小壁虎一挣，它的尾巴怎么样了？

幼1：被蛇咬下来了。

幼2：小壁虎断掉尾巴逃走了。

师：那小壁虎是怎样逃跑的呢？

幼：小壁虎断掉自己的尾巴逃走了。

师：原来小壁虎在遇到敌人时，可以断掉尾巴逃走，保护自己。没有尾巴的小壁虎很伤心，小朋友们猜一猜它会怎么做呢？

幼1：小壁虎会向它的好朋友寻求帮助。

幼2：小壁虎会继续寻找它的尾巴。

2.出示小金鱼的图片。

师：小壁虎爬呀爬，来到了小河边，这时它遇见了谁？

幼：小壁虎遇见了小金鱼。

师：小金鱼的尾巴是什么样子？

幼1：小金鱼的尾巴像一把小扇子一样。

幼2：小金鱼的尾巴像爱心一样。

师：我们来听听，小壁虎会怎样向小金鱼借尾巴呢？小壁虎说："金鱼姐姐你好，能把您的尾巴借给我吗？"

师：小朋友们，小壁虎是怎样跟小金鱼借尾巴的呢？它是怎么说的？

幼：金鱼姐姐你好，能把您的尾巴借给我吗？

师：小壁虎非常有礼貌，用到了一个"您"字，我们来听听小金鱼是怎么说的？小金鱼说："不借，不借，我的尾巴是用来拨水的。"

幼：小金鱼说，"不借，不借，我的尾巴是用来拨水的"。

师：小金鱼有没有把尾巴借给小壁虎？为什么没有把尾巴借给小壁虎呢？

幼1：小金鱼没有把尾巴借给小壁虎。

幼2：小金鱼的尾巴是用来拨水的。

师：谁能学一学小金鱼是怎么用尾巴拨水的？（师幼加动作表演）

小结：小金鱼的尾巴是用来拨水的，所以不能借给小壁虎。接下来它会向谁借尾巴呢？我们一起来看一看。

3.出示黄牛伯伯的图片。

师：小壁虎爬呀爬，遇见了谁呢？

幼：小壁虎遇到了黄牛伯伯。

师：看一看，黄牛伯伯有尾巴吗？它的尾巴长什么样子呢？

幼1：黄牛伯伯的尾巴细细的、长长的。

幼2：黄牛伯伯有尾巴，它的尾巴尖尖的，像水滴一样。

师：黄牛伯伯有尾巴，它的尾巴是细细的、长长的。猜猜小壁虎见到黄牛伯伯会说什么呢？谁来学一学？

幼：黄牛伯伯你好，能把您的尾巴借给我吗？

师：黄牛伯伯会把尾巴借给它吗？我们来听听黄牛伯伯是怎么说的。

幼：黄牛伯伯说，"不借，不借，我的尾巴是用来驱赶蚊虫的"。

4.出示小燕子的图片。

师：这时小壁虎遇到了谁呢？

幼：小壁虎这时遇到了小燕子。

师：小燕子的尾巴又是什么样子的？

幼：小燕子的尾巴像剪刀一样。

师：小壁虎会对小燕子说些什么？

幼：小燕子你好，能把您的尾巴借给我吗？

师：如果你是小燕子会怎么说呢？

幼1：我不想借给你，我的尾巴是用来飞翔的。

幼2：不借，不借，我的尾巴是用来在天空中飞来飞去的。

师：我们一起去听一听故事中是怎么说的，小燕子说："不借，不借，我的尾巴是用来保持平衡和方向的。"我们一起加上动作来说一说。

师：小壁虎依然没有借到尾巴，它的心情会怎样？

幼：小壁虎心里很难过。

师：于是它回家找妈妈，把借尾巴的事情告诉了妈妈，妈妈笑着说："傻孩子，你转过身子看看。"小壁虎转过身子时，看到了什么呢？

幼：它长出了新的尾巴。

师：它的心情怎么样？你高兴的时候是什么样子的？

幼1：小壁虎非常开心。

幼2：我高兴的时候会手舞足蹈。

【分析与解读】

教师巧设形式多样的提问，引导幼儿有目的地观察并猜测故事情节，让幼儿对故事充满期待。

【环节三】教师完整讲述故事，幼儿根据图片内容梳理和回顾故事情节。

师：在故事里，小壁虎都跟哪些小动物借尾巴了？它们的尾巴都有什么作用呢？让我们来完整地欣赏一遍这个有趣的故事吧，故事的名字叫《小壁虎借尾巴》。

师：故事听完了，想一想小壁虎的尾巴被谁咬掉了呢？

幼：小壁虎的尾巴被小蛇咬掉了。

师：小壁虎爬呀爬，最先向谁借的尾巴呢？

幼：小壁虎最先向小金鱼借的尾巴。

师：小金鱼把尾巴借给小壁虎了吗？小壁虎爬呀爬，又看见了谁呢？

幼：小金鱼没有把尾巴借给小壁虎，小壁虎又遇到了黄牛伯伯。

师：黄牛伯伯也没有把尾巴借给小壁虎，小壁虎又爬呀爬，遇到了谁呢？

幼：小壁虎又遇到了小燕子，可是小燕子也没有把尾巴借给小壁虎。

师：小壁虎没有借到尾巴，可伤心了，回家找妈妈，妈妈是怎么跟小壁虎说的呢？

幼：傻孩子，你转过身看看吧。

师：小壁虎回头一看，看到了什么？

幼：它的尾巴又长出新的来了。

师小结：从这个故事中我们了解到，原来小壁虎的尾巴被敌人咬断后可以再长出来，小壁虎有断掉尾巴逃生的本领。在动物世界中还有许许多多的动物，它们的尾巴又有什么作用呢？请小朋友们回家与爸爸妈妈合作查一查。

【分析与解读】

　　幼儿完整地欣赏故事内容，进一步梳理整个故事内容，加深对故事情景的印象，体验故事的趣味性。

【环节四】分角色扮演，体验有趣的故事情节。

师：小朋友们，《小壁虎借尾巴》这个故事非常有趣，你们想不想表演一下呢？老师为小朋友们准备了许多动物图书，请小朋友自由选择角色。我们一起来表演一下吧。谁想当小金鱼呢？请上来取一个小金鱼的图书。

幼1：我非常喜欢小金鱼，我想扮演小金鱼。

幼2：我想扮演会飞的燕子。

幼3：我想扮演黄牛伯伯。

（幼儿认领不同的角色，进行故事表演）

师小结：小朋友们，你们表演得可真像，有的小朋友不仅声音学得很像，还加上了许多动作。其实小壁虎会在我们午睡或者晚上睡觉时，在墙角里帮我们捉蚊子，所以小壁虎是我们的好朋友，在生活中我们要学会保护小壁虎。老师还在区角投放了很多有关小壁虎的材料，小朋友们可以自由选择，去玩一玩。

【分析与解读】

通过分角色故事表演，增进幼儿对故事内容的了解，体验故事的趣味性。

【环节五】活动延伸。

融共育：亲子共探。

师：今天我们知道了好多小动物的尾巴都有各自的本领，想想还有哪些小动物的尾巴有本领呢？回家后跟爸爸妈妈探究一下吧，明天我们一起来分享一下。

融区角：阅读区投放《小壁虎借尾巴》的绘本或与小动物有关的绘本；益智区投放小动物尾巴对对碰的玩教具；表演区投放各种小动物的图书，幼儿进行角色表演。

融游戏：进行户外活动时，幼儿玩揪尾巴的游戏。

融环创：幼儿绘画故事内容、幼儿创作小动物尾巴的作品等。

七、反思与调整

【优点】

故事内容生动有趣，角色之间的对话结构性强，有利于幼儿学说对话。幼儿通过读图、对话练习、分角色表演，进一步了解不同动物尾巴的作用。

【不足】

在词汇的丰富、对话的练习、故事内容的升华等方面还需要进一步加强。

【改进措施】

丰富词汇：壁虎、尾巴，练习对话，对动物尾巴的功能进行总结与拓展，为后续课时的续编及表演做好铺垫。

活动12 故事创编:《小壁虎借尾巴》

一、活动名称

《小壁虎借尾巴》

二、活动对象

5~6岁幼儿

三、《指南》目标

【领域】语言领域。

【维度】阅读与书写准备。

【目标2】具有初步的阅读理解能力。

【具体目标】5~6岁:能根据故事的部分情节、图书画面的线索猜想故事情节的发展,或续编、创编故事。

四、活动目标

1. 能根据故事结局,联系生活实际合理续编情节,并进行连贯讲述。
2. 大胆表达自己,体验故事仿编的乐趣。

五、活动准备

幼儿经验准备:对故事中各种小动物尾巴的本领有初步的了解。

教师资源准备:活动课件。

六、活动过程

【环节一】回忆故事情节。

师:想一想,小壁虎都跟哪些小动物借尾巴了呢?它们的尾巴都有什么作用呢?

想一想小壁虎的尾巴被咬掉了呢?

幼:小壁虎的尾巴被小蛇咬掉了。

师:小壁虎爬呀爬,最先向谁借的尾巴呢?

幼:小壁虎最先向小金鱼借尾巴。

师:小金鱼把尾巴借给小壁虎了吗?小壁虎爬呀爬,又看见了谁呢?

幼:小金鱼没有把尾巴借给小壁虎,小壁虎又遇到了黄牛伯伯。

师:黄牛伯伯也没有把尾巴借给小壁虎,小壁虎又爬呀爬,遇到了谁呢?

幼:小壁虎又遇到了小燕子,可是小燕子也没有把尾巴借给小壁虎。

师:小壁虎没有借到尾巴,可伤心了,回家找妈妈,妈妈是怎么跟小壁虎说的呢?

幼:傻孩子,你转过身看看吧。

师:小壁虎回头一看,看到了什么呢?

幼:小壁虎长出来一条新的尾巴。

【分析与解读】

通过图片导入激发幼儿的好奇心,引导幼儿回顾故事内容,进行大胆回忆和讲述。

【环节二】小组创编故事。

师:在这个故事中我们知道了,原来小壁虎的尾巴被敌人咬断后可以再长出来,小壁虎有断尾逃生的本领,而且其他小动物的尾巴都有自己的作用。

师:那么重新长出尾巴后的小壁虎又会发生什么故事呢?我们来开动自己的小脑筋一起来创编一个故事吧。请你以小组为单位,一起思考并讲一讲。

(小组合作创编)

师:小朋友们讨论得真积极,哪个小组愿意来展示你们独特的故事?

幼1:长出尾巴的小壁虎有一天在森林里遇到了小兔子,它看到小兔子的尾巴非常短,于是问:"小兔子,你的尾巴也被蛇咬了吗?"小兔子说:"没有呀,我的尾巴本来就这么短。"小壁虎非常不解,于是向猫头鹰老师求助,猫头鹰老师告诉它:"兔子祖先的尾巴本来很长,后来它们为了躲避敌人,让自己跑得更快,尾巴就变短了。"小壁虎听到后,觉得太神奇了。

师:你们组的故事真精彩,没想到小壁虎遇到了小兔子,还知道了小兔子尾巴的本领。

幼2：森林里要举行一场"谁的尾巴最有用"比赛，小动物们都来参加。大家都觉得自己的尾巴最有本领，最后它们争执不下，猴子爷爷出来了，说："你们不要吵了，你们的尾巴都有自己独特的作用，所以自己的尾巴最有用。"

师：太棒了，森林里的小动物通过比尾巴的形式知道了自己尾巴的作用。

【分析与解读】
以故事的结尾为线索展开，引导幼儿以小组为单位创编小壁虎借尾巴的故事，激发幼儿的想象力，锻炼幼儿的同伴合作、语言创编与表达能力。

【环节三】活动延伸：画画我的故事

师：小朋友们，我们今天创编了小壁虎借尾巴后续的故事，大家都是很棒！回家记得讲给爸爸妈妈听一听，并将故事画一画，创编出自己的故事，我们将统一展示到阅读区共同欣赏哦！

七、反思与调整

【优点】

幼儿在创编时发挥自己的想象，能够表达自己的想法，既锻炼了幼儿的创编能力，实现了"真"创编，又发展了幼儿的想象力和语言表达能力。

【不足】

在各自小组创编后，未能让全体幼儿参与改进后续故事。

【改进措施】

给予幼儿充足的时间，听取、其他小组的创编内容，共同创编出更多精彩的故事。

活动13　自制图书:《小壁虎借尾巴》

一、活动名称

《小壁虎借尾巴》

二、活动对象

5~6岁幼儿

三、《指南》目标

【领域】语言领域。

【维度】阅读与书写准备。

【目标2】具有初步的阅读理解能力。

【具体目标】5~6岁:愿意用图画和符号表现事物或故事。能用自己制作的美术作品布置环境、美化生活。

四、活动目标

1.知道故事的内容和情节,认识词语"壁虎"和"尾巴"。

2.能够用图画自己制作图书,能用自己制作的图书布置环境、美化生活。

3.体验游戏的乐趣,培养幼儿的想象力与创造力。

五、活动准备

幼儿经验准备:知道常见小动物的尾巴长什么样。

教师资源准备:活动课件。

六、活动过程

【环节一】图片导入,回忆故事情节。

教师出示故事中出现的小动物的图片，引导幼儿回忆故事情节。

师：小朋友们，你们还记得小壁虎借尾巴的故事么，让我们来根据图片回忆一下故事吧。

（出示小鱼姐姐的图片）小壁虎遇到金鱼姐姐是怎么跟它说的，金鱼姐姐为什么没有借给它？

幼1：金鱼姐姐，您的尾巴借给我行吗？

幼2：金鱼姐姐的尾巴要用来拨水，所以没有借给小壁虎。

师：（出示黄牛伯伯的图片）小壁虎遇到黄牛伯伯是怎么跟它说的？黄牛伯伯为什么没有借给它？

幼1：黄牛伯伯，您可以把尾巴借给我吗？

幼2：黄牛伯伯的尾巴要用来赶苍蝇，所以它没有借给小壁虎。

师：（出示燕子的图片）小壁虎遇到小燕子是怎么跟它说的，小燕子为什么没有借给它？

幼1：小燕子，您的尾巴借给我行吗？

幼2：燕子的尾巴在飞行的时候要用来掌控方向，所以没有借给小壁虎。

师：（出示小壁虎妈妈的图片）小朋友们，小壁虎没有借到尾巴，很难过地回家了，壁虎妈妈是怎么和小壁虎说的？

幼1：壁虎妈妈让小壁虎转过身去看看。

幼2：小壁虎的尾巴长出来了。

小结：小壁虎问别的小动物借尾巴，但是它们都没有借给小壁虎，是因为小动物们的尾巴都有独特的作用。

【分析与解读】
通过图片导入并用对话的形式讲一讲故事，帮助幼儿回忆故事情节。

【环节二】制作动物图书。

师：小朋友们，小壁虎长出了新尾巴，它很喜欢自己的新尾巴，于是邀请自己的好朋友来聚餐，庆祝尾巴长出来了。小壁虎的好朋友们都有着漂亮的尾巴，请你猜一猜小壁虎都有哪些好朋友呢？

(引导幼儿说出故事中的小动物以及其他想要创编的动物)

师：小壁虎原来邀请了那么多好朋友啊，那请你画一画这些小动物，然后给它们做本图书吧。

【分析与解读】

幼儿联系实际生活与故事选择要制作的动物图书。通过制作图书，提高幼儿的想象力和创造力。

【环节三】大小声游戏：认识词语"壁虎""尾巴"。

师：小朋友们，小壁虎为它的好朋友们准备了一个小游戏，在玩这个游戏之前呢我们有两个词语宝宝，让我们一起来看看它们是谁吧！（出示字卡与图片，可以通过组词的方式让幼儿认识字卡）

师：小朋友们都认识了这两个词语，那让我们一起来玩游戏吧，游戏的名字叫作"大小声"。请你仔细听游戏规则，当我把字卡举高时，你就要大声地说出我手中的字卡；当我把字卡举低时，你就要小声地说出字卡。（一开始先让幼儿一起说，然后让幼儿举手再说）

【分析与解读】

通过游戏的方式激发幼儿的兴趣，联系图片认识词语。通过游戏让幼儿在玩中学，能够让幼儿对词语"壁虎"和"尾巴"有印象。

【环节四】活动延伸。

师：小朋友们，今天我们一起制作了动物图书，回到家以后大家可以和爸爸妈妈共同完善自己的图书，并尝试演一演你的角色。

【分析与解读】

通过家园共育的方式，亲子共同完善图书，表演故事情节，在融洽的亲子关系中提高语言表达能力。

七、反思与调整

【优点】

一开始回顾故事情节能够让幼儿记起故事内容，为幼儿制作图书做铺垫，同时通过图片导入能够引起幼儿的兴趣。在制作图书环节，幼儿不仅可以联系实际生活，还可以充分发挥想象力和创造力。在"大小声"游戏中课堂气氛非常活跃，幼儿很感兴趣，能够结合图片认识这两个词语。

【不足】

制作图书环节所用时间过长，从而导致下面的环节进行得很匆忙。

【改进措施】

在各环节中把握好时间，仔细观察每位幼儿，重点引导个别出现问题的幼儿，适时帮助他们。

活动14　故事表演：《小壁虎借尾巴》

一、活动名称

《小壁虎借尾巴》

二、活动对象

5～6岁幼儿

三、《指南》目标

【领域】语言领域。

【维度】阅读与书写准备。

【目标2】具有初步的阅读理解能力。

【具体目标】5～6岁：能根据故事的部分情节、图书画面的线索猜想故事情节的发展，或续编、创编故事。

【领域】艺术领域。

【维度】表现与创造。

【目标2】具有初步的艺术表现与创造能力。

【具体目标】5~6岁：能自编自演故事，并为表演选择和搭配简单的服饰、道具或布景。

四、活动目标

1.大胆运用语言、动作、表情来表现小壁虎借尾巴的过程。

2.能运用图书或道具进行角色装扮，增加角色对话内容。

3.喜欢故事中的角色，积极与同伴合作表演。

五、活动准备

幼儿经验准备：知道常见小动物的尾巴长什么样。

教师资源准备：活动课件。

六、活动过程

【环节一】图片导入，回忆故事情节。

教师出示故事中出现的小动物的图片，引导幼儿回忆故事情节。

师：小朋友们，你们还记得小壁虎借尾巴的故事吗？让我们根据图片来回忆一下故事吧。小壁虎的尾巴怎么了？

幼：被蛇咬断了。

师：于是，小壁虎做什么了？

幼：它去找小动物借尾巴。

师：那它都向哪些动物借了尾巴？

幼1：小金鱼。

幼2：黄牛。

幼3：小燕子。

师：那它最后借到尾巴了吗？

幼：没有。

师：（出示小壁虎妈妈的图片）小朋友们，小壁虎没有借到尾巴，回到家的小壁虎发生什么事了？

幼：小壁虎的妈妈让小壁虎转过身去看看，它的尾巴重新长出来了。

小结：小壁虎问别的小动物借尾巴，但是它们都没有借给小壁虎，是因为小动物们的尾巴都有独特的作用。

【环节二】欣赏图书，练习角色对话。

师：小朋友们，上次我们一起做了非常多的图书，今天我们利用自己的图书到小剧场参加表演。大家都做了什么图书呢？谁想来展示一下你的图书？能试着说一句故事中小动物的台词吗？

（个别幼儿上台介绍自己的图书，教师引导幼儿大胆地有感情地说一句台词）

幼1：我画的是小壁虎。小壁虎问小金鱼："你可以把尾巴借给我吗？"

幼2：我画的是黄牛。黄牛说："我的尾巴是用来拍打蚊虫的！"

师：你们说得真好！我们剧场的小主人说，只有准备充分的小演员才能参加我们的演出，那接下来我们以小组为单位，讨论一下你们的故事，一起练习角色对话，待会一起去参加表演大会。

【环节三】故事表演与赏析。

师：小朋友们，剧场小主人告诉老师，上台的小朋友要介绍一下你们的故事和角色，然后大胆地进行你们的表演。

幼1：我们组表演的是《小壁虎借尾巴》，我表演的是小壁虎。

（根据每组表演请幼儿点评）

师：太棒了，小观众们，请你们来点评一下这群厉害的小演员吧！

幼2：他们组表演得很形象，动作很到位。

（根据表演，教师进行总结与客观评价）

幼：我们组表演的是《小壁虎与小兔子的故事》。

小结：小朋友们，你们今天的表演太精彩了，有的小组还进行了创编表演，现在我们来为小演员们颁发最佳奖牌。

> **【分析与解读】**
> 幼儿合作演绎故事内容并进行同伴互评，在幼幼互动中获得自信与成就。

【环节四】活动延伸。

师：小朋友们，今天我们进行了故事表演，大家回家后也可以邀请爸爸妈妈和你们共同演绎这个精彩的故事哦！

七、反思与调整

【优点】

首先对故事情节进行回顾，巩固练习角色对话，为后面的表演进行铺垫，创设场景给幼儿提供表演的机会。故事表演的过程中，幼儿参与的积极性很高，能够利用语言和动作进行自己的演绎，加深对故事的理解。

【不足】

小组练习时，部分幼儿对故事对话不够熟练，不敢说，怕说错。

【改进措施】

对角色的对话先分角色集体练习，再分组自由表演，最后分组展示，教师以合适的角色客串与介入其中，扮演小蛇、壁虎妈妈等，调动幼儿表演的积极性，并在表演后给予鼓励性评价。

第三章

玩 转 音 乐

活动1　歌曲：《小小旅行家》

一、活动名称

《小小旅行家》

二、活动对象

5～6岁幼儿

三、《指南》目标

【领域】艺术领域。

【维度】表现与创造。

【目标2】具有初步的艺术表现与创造能力。

【具体目标】5～6岁：能用基本准确的节奏和音调唱歌。

四、活动目标

1.熟悉歌曲旋律，理解歌词内容，用自然的声音演唱歌曲。

2.喜欢和小朋友一起玩游戏，体验好朋友共同歌唱、游戏的快乐。

五、活动准备

幼儿经验准备：幼儿有旅行的经验。

教师资源准备：音乐、动画课件、图谱PPT，幼儿围坐成半圆圈。

六、活动过程

【环节一】师生伴随《小小旅行家》的音乐，玩乘坐火车去旅行的游戏。

师：今天天气真好，我们一起坐上小火车，去旅行吧。（播放音乐）

（幼儿随音乐一起做开火车动作）

> **【分析与解读】**
> 通过随音乐开火车这个小游戏，让幼儿对音乐有初步了解，调动了学习兴趣。

【环节二】一起谈一谈对音乐的感受。

师：小朋友们，听到刚才的音乐了吗？这么好听的音乐让我们再来听一遍。

（播放音乐）

师：听完音乐你有什么样的感觉？

幼：我感觉很开心。

幼：我感到很欢快。

师小结：整首音乐曲调欢快流畅，歌词内容押韵，富有童趣。

> **【分析与解读】**
> 通过再次倾听音乐，让幼儿对音乐的曲调和歌词内容有一个简单的了解，为后面学唱歌曲做好铺垫。

【环节三】播放音乐，初步了解歌曲内容。

师：小朋友们，你们想去旅行吗？你们想到哪里去旅行？

幼：老师，我想去青岛旅行，那里有大海和海滩，我想去捉鱼和虾。

幼：老师，我想去北京，去看那里的升国旗仪式。

幼：老师，我想去西藏，去看看那里的牦牛。

师：让我们一起随音乐去旅行吧！

（播放音乐）

师：在音乐中，你都到哪里旅行了？

幼：去公园看美丽的鲜花。

幼：去看路上的树林和黄沙。

幼：去海边找小鱼和小虾。

【分析与解读】

通过多次聆听音乐，让幼儿对音乐内容有初步了解，引发去旅行这个小话题，幼儿根据已有经验进行讨论，从而拓宽了知识面，这也调动了幼儿参与集体活动的积极性。

【环节四】再次完整地播放音乐，幼儿注意倾听歌词，加强对歌词内容的理解。

师：除了这些，我们还去干什么了？

（播放音乐）

幼：去动物园看斑马。

幼：去电影院看小哪吒。

【分析与解读】

幼儿通过多次倾听音乐，充分调动听觉和思维的联动，对歌词结构掌握较扎实，为下面学唱歌曲打好基础。

【环节五】学唱歌曲，可自行借助动作联想歌词。

师：这么好听的歌曲让我们一起来学唱一下吧。

【分析与解读】

通过哼唱、对唱、互动唱等歌唱方式，调动幼儿学唱的兴趣，使幼儿在游戏中学习演唱歌曲。

七、反思与调整

【优点】

《小小旅行家》这一课主要源于幼儿过了一个假期，对旅行有丰富的经验。本课建立在幼儿已有经验的基础上，使幼儿对歌曲感兴趣，激发幼儿学唱歌曲的兴趣。通过利用多种形式，使幼儿反复倾听音乐，运用多种演唱形式，使幼儿不知不觉地学会歌曲。本课程虽属音乐领域，但同时涵盖了语言、社会等其他领域课程。利用幼儿喜闻乐见的旅行，调动起幼儿感官探索的积极性，既吸引了他们的注意力，也为活动增添了一份游戏性。

【不足】

课程中音乐元素的加入使得课件内容复杂化，教师播放使用时不能很好地把控进度；幼儿年龄较小，课程环节涉及问题较多，会稍微有些超时。

【改进措施】

本节课可以回顾歌词内容和创编动作并重。在第一段时，通过图片记忆动作，幼儿能较好地投入学习。

活动2 歌表演：《小小旅行家》

一、活动名称

《小小旅行家》

二、活动对象

5～6岁幼儿

三、《指南》目标

【领域】艺术领域。

【维度】表现与创造。

【目标2】具有初步的艺术表现与创造能力。

【具体目标】5～6岁：能用基本准确的节奏和音调唱歌。

四、活动目标

1.掌握踮趾小跑步动作要领，能随音乐节奏完整地进行舞蹈表演，提高动作协调性。

2.大胆地创编动作，能用表情、动作表达音乐欢快的情绪。

3.与同伴合作创编集体舞，体验合作的快乐。

五、活动准备

教师资源准备：音乐、容纳幼儿舞蹈的场地。

六、活动过程

【环节一】听一听、拍一拍。

师：上一节课我们学了一首歌曲，小朋友们还记得它的名字吗？

幼：《小小旅行家》。

师：现在让我们听音乐，边唱边用"×－××－×××"的节奏拍拍手。

【分析与解读】
通过节奏拍手，让幼儿对音乐的节奏有更深的理解，调动学习兴趣。

【环节二】看一看，学一学。

师：小朋友，现在老师要做一个动作，看谁能学会。（教师分解、慢动作做一次踵趾小跑步）

师：老师的脚刚才做了哪些动作？

幼1：先向前点脚后跟，再向后点脚尖。

幼2：然后跑跑跑。

师：老师跑了几下呢？

幼1：3下。

幼2：4下。

师：现在老师再跳一次，小朋友们仔细看，数一数到底有几次。

教师示范讲解动作要领：小八字步准备，4拍完成。第一拍，右脚跟向右斜前方垫底，同时左膝稍屈，身体略微前倾。第二拍，右脚尖向后点地，同时双膝直起，身体略向左前倾。第三、四拍，双脚交替小步跑4下。（口令：前点，后点，1234。脚跟，脚尖，1234）

师：我们在做踵趾小跑步时，要按照动作要领身体协调地做动作，这样做出来的动作才更优美。

【分析与解读】

结合儿歌的口令，掌握踵趾小跑步的动作要领。

【环节三】编一编，跳一跳。

创设旅行情景，用小椅子当小汽车道具，根据歌词创编舞蹈动作并将踵趾小跑步创编到《小小旅行家》歌曲里。

师：让我们一起开着小汽车去旅行吧！（播放音乐）

师：在歌曲中，小小旅行家都去了哪里？

幼1：去海边找小鱼小虾。

幼2：去公园看美丽的鲜花。

师：我们可以用什么动作表示呢？

幼：用手做"看一看"的动作，鲜花可以用两个手并在一起。

师：去海边找小鱼小虾可以用什么动作表示？我看到有小朋友两个手并在一起学小鱼游泳，我们一起来学一学。

【分析与解读】

通过对歌词的逐句分析创编动作，让幼儿通过动作加深对音乐内容的了解。

师：除了这些，还去干什么了？

幼：去动物园看斑马。

幼：去电影院看小哪吒。

师：现在请小朋友看老师是唱完哪一句的时候离开小椅子站起来的？（如果幼儿回答不出或者答案不一，教师可多次重复此动作）

幼："跟着我的爸爸妈妈。"

师：现在小朋友再看一下老师是什么时候加入踵趾小跑步动作的？（如果幼儿回答不出或者答案不一，教师可多次重复此动作）

幼："快点吧，快点吧，快点吧！"

师：最后一句，请大家摆出小哪吒的造型。小朋友们可以发挥想象力，摆出不同的造型。

（鼓励幼儿自由表现）

【分析与解读】

幼儿随音乐节奏完整地进行舞蹈表演，提高了动作的协调性。

【环节四】演一演，乐一乐。

师：现在让我们跟着音乐完整地表演一遍吧！

【分析与解读】

幼儿集体进行歌表演，体验集体跳舞的快乐。

七、反思与调整

【优点】

这首歌曲节奏明快，借助图谱教幼儿复习第一段，效果不错。

【不足】

歌词难度大。

【改进措施】

可以只学习第一段，创编动作和歌表演可以加深幼儿对歌词的记忆。

活动3　歌曲：《祖国祖国我爱你》

一、活动名称

《祖国祖国我爱你》

二、活动对象

5～6岁幼儿

三、指南目标

【领域】艺术领域。

【维度】表现与创造。

【目标2】在艺术活动中能与他人相互配合，也能独立表现。

【具体目标】5～6岁：能用简单的动作表现音乐的节奏。

四、活动目标

1.喜欢音乐活动，随音乐自信地、有表情地演唱歌曲，激发爱祖国的情感。

2.感受歌曲活泼欢快的特点，积极参与表演，并从中体验乐趣。

五、活动准备

幼儿经验准备：幼儿已有对祖国的概念性认知。

教师资源准备：音乐、动画课件，幼儿围坐成半圆圈。

六、活动过程

【环节一】谈话导入。

师：小朋友们，前不久我们刚刚度过了什么节日？

幼：国庆节。

师：咱们今天来聊聊国庆节吧!

师：国庆节是哪一天？是谁的生日？

幼：10月1日，祖国妈妈。

师：请小朋友们欣赏老师带来的祖国大好河山的美景图片。

【分析与解读】

通过谈话导入，调动幼儿已有的经验，通过观看图片和视频，激发幼儿参与活动的兴趣，为歌曲的学习做铺垫。

【环节二】初次倾听歌曲。

【环节三】学唱歌曲。

师：今天老师为大家带来了一位新朋友，仔细瞧瞧，什么小精灵来到我们身边了？

幼：小蜡笔。

师：对，蜡笔小精灵在跟小朋友们打招呼呢！它还带来了4位好朋友。蜡笔小精灵身上的衣裳漂不漂亮？

幼：非常漂亮。

师：它们都穿了一件什么样的衣服呀？它们衣服的颜色都一样吗？有哪几种颜色？

幼：不一样，有红、黄、蓝、绿。

师：小蜡笔还给我们带来了一首好听的歌曲，我们听一听是怎么唱的吧！"小小蜡笔，穿花衣，红黄蓝绿多美丽。"

师：这么可爱的蜡笔小精灵你们喜欢它吗？

小结："小朋友们多么欢喜"，那你能用小蜡笔做些什么呢？

幼：画画。

师：请小朋友们看一下图片上的小朋友在干什么？

幼：小朋友们在比赛画画。

师：咦？他们要比赛什么呢？这几位小朋友都画了些什么呢？

幼：小鸟，蓝天，小草，春天。

师：我们一起听一听歌曲里边是怎么唱的。"画小鸟飞在蓝天里，画小草长在春天里。"

师：请小朋友们看看还画了些什么。

幼：太阳，国旗。

师：我们一起听一听歌曲里边是怎么唱的，"你画太阳，我画国旗"。

师：小朋友们，当你们听到国歌，看着国旗冉冉升起，你的心中会想到什么呢？

幼：自豪。

师：我们一起听一听歌曲是怎样唱的，"祖国，祖国，我们爱你"。

师：听完音乐你有什么样的感觉？

幼：我感觉很开心。

幼：我感到很欢快。

小结：整首音乐曲调欢快流畅，歌词内容押韵，富有童趣。

【分析与解读】

通过逐句分解歌曲，让幼儿对音乐的曲调和歌词内容有一个简单的了解，为后面学唱歌曲做好铺垫。

【环节四】播放音乐，整体感知歌曲内容。

师：小朋友们，你们知道这首好听的歌曲叫什么名字吗？它的名字是《祖国祖国我爱你》！我们一起来说一下。

幼：《祖国祖国我爱你》。

师：我们一起来完整地听一遍吧！

【分析与解读】

通过对音乐的完整感知，让幼儿对音乐内容有初步了解，从而调动幼儿参与集体活动的积极性。

【环节五】再次完整地播放音乐，幼儿注意倾听歌词，加强对歌词内容的理解。

师：刚才在听的时候，哪两句是重复的？

幼："祖国，祖国，我们爱你"。

师：那后面的那句跟前面要唱得一样吗？

幼：不一样，后边的强。

师：小朋友们的小耳朵可真灵，都是热爱祖国的好孩子呢！

【分析与解读】

幼儿通过多次倾听音乐，充分调动听觉和思维，对歌词结构掌握较扎实，为下面学唱歌曲打好基础。

【环节六】学唱歌曲，可自行借助动作联想歌词。

师：这么好听的歌曲让我们一起来学唱一下吧。

> 【分析与解读】
>
> 通过哼唱、对唱、互动唱等歌唱方式，调动幼儿学唱的兴趣，使幼儿在游戏中学习演唱歌曲。

七、反思与调整

【优点】

《祖国祖国我爱你》这首歌曲节奏鲜明而愉快，充满生活性，歌词内容符合节日气氛，使幼儿更容易理解。教师结合刚刚过去的国庆节引出活动，激发幼儿的爱国情感。

【不足】

倾听歌曲的次数较少，谈话内容较多；歌曲的歌词较难理解和记忆，比较枯燥。

【改进措施】

利用图谱或动作加深幼儿对歌词的理解，学唱部分用闯关或图谱填空等游戏方式，让幼儿多次倾听并多唱。导入部分可用蜡笔引出，请幼儿说一说自己会用蜡笔画什么，再请幼儿欣赏歌曲，从而自然引出课题。

活动4 歌表演：《祖国祖国我爱你》

一、活动名称

《祖国祖国我爱你》

二、活动对象

5～6岁幼儿

三、《指南》目标

【领域】艺术领域。

【维度】表现与创造。

【目标2】具有初步的艺术表现与创造能力。

【具体目标】5～6岁：能用简单的动作表现音乐的节奏。

四、活动目标

1.认知目标：理解歌词内容，感知歌曲中表达的爱国之情。

2.技能目标：尝试创编动作并音乐做动作，能用响亮自然的声音欢快地完整演唱歌曲。

3.情感目标：感受歌曲活泼欢快的情绪，并能用自己的行动表达对祖国的热爱之情。

五、活动准备

幼儿经验准备：幼儿曾经编排过一些歌曲的动作。

教师资源准备："蜡笔"图片，《祖国祖国我爱你》歌曲音频和视频，PPT。

六、活动过程

【环节一】回顾歌曲

出示图片及蜡笔实物，加深记忆。

师：小朋友们，还记得上节课我们的新朋友是谁吗？

幼：是小蜡笔。

师：那你们喜欢用蜡笔画画吗？歌曲中的小朋友都用蜡笔画了什么啊？

幼：画了小草，画了小花。

【分析与解读】

通过图片对上节课进行回顾，调动幼儿已有的经验；通过观看图片，激发幼儿参与活动的兴趣，为歌曲加深记忆做铺垫。

【环节二】再次学唱歌曲。

1.播放歌曲视频，引导幼儿感受歌曲活泼欢快的情绪。

师：我们一起再来听一听这首歌吧。听完这首歌，你的心情现在是怎样的？

幼：很欢快，很轻松。

2.再次播放歌曲视频并出示组图"祖国祖国我爱你"，引导幼儿理解歌词内容。

师：小朋友们，回忆一下歌曲里提到了哪些颜色的蜡笔？

幼：红色、黄色、蓝色、绿色。

师：歌曲里的小朋友们的心情是怎么样的？

幼：欢喜。

师：他们想要做什么呢？试试用歌词里的话说一说。他们都画了些什么？

幼：画了小草、小花、太阳。

师：小鸟在什么地方飞？小草长在什么季节里？歌词里是怎么说的呢？

幼：小鸟飞在蓝天上，小草长在春天里。

师：小朋友们画上了太阳和国旗，对祖国妈妈说了什么？试试用歌词来回答。

幼：祖国祖国我们爱您。

【分析与解读】

通过对上节课学的歌曲进行回忆，通过提问再次加深对歌曲的理解，这次学唱歌曲让幼儿记忆更深刻。

【环节三】播放音乐，鼓励幼儿演唱歌曲。

师：现在老师也想来唱一唱这首歌，向祖国妈妈表达自己的爱。老师这里有图谱，我们一起看一看。

师：小朋友们，我们跟着图谱一起唱一唱，向祖国妈妈表达自己的爱。

【环节四】播放律动，鼓励幼儿尝试创编动作，并随音乐做动作。

师：我们一起来为这首歌创编动作吧。第一句可以用什么动作啊？

幼：可以用两只手代表小蜡笔，穿衣服的动作代表穿花衣。

师："小朋友们多么欢喜"这句怎么表演呢？

幼：转手腕、拍手表示很欢喜。

师：那把小朋友们画的画也用动作表现出来吧。小鸟是怎样飞在蓝天上的？试试用动作来表示。

幼：小鸟可以张开双翅。

师：长在春天里的小草会是什么样的呢？可以用什么动作表示？（幼儿自由做动

作)

师：国旗可以用什么动作表示呢？我们可以用什么动作表达对祖国妈妈的爱？

幼：国旗可以用手比个长方形。最后一句"祖国我爱您"小朋友们可以发挥想象力，摆出不同的造型。（鼓励幼儿自由表现）

幼：爱可以比个心。

师：一起把这些动作连起来做一做吧。

【分析与解读】

通过逐句分析歌词创编动作，让幼儿通过动作加深对音乐内容的了解。

【环节五】鼓励幼儿进行歌曲创编。

师：歌曲里的小朋友们还会画什么呢？（幼儿自由回答）

幼：还会画白云。

幼：画小花。

师：那就让我们唱一唱吧。

【环节六】通过律动游戏进行歌曲表演。

师：小朋友们，让我们模仿小鸟、小花来表演一下这首歌曲吧。

（让幼儿分组围成圆圈进行游戏表演，模仿歌曲中的事物）

【分析与解读】

幼儿随音乐节奏完整地进行舞蹈表演，提高了动作的协调性。幼儿集体进行歌表演，体验集体跳舞的快乐。

七、反思与调整

【优点】

由于上节课幼儿聆听歌曲的次数较少，这节课通过回忆歌词内容和利用图谱创编舞蹈动作加深了幼儿对歌曲的理解，使幼儿不知不觉学会了歌曲。利用幼儿喜闻乐见的事物，调动起幼儿感官探索的积极性，既吸引了其注意力，也为活动增添了趣味性。

【不足】

上周上课时，因教师之前领幼儿听过这首歌，所以幼儿大都会唱。单纯的创编动作表演缺乏游戏性。

【改进措施】

可根据各班幼儿的学习情况，引导幼儿进行歌曲创编，进一步激发幼儿的爱国情感。教师可将音乐表演创编为游戏故事，进行游戏故事表演。

活动5 舞蹈创编：《祖国祖国我爱你》

一、活动名称

《祖国祖国我爱你》

二、活动对象

5~6岁幼儿

三、《指南》目标

【领域】艺术领域。

【维度】表现与创造。

【目标2】具有初步的艺术表现与创造能力。

【具体目标】5~6岁：能用律动或简单的舞蹈动作表现自己的情绪或自然界的情景。

四、活动目标

1.通过活动，让幼儿学习基本步伐：前踏步、侧踏步。基本动作：提、压腕、山膀按掌。

2.幼儿学跳舞蹈《祖国祖国我爱你》，并学习与他人合作创编舞蹈，发展幼儿动作协调性。

3.提高幼儿感受美、欣赏美、表现美的能力，培养初步的音乐表演能力和即兴创作能力。

五、活动准备

幼儿经验准备：幼儿已学习了歌曲《祖国祖国我爱你》。

教师资源准备：音乐、PPT、节奏棒。

场地准备：幼儿围坐成半圆圈。

六、活动过程

【环节一】谈话导入。

师：小朋友们，我们的祖国全称是什么你们知道吗？

幼：中国。

师：这是我们祖国的简称，她的全称叫："中华人民共和国"。

师：上周我们学习了一首爱祖国的歌曲，谁能说说歌曲的名字？

幼：《祖国祖国我爱你》。

师：让我们用节奏棒一起边敲边唱一遍歌曲吧！

【分析与解读】

通过谈话导入，向幼儿输入祖国全称的知识，并利用节奏棒激发幼儿演唱的兴趣。（节奏棒在上节活动中幼儿使用过，没有使用过的可以采用其他方式）

【环节二】初次欣赏舞蹈。

师：今天，老师请小朋友欣赏《祖国祖国我爱你》的舞蹈，小朋友们仔细看，说说你都看到了哪些动作，再说说你喜欢哪个动作。

（带领幼儿学习基本动作：前踢步和山膀按掌）

【分析与解读】

通过欣赏后的讨论，幼儿对舞蹈有初步的了解，可以模仿学习个别动作。

【环节三】再次欣赏，学跳舞蹈。

师：舞蹈中用什么动作表示小蜡笔？

幼：手放在头顶上。

师：对，手合起来放在头顶上代表小蜡笔尖尖的部分，同时双腿屈膝。

师：穿花衣，用了哪个动作？

幼：踵步。

师：我们边唱边做一做小蜡笔的动作。

幼：小小蜡笔，穿花衣。

（幼儿分组表演第一句）

师：用什么动作表现"红黄蓝绿"美丽的小蜡笔呢？

幼：晃一晃。

师：美丽的小蜡笔穿着漂亮的裙子，我们把手臂放在身体两侧，模仿风把裙子吹得鼓起来，瘪下去。（提、压腕，身体随着音乐左右摆）

师："小朋友们多么欢喜"，小朋友会用什么动作表现欢喜呢！

（幼儿学习用动作来表达自己的情绪）

小结：让我们跟着音乐学跳这几小节。

（继续向下欣赏）

师：小鸟怎样飞的？小草怎样长的？

幼：翅膀飞飞。

师：对，同时还有脚的动作，侧踵步，左右各一次。

（请两位小朋友分别表演"画小鸟飞在蓝天里""画小草长在春天里"）

师：怎样做画太阳和画国旗的动作？

（幼儿想象，创编，表演）

师：祖国怎样表演？舞蹈中是怎样的动作？舞蹈中用了两个动作表达爱祖国，谁来表演一下？

（师幼一起学习爱心动作）

小结：小朋友们整段舞蹈的动作都学会了，我们一起来表演吧！

【分析与解读】

通过逐句分解舞蹈动作，幼儿基本掌握了整段舞蹈，为后面表演舞蹈做好准备。

【环节四】播放音乐，练习表演。

101

师：小朋友们，你们想当舞蹈家吗？让我们跟随音乐跳起来！

（幼儿跟随教师学跳舞蹈）

【分析与解读】

通过对舞蹈动作的分解学习，幼儿对舞蹈有初步了解，连贯完整的表演会让幼儿学会在舞蹈中释放情绪、体验欢乐。

【环节五】播放舞蹈视频，幼儿一起表演，教师给小小舞蹈家拍照、录视频。邀请小舞蹈家站到大家面前领舞，继续表演。

【分析与解读】

幼儿多次练习、表演，在轻松、活泼的音乐环境中通过身体动作感受音乐形象。

【环节六】欣赏。

师：我们一起欣赏一下小舞蹈家们的表演。

（请幼儿评论自己的表演）

【分析与解读】

艺术活动是幼儿获得自我满足感的最佳舞台，是"表达自己的认识和情感的重要方式"。静静地欣赏和评论可以为此次活动画上圆满的句号。

七、反思与调整

【优点】

由于上节课幼儿聆听歌曲的次数较少，这节课通过回忆歌词内容和利用图谱创编舞蹈动作，加深了幼儿对歌曲的理解，使幼儿不知不觉中学会了歌曲。利用幼儿喜闻乐见的事物，调动幼儿感官探索的积极性。

【不足】

单纯的创编动作表演缺乏游戏性。

【改进措施】

可以用拍照的方式帮助幼儿记忆。

活动6 音乐游戏：《光脚的小约翰》

一、活动名称

《光脚的小约翰》

二、活动对象

5～6岁幼儿

三、《指南》目标

【领域】艺术领域。

【维度】表现与创造。

【目标2】具有初步的艺术表现与创造能力。

【具体目标】5～6岁：能用律动或简单的舞蹈动作表现自己的情绪或自然界的情景。

四、活动目标

1.幼儿通过音乐学会用身体动作练习歌曲节奏。

2.幼儿创新动作，学习约翰走路的样子。

3.感受音乐游戏带来的乐趣。

五、活动准备

幼儿经验准备：幼儿有倾听音乐的经验。

教师资源准备：背景音乐、PPT、小椅子围圈。

六、活动过程

【环节一】 教师通过谈话引出故事内容，让幼儿初步感知游戏的有趣。

师：故事里是谁和谁在玩游戏？

幼：约翰和小鞋子。

师：玩的什么游戏？

幼：捉迷藏的游戏。

师：他们是怎么玩的？

幼：听音乐玩游戏。

【分析与解读】

引导幼儿通过欣赏音乐，说出对音乐的感受，想象故事内容，并初步了解游戏规则。让幼儿对音乐有初步了解，调动幼儿的学习兴趣。

【环节二】引导幼儿多种感官了解A段乐曲的节奏和结构。

1.幼儿通过观看图谱，感知旋律和结构。

2.教师带领幼儿多次倾听音乐，通过感知，初步了解音乐的节奏，并能够用身体动作进行表现音乐节奏。

师：小朋友，我们用小手扮演小脚，跟随音乐做动作吧。

3.教师带领幼儿学看图谱，根据图谱做动作，知道每种图形代表的意思。

【分析与解读】

教师带领幼儿多次倾听音乐，幼儿根据图谱学做动作。

【环节三】教师播放B段音乐，幼儿倾听音乐并根据故事内容练习乐曲的节奏。

1.教师播放课件，帮助幼儿感知B段乐曲。

师：大家两人一组创编"一双小鞋子"在一起快乐舞蹈或游戏的动作。

2.教师引导幼儿连贯地跟随整首乐曲开展游戏，感受与同伴一起游戏的乐趣。

教师介绍游戏规则。

教师扮演小约翰，幼儿扮演小鞋子。A段乐曲开始后，小约翰向前走，小鞋子跟在小约翰的后面。小约翰站住、回头时，小鞋子们保持不动。B段乐曲时，小约翰假装睡着了，一双小鞋子开心地舞蹈、游戏。当小约翰大喊一声"我要新鞋子"时，小鞋子们赶快跑回自己的座位。

【分析与解读】

　　通过对音乐的多次倾听，让幼儿对音乐内容有初步了解，引发对游戏的渴望。幼儿通过有节奏地走走停停，充分调动思维能力。

　　【环节四】重复游戏并解决出现的各种问题，如挤在一起、相互碰撞、跌倒、争抢座位、不能及时回到座位上。

　　师：小朋友们，刚才在游戏中，我发现大家在找椅子的时候有点混乱。

　　（播放音乐）

　　幼：我们应该有秩序地进行游戏。

【分析与解读】

　　幼儿通过多次倾听音乐，充分开展听觉和思维的联动，掌握音乐的节奏，为下面的音乐游戏打好基础。

　　【环节五】教师请幼儿扮演小约翰，增加游戏趣味性。

　　师：游戏好玩吗？谁想来当小约翰？

【分析与解读】

　　通过角色互换等游戏，让幼儿体验游戏的乐趣，体验音乐游戏的有趣。

七、反思与调整

【优点】

　　本课主要源于幼儿故事《约翰和鞋子》，故事内容风趣，适合幼儿通过倾听音乐找出节奏。通过多种形式，使幼儿反复倾听音乐，运用多种肢体动作形式，不知不觉地掌握音乐节奏。本课虽属音乐领域，但同时涵盖了语言、社会等其他领域的课程。

【不足】

　　幼儿打节奏的形式较单一。

【改进措施】

　　教师可丰富幼儿打节奏的形式，例如，可以通过身体的不同部位进行练习，还可以借助表情和动作的创新丰富节奏的练习形式。

活动7 歌曲：《不怕输的小火车》

一、活动名称

《不怕输的小火车》

二、活动对象

5~6岁幼儿

三、《指南》目标

【领域】艺术领域。

【维度】表现与创造。

【目标2】具有初步的艺术表现与创造能力。

【具体目标】5~6岁：能用基本准确的节奏和音调唱歌。

四、活动目标

1.感受歌曲流畅、欢快的风格，学习歌曲中渐强的演唱方法，并初步学会演唱。

2.体会歌曲中蕴含的克服困难、不服输的精神，知道面对困难要树立信心，勇于克服。

3.尝试以对唱的形式演唱歌曲，体验合作演唱的快乐。

五、活动准备

幼儿经验准备：认识火车并知道火车的声音。

教师资源准备：音乐、PPT。

六、活动过程

【环节一】开火车进活动室，激发幼儿兴趣。

师：小朋友们，你们在哪里见过火车？

幼：我在火车站见过。

师：你们都坐火车去过哪些地方？

幼1：我坐火车去过青岛。

幼2：我坐火车去过北京。

师：谁能模仿一下火车的声音？

幼："呜呜"。

师：今天老师给小朋友们带来了一个小火车的故事，我们一起来听一听。

【分析与解读】

结合课前的谈话活动制造悬念，激发幼儿兴趣，引出主题，从而为学唱歌曲做好情感的准备。

【环节二】播放课件，引出歌曲。

1.教师播放课件《不怕输的小火车》第一段。

师：故事中发生了一件什么事情？说说小火车遇到了什么困难？

幼：小火车遇到一个山坡，太高了爬不上去。

师：那么小火车的心情会怎么样啊？

幼：小火车会很着急。

师：小火车着急的时候说了什么话？

幼：哎呀，山坡太高，糟糕糟糕，山坡太高，糟糕糟糕。

（播放课件《不怕输的小火车》）

师：小火车这么勇敢、不怕困难，那请小朋友们帮忙一起喊"加油"好吗？我们听一听歌曲中小朋友是怎么给小火车加油的。

幼：嗨哟，加油努力。

师：那么小火车对自己是怎么说的呢？

幼：我想我能，加油努力，我想我能，加油努力，我想我能。

师：经过了小火车的努力和小朋友的帮助，小火车终于克服了困难，开过了山坡。你们觉得这是一辆怎样的小火车？

幼：很勇敢的小火车。

幼：不怕困难的小火车。

【环节三】学唱歌曲。

师：现在听老师完整地把这首歌唱一遍，请小朋友们模仿火车"呜呜"的声音并和老师一起演唱。

师：刚才从歌曲中，你听到歌曲的音量有什么变化吗?

幼：声音越来越大。

师：我们也可以加上动作、手势，用动作充分表现小火车不怕输的信心。

【环节四】分析歌词，学唱歌曲。

师：小朋友，我们唱第一段遇到困难时的小火车，要唱出什么样的心情?

幼：小火车很着急的心情。

师：唱第二段战胜困难的小火车时，应该怎么唱?

幼：大声唱，不怕困难。

【环节五】多形式演唱歌曲。

1.接唱游戏，教师前半句，幼儿后半句。伴唱"呜呜"。

2.大声、小声唱。

3.拍手、拍腿唱。

4.教师播放音乐，幼儿尝试跟着音乐节奏的快慢学唱歌曲。

5.老师扮山洞，幼儿边钻山洞边反复练习此歌曲。

（教师重点范唱第三、四句，引导幼儿倾听旋律的连贯、流畅、欢快，感受小火车不认输的信心）

【分析与解读】

此环节通过多种形式演唱歌曲，不枯燥，幼儿乐意参与，进一步感受到了小火车不怕输的信心。

【环节六】结束部分。

师：小朋友们喜欢小火车吗？为什么？

幼：喜欢，因为小火车很勇敢。

幼2：因为小火车不怕困难，不认输、不放弃。

师：所以请小朋友们和老师一起向小火车学习，让我们也能成为不怕困难的小勇士。

七、反思与调整

【优点】

《不怕输的小火车》是一首比较流畅、欢快的歌曲，有助于培养幼儿遇到困难时不怕困难并勇于解决困难的精神。在本次活动中，教师引导幼儿根据歌曲强弱的变化用不同的情绪、方式进行演唱，很自然地带动了幼儿的情绪。

【不足】

这首歌每句的歌词比较长，幼儿不易掌握，活动中带领幼儿学习歌词的环节有点少。

【改进措施】

教师可引导幼儿重点学习较长的歌词和难度较大的旋律，帮助他们进一步理解歌词、记住歌词。

活动8　歌表演：《不怕输的小火车》

一、活动名称

《不怕输的小火车》

二、活动对象

5~6岁幼儿

三、《指南》目标

【领域】艺术领域。

【维度】表现与创造。

【目标2】具有初步的艺术表现与创造能力。

【具体目标】5~6岁：能用律动或简单的舞蹈动作表达自己的情绪或表现自然界的情景。

四、活动目标

1.认知目标：理解歌词内容，感知歌曲中表达的情感。

2.技能目标：尝试创编动作并随音乐做动作，能用响亮自然的声音欢快地完整演唱歌曲，用协调的动作表现歌曲。

3.情感目标：感受歌曲活泼欢快的情绪，喜欢进行歌表演活动。

五、活动准备

幼儿资源准备：幼儿曾经编排过一些歌曲的动作。

教师资源准备：《不怕输的小火车》歌曲音频。

六、活动过程

【环节一】回顾歌曲。

师：小朋友们，你们还记得上节课我们学过的那首好听的歌曲是什么吗？

幼：《不怕输的小火车》。

师：我们一起来唱一唱吧！

【分析与解读】

通过对上节课进行回顾，调动幼儿已有的经验，激发幼儿参与活动的兴趣，为加深记忆做铺垫。

【环节二】发挥幼儿的想象，为歌曲加上好看的动作。

师：听到好听的歌曲，我发现小朋友们都跃跃欲试了。请小朋友们互相讨论一下，我们可以为歌曲加上什么好看的动作呢?

小结：你看山坡那边开来了小火车，可以一只手五指并拢靠在额头上，一只胳膊伸直放在身体的旁边;可以把两只胳膊放在身体旁边前后摆动，也可以两只手放在嘴巴两边并大声唱"呜呜";来到山坡前它停下了脚步，可以双手并拢手心，向前做爬山的动作，然后停下。"哎呀，山坡太高，糟糕糟糕，山坡太高，糟糕糟糕，山坡太高，糟糕糟糕"，可以做三遍双手并拢、手心向前爬山的动作。

小结："我是一辆不怕输的小火车"，双手指尖指向胸前;"再大的困难我一定不怕输"，可以做双手在胸前同时摆手的动作;"嗨哟，加油努力，我想我能，加油努力，我想我能，加油努力，我想我能"，可以做双手握拳在胸前旋转。

【分析与解读】

幼儿通过互相讨论交流，为歌曲创编好看的动作，这充分发挥了幼儿的想象力以及在活动中的主体地位。

【环节三】跟随音乐进行表演。

师：小朋友们的想象力可真丰富呀，为歌曲创编了这么多好看的动作，我们一起跟随音乐表演一下吧!

【分析与解读】

通过跟随音乐表演动作，发展了幼儿的肢体协调性，增强了其节奏感。

【环节四】分组游戏，进一步巩固新知。

师：请小朋友们自行分成两组，我们一起玩游戏，一组小朋友做动作唱歌词部分，二组小朋友做动作唱"呜呜"的部分。第二次交换进行。

【分析与解读】

通过游戏的方式巩固本节课学习的新本领。

【环节五】三人一组玩小火车的游戏，巩固新知。

师：小朋友们，请三个小朋友为一组，两个小朋友用身体搭建山坡，第三个小朋友扮演小火车，边做动作边唱歌，一起来玩游戏吧！小朋友们在游戏中一定要注意安全！

【分析与解读】
幼儿在游戏中巩固了新知，同时体验到了音乐游戏及和同伴合作游戏的乐趣。

【环节六】活动延伸。

师：请小朋友们明天继续玩游戏吧！

【分析与解读】
将活动延伸到区域活动中。

七、反思与调整

【优点】

在木次活动中，教师引导幼儿根据歌曲的内容进行动作创编。教师引导幼儿根据歌词创编动作并进行表演，加深了幼儿对歌曲内容的理解，进一步巩固了幼儿对歌曲的掌握。

在师幼共同创编动作时，幼儿理解、记忆了歌词，为下面表演歌曲打下良好基础。通过教师富有情感的演唱，感染幼儿，激发幼儿学习兴趣。

在教师的指导下，本节课幼儿能尝试创编动作并随音乐做动作，用协调的动作表现歌曲。

【不足】

本首歌曲的歌词内容比较简单，教师应加强引导幼儿进行动作创新。

【改进措施】

教师可以在动作创新方面，鼓励幼儿进行动作改编，在小火车闯关成功后教师可引导幼儿继续创编故事内容。每一段的后半段难唱的地方可以放慢速度唱，多次巩固。在最后的巩固环节，教师可和幼儿一起扮演小火车表演歌曲。可先由教师当火车头，幼儿当车厢，根据歌曲内容进行表演，来表现开火车、火车遇到困难后停下，到不怕输、最后克服困难的过程。幼儿熟悉玩法后交换角色，轮流当火车头进行游戏。

重难点乐句的反复示范演唱，可以与幼儿进行小火车的游戏，幼儿当火车，发出"呜呜"的声音，在这个过程中一次次地激发幼儿想听、要仔细听的欲望，在整个教学过程中使幼儿始终保持专注力，课堂气氛活跃。

活动9　音乐游戏：《不怕输的小火车》

一、活动名称

《不怕输的小火车》

二、活动对象

5～6岁幼儿

三、《指南》目标

【领域】艺术领域。

【维度】表现力与创造力。

【目标2】能用简单的动作表现音乐的节奏。

【具体目标】5～6岁：在艺术活动中能与他人相互配合，也能独立表现。

四、活动目标

1.认知目标：理解歌词内容，感知歌曲中表达的情感。

2.技能目标：尝试用乐器表演歌曲，能用响亮自然的声音欢快地完整演唱歌曲，用协调的动作表现歌曲。

3.情感目标：感受歌曲活泼欢快的情绪，喜欢进行歌表演活动。

五、活动准备

经验准备：幼儿曾经了解过一些乐器。

物质准备：《不怕输的小火车》歌曲音频、乐器。

六、活动过程

【环节一】回顾歌曲，了解歌曲节奏

师：小朋友们，你们还记得上节课我们学过一首好听的歌曲是什么吗？

幼：《不怕输的小火车》。

师：我们一起来唱一唱吧！

师：我们一起看一看这首歌曲的节奏吧！

（先引导幼儿了解歌曲的节奏，学习看节奏型拍打出歌曲的节奏，重点学习空拍所表示的含义及拍打方法。然后引导幼儿用拍手、拍肩、拍腿等动作练习拍打节奏，空拍处不做动作）

【分析与解读】

通过对上节课进行回顾，调动幼儿已有的经验，激发幼儿参与活动的兴趣，为加深记忆做铺垫。

【环节二】感知不同乐器。

师：小朋友们，你们知道的乐器都有哪些啊？它们都会发出什么声音？

幼1：我知道响板，"哒哒哒哒"的声音。

幼2：还有鼓，"咚咚咚咚"的声音。

幼3：还有手铃，拿在手里，"铃铃铃"的声音。

师：小朋友们可真厉害啊，认识这么多不同的乐器。那使用这些乐器时都要注意什么呢？

幼：不能拿着使劲摇。

师：这些乐器要按照节奏进行打击，要不就会发出很难听的噪声。

师：小朋友们，接下来我们来认识两位"新朋友"吧！

（教师展示双响筒、棒铃两种乐器，分别讲解并示范两种乐器的使用要点和注意事项，幼儿初步了解乐器的使用方法）

【分析与解读】

幼儿使用乐器为歌曲进行伴奏，深入了解歌曲，对乐器的使用更加熟练。

【环节三】探索练习。

1.选择乐器，打击练习

师：这两位"新朋友"想邀请我们一起参加音乐演奏会，你们愿意吗？让我们一起来练习吧！

师：我们一起来试试吧！

师：我看到小朋友拿到鼓之后，就用手使劲敲，这种行为是正确的吗？

幼：不正确。

师：那应该怎样来敲呢？

幼：要根据节奏敲，轻轻地、用棒棒敲。

（幼儿自主选择乐器，进行自由探索和交换打击，教师观察并针对不规范的打击方式给予及时指导，示范打击乐器的正确使用方法）

2.感知歌曲节奏并演奏

通过上节课感知歌曲节奏，幼儿先根据歌曲节奏自主演奏，然后跟着老师运用棒铃、双响筒两种乐器正确演奏出音乐的节奏。

小结："呜呜"的部分用双响筒进行演奏，歌曲的其余部分可以用棒铃来进行演奏，棒铃与歌曲的相互融合，让幼儿更加了解歌曲的节奏。

【分析与解读】
通过使用乐器演奏，幼儿加深对歌曲的记忆和理解。

【环节四】分组游戏，进一步巩固新知。

师：请小朋友们自行分成两组，我们一起玩游戏。

师：一组小朋友使用棒铃演奏歌词部分，二组小朋友使用双响筒演奏"呜呜"的部分。第二次交换进行。

【分析与解读】
通过游戏的方式使幼儿巩固本节课学习的新本领。

【环节五】整体感知歌曲节奏。

师：小朋友们，你们手里有两个乐器，那加大难度，注意听歌曲，歌词部分用棒铃，"呜呜"部分用双响筒，我们一起来试一试吧！

【分析与解读】

让幼儿交替使用两种乐器，加大难度，锻炼幼儿的手部灵活能力，考验幼儿的反应力。

【环节六】活动延伸:

师：请小朋友们去音乐区用不同的乐器演奏这首歌曲吧！

【分析与解读】

将活动延伸到区域活动中。

七、反思与调整

【优点】

使用打击乐器为歌曲进行伴奏是幼儿非常喜欢的表演形式，可进一步巩固幼儿对歌曲的节奏和旋律的理解与掌握。

【不足】

要注意歌曲的节奏，如果没有按照节奏打击，就会发出难听的噪声。

【改进措施】

引导幼儿了解每种乐器的音色和每种乐器适合的音乐。可先引导幼儿了解歌曲的节奏，学习看节奏型拍打出歌曲的节奏，重点学习空拍所表示的含义及拍打方法。然后引导幼儿用拍手、拍肩、拍腿等动作练习拍打节奏，空拍处不做动作。

活动10 节奏乐:《丽江三部曲》

一、活动名称

《丽江三部曲》

二、活动对象

5～6岁幼儿

三、《指南》目标

【领域】艺术领域。

【维度】表现力与创造力。

【目标2】能用简单的动作表现音乐的节奏。

【具体目标】5～6岁：喜欢进行艺术活动并大胆表现。

四、活动目标

1.通过各种形式来培养幼儿的节奏感。

2.初步掌握四分音符、八分音符及休止符的混合节奏型。

3.在学习的过程中寻找节奏的乐趣，培养幼儿敏捷的反应力及注意力。

4.感受乐曲中欢快的情绪，并能在集体中大胆地表现自己。

五、活动准备

经验准备：幼儿曾经使用过打击乐器节奏棒。

物质准备：《丽江三部曲》乐曲音频、PPT、节奏棒每人一对（或者用筷子、空矿泉水瓶代替）。

六、活动过程

【环节一】情景导入（PPT）。

教师以邀请幼儿参加纳西族音乐节为由，引导幼儿跟随音乐模仿律动入场。

师：小朋友们，今天这位纳西族的"阿月"小姑娘邀请我们去参加纳西族的音乐节，我们跟着跳纳西族的舞蹈"打跳"，你们准备好了吗？跳起来吧!

【分析与解读】

幼儿通过视频了解纳西族的"打跳"舞，随着欢快的音乐和动作激发参与活动的兴趣，初步感知《丽江三部曲》的欢快节奏，为下一步学习节奏型做铺垫。

【环节二】认识节奏。

1.师幼共同讨论，引出课题。教师引导幼儿初步感受乐曲的特点。

师：刚才我们跳舞的音乐好听吗？

幼：好听。

师：你觉得它是欢快的还是悲伤的呢？

师：听了音乐后你的心情是怎样的呢？你喜欢吗？…

（鼓励幼儿大胆地说出自己的感受）

幼1：很欢快。

幼2：我听了后很开心。

师：这首好听的音乐是纳西族音乐，《丽江三部曲》。

2.出示走路图谱，引出不同人走路的节奏图谱。

师：不仅小朋友喜欢这个音乐，老奶奶、小朋友和妈妈也很喜欢。瞧，他们用自己的节奏来表现音乐。

（教师和幼儿一起探讨图谱结构）

师：老奶奶走路慢，ta-。

妈妈走路很有力量，da da 。

小朋友蹦蹦跳跳地走路，ti ti ti ti。

四小天鹅是脚尖快速地舞蹈：lililili lililili。

我们一起来读一读，拍一拍。

【分析与解读】
用图谱和人物形象来感知四分音符、八分音符。

【环节三】节奏型练习。

1.认识节奏型（1）× ×　× ×

师：这表示谁在走路？我们可以用拍手来表示吗？谁来演示一下？

师：谁能用别的方法表示妈妈走路的4拍。比如：拍手、拍手，拍腿、拍腿；或者拍手、点头，拍手、点头。小朋友可以自己先来试一试。

2.幼儿自由创编后展示创编的动作：妈妈走路。

小结：不同的节奏放在一起就形成了新的节奏。好听的音乐就是这样形成的。

【分析与解读】

认识和掌握乐曲中的节奏型，为幼儿学习节奏乐做准备。

【环节四】欣赏节奏棒律动视频，学习《丽江三部曲》的第一部分。

师：视频中的叔叔阿姨用节奏棒可以创编出不同的动作来表现这首《丽江三部曲》。我们一起来欣赏一下。

师：请小朋友说说你看到了哪些动作？可以模仿一下。

（幼儿看PPT跟着图谱边说边拍练习）

【分析与解读】

学习在图谱的帮助下练习乐曲第一部分。

【环节五】用节奏棒进行打击乐伴奏。

师：小朋友们，我们试一试用节奏棒来为《丽江三部曲》伴奏吧。

师：我们还可以大胆想象一下，除了用节奏棒伴奏，用我们身边比较常见的矿泉水瓶该怎样伴奏呢？

【分析与解读】

乐器的加入，提升了难度和挑战，激发了幼儿兴趣。

【环节六】活动延伸

师：请小朋友们去音乐区用不同的乐器为这首乐曲伴奏吧！

【分析与解读】

将活动延伸到区域活动中。

七、反思与调整

【优点】

该音乐节奏欢快、明朗，是一首民族音乐，具有教育意义，能够让幼儿通过音乐了解民族风情和习俗，掌握简单的节奏型。这节课是一节不错的教学活动课。

【不足】

节奏型是幼儿们不常学习的内容，本节课需要掌握的节奏型较多，幼儿难以掌握。

【改进措施】

本节课的学习内容较丰富，可以用2个课时进行学习。

活动11　歌曲：《粗心的小画家》

一、活动名称

《粗心的小画家》

二、活动对象

5～6岁幼儿

三、《指南》目标

【领域】艺术领域。

【维度】表现力与创造力。

【目标2】能用简单的动作表现音乐的节奏。

【具体目标】5～6岁：在艺术活动中能与他人相互配合，也能独立表现。

四、活动目标

1.认知目标：倾听《粗心的小画家》歌曲的节奏，理解歌词内容，学唱歌曲，增加幼儿学唱歌曲的兴趣。

2.技能目标：尝试仿编歌词，乐意说说歌曲意思。

3.情感目标：感受歌曲诙谐、幽默的特点。

五、活动准备

经验准备：有唱歌及绘画的经验。

物质准备：《粗心的小画家》歌曲视频、图片。

六、活动过程

【环节一】谈话导入，激发幼儿兴趣。

师：小朋友，今天老师请来了一位小客人。（出示涂涂）

幼：是一位小朋友。

师：他的名字叫涂涂，你们猜他喜欢什么呀？

幼1：唱歌。

幼2：绘画。

师：涂涂画了一些画，要和小朋友们一起分享。你们看他画得好看吗？

幼：这个小朋友画得乱七八糟，他画的马没有尾巴。

【分析与解读】

通过师幼谈话对上节课内容进行回顾，调动幼儿已有的经验，激发幼儿参与活动的兴趣，为加深歌曲记忆做铺垫。

【环节二】通过图片理解歌词。

师：请你们看一下，图片上画了些什么？画得怎么样？

幼：他画的大马没有尾巴。

幼：他画的螃蟹四条腿。

师：我们一起把涂涂画的画编一个有趣的故事讲一讲吧。

小结：教师完整说歌词。

【分析与解读】

幼儿通过互相讨论交流歌曲内容，发挥想象力，将歌词趣味化。

【环节三】学唱歌曲。

师：小朋友们，让我们再来欣赏一下吧。

（欣赏歌曲，教师范唱一遍）

师：我们给这个有趣的故事加上音乐试一试吧。

幼：很有趣。

（幼儿学唱歌曲）

师：这段音乐有趣吗？让我们一起唱一唱吧。

师：这次我们加上自己的动作。

幼：螃蟹可以比个"四"。

师：大马可以两只手架起来。

（通过跟随音乐表演动作，发展了幼儿肢体协调性及节奏感）

【环节四】在学唱的基础上提高演唱要求，给音乐起名字。

师：这么有趣的歌曲，我们给它编上名字吧。

师：涂涂这么粗心，小朋友你们遇到过这样的事情吗？如有你遇到了，你会笑话别人吗？我们一起听一听，涂涂被人笑话了吗？

（幼儿听歌曲举手）

师：在这首歌曲里，你还听到了什么？

【分析与解读】
跟随音乐学唱歌曲，根据故事情节，将情感融入歌曲，使歌曲变得有趣、好玩。

【环节五】进行一问一答。

师：根据歌曲的节奏，我们进行一问一答，老师来问，你们来答。

师：丁丁说他是小画家，画只螃蟹几条腿？

幼：画只螃蟹四条腿。

【分析与解读】
帮助幼儿理解歌词，熟悉歌曲的节奏，有助于幼儿学习歌曲，加深对歌曲的理解。

【环节六】找个好朋友，帮助涂涂修改图画。

师：小朋友们的想象力可真丰富呀，为歌曲创编了这么多好看的动作，我们一起跟随音乐表演一下吧！

【分析与解读】
将活动延伸到区域活动中。

七、反思与调整

【优点】

《粗心的小画家》是一首富有童趣的儿歌，节奏明快，容易理解，适合幼儿学习。

【不足】

对大班幼儿来说，学习起来没有什么难度，可加入手势舞表演，引导幼儿创编动作，加深对歌曲内容的理解。

【改进措施】

加入手势舞表演，引导幼儿创编动作，加深对歌曲内容的理解。

活动12 歌曲:《勤快人和懒惰人》

一、活动名称

《勤快人和懒惰人》

二、活动对象

5~6岁幼儿

三、《指南》目标

【领域】艺术领域。

【维度】表现与创造。

【目标2】具有初步的艺术表现与创造能力。

【具体目标】5~6岁：能用基本准确的节奏和音调唱歌。

四、活动目标

1.认知目标：引导幼儿用自然的声音歌唱，吐字清楚，正确地表现出歌曲的节奏，能用不同的速度、力度变化表现勤快人和懒惰人的形象。

2.技能目标：启发幼儿能够并喜欢为勤快人、懒惰人编出新的歌词，并能独立地即兴唱出。

3.情感目标：感受歌曲诙谐、幽默的特点。

五、活动准备

教师资源准备：PPT、音乐。

幼儿经验准备：幼儿回家观察厨房里大人是如何忙碌的；理解勤劳人和懒惰人意义。

六、活动过程

【环节一】谈话导入，激发幼儿兴趣。

师：小朋友，你们看，今天我们来到了哪里？（出示PPT第一页"厨房"）

幼：厨房。

师：这里有几间厨房？

幼：两间。

师：在这两间厨房里有两位胖厨师，我们一起来听听他们分别在做什么。（分别播放音频1炒菜声，音频2睡觉打呼噜声）

幼1：有一位厨师在炒菜做饭。

幼2：有一位厨师在睡觉打呼噜。

【分析与解读】

通过师幼谈话，调动幼儿已有的经验，激发幼儿参与活动的兴趣，为加深歌曲记忆做铺垫。

【环节二】初次倾听歌曲，教师范唱。

师：今天老师带来一首歌曲，这首歌里也有两位厨师，我们一起来听一听他们在做什么。

幼1：有的在炒菜。

幼2：有的在煮饭。

幼3：有的在蒸馒头。

师：那这些劳动的人我们叫他们勤快人。

【分析与解读】

第一次欣赏歌曲，重点熟悉第一段歌词，引出勤快人，为下面的学习做铺垫。

【环节三】再次倾听歌曲。

师：小朋友们，让我们一起听一听歌曲里除了有勤快人，还有什么人。

（欣赏歌曲，教师范唱第二遍）

幼：还有懒惰人。

师：懒惰人在厨房干什么呢？

幼：他不炒菜，不煮饭，也不蒸馒头。

【分析与解读】

通过再次欣赏音乐，重点熟悉第二段歌词，引出懒惰人。

【环节四】第三次倾听歌曲，熟悉歌词顺序。

师：小朋友，刚才勤快人在厨房里第一次做了什么？

幼：炒菜。

师：第二次做了什么？

幼：煮饭。

师：第三次做了什么？

幼：蒸馒头。

（此环节如果幼儿有不同答案，教师应再次清唱歌曲，师幼共同验证歌词顺序）

【分析与解读】

通过第三次倾听，熟悉歌词顺序，为后面的闯关游戏做准备。

【环节五】闯关游戏，找出谁是懒惰人。

师：小朋友们，现在我们要一起玩闯关游戏（出示PPT第二页），这里现在有几位厨师？我们猜一猜哪一个是懒惰人。

（幼儿猜想）

师：我们一起唱歌来揭开谜底，看看哪个是懒惰人。小朋友们唱勤快人的时候我

们可以用什么速度演唱?(师幼共同演唱歌曲后,点击PPT出示懒惰人)

幼:勤快人可以唱得快一点。

师:懒惰人呢?

幼:懒惰人可以唱得慢一点。

师:那我们一会儿演唱的时候要注意勤快人和懒惰人的速度不一样哦。

师:我们一起看看勤快的厨师给我们带来了什么。

幼:馒头。

师:小朋友们,面食有健脾养胃的作用。

(游戏共四关,师幼依次闯关,难度是递增的,其中融合了数学的图形和数字,每一次闯关验证懒惰人,须师幼集体演唱歌曲,再出示勤快的厨师给孩子们带来了什么美食。同时,老师给幼儿讲一讲多吃蔬菜的好处(蔬菜中含有丰富的膳食纤维,多吃蔬菜可以保持人体肠道正常功能)和多吃水果的好处(水果中含丰富的维生素E和微量元素,可以提高免疫力)。

【分析与解读】
通过闯关游戏一遍遍演唱歌曲,加深、巩固了幼儿对歌曲的掌握。

【环节六】根据生活经验,创编歌曲。

师:小朋友,我们幼儿园也有很多勤快人,我们一起看看他们在哪里,在干什么。

幼1:在教室扫地。

幼2:在教室拖地。

师:我们一起把这些勤快的小朋友唱到歌曲甲。

歌曲创编1:有些勤快人呀,正在教室劳动。他在扫地,他在拖地,他还在收玩具;他在扫地,他在拖地,他还在收玩具。

有些懒惰人呀,正在教室睡觉。他不扫地,他不拖地,他也不收玩具;他不扫地,他不拖地,他也不收玩具。

歌曲创编2:有些勤快人呀,正在教室劳动。他在洗盘子,他在叠被子,他还在擦桌子;他在洗盘子,他在叠被子,他还在擦桌子。

有些懒惰人呀,正在教室睡觉。他不洗盘子,他不叠被子,他也不擦桌子;他不洗盘子，他不叠被子，他也不擦桌子。

　　师：生活中有很多勤快人，我们一起来看看他们是谁。

　　幼：警察叔叔、环卫工人。

　　师：大家喜欢做勤快人还是懒惰人？为什么？

　　幼：我喜欢勤快人，因为勤快人可以做很多事情。

　　师：小朋友们长大了也要做一个勤快人，为社会和身边的人做贡献。

【分析与解读】

此环节根据生活经验创编歌曲，并对幼儿进行励志教育。

七、反思与调整

【优点】

　　在本次活动中，老师设计了用闯关游戏一遍遍演唱歌曲，通过多次练习，加深、巩固了幼儿对歌曲的掌握。

【不足】

　　歌曲《勤快人和懒惰人》第一段描述了勤快人在厨房辛勤劳动的情景，第二段描述了懒惰人在厨房睡觉的情景。在教学过程中，没有引导幼儿用更丰富的方式演唱歌曲，以表现出勤快人和懒惰人的形象。

【改进措施】

　　在教学过程中，可引导幼儿用更多方式演唱歌曲，表现出勤快人和懒惰人的形象。艺术是教育人的手段，在最后的小结中可以用问题点明主题：小朋友们喜欢做勤快人还是懒惰人？对幼儿进行劳动教育。

活动13　音乐游戏：《纸杯传传乐》

一、活动名称

《纸杯传传乐》

二、活动对象

5～6岁幼儿

三、《指南》目标

【领域】艺术领域。

【维度】表现与创造。

【目标2】具有初步的艺术表现与创造能力。

【具体目标5～6岁：能用律动、简单的舞蹈动作表现自己的情绪或自然界的情景。

四、活动目标

1.感受音乐的优美旋律，身体能跟随音乐做出相应的反应。

2.能根据音乐的节奏变化和情节，拍手及传递纸杯。

3.愿意参与音乐游戏，喜欢和同伴一起玩，感受集体活动的快乐。

五、活动准备

幼儿经验准备：有歌唱经验及简单的律动经验。

教师资源准备：歌曲视频、纸杯。

六、活动过程

【环节一】师幼拍手互相问好，导入活动。

师：小手和小手交朋友，我是你们的李老师。

幼：小手和小手交朋友，我的名字叫×××。

师：小朋友们下午好！

幼：老师下午好！

【分析与解读】

通过师幼问好导入，幼儿可以很快地进入活动中。通过拍手问好，幼儿初步感受了节奏与动作，调动了其参与集体活动的积极性。

【环节二】学习按节奏拍手、拍桌子，学习前半部分动作。

师：小朋友们，我们一起动起来吧！请你跟我这样做。（教师拍两下手，拍两下桌子）

幼：我就跟你这样做。（幼儿跟随老师拍两下手，拍两下桌子）

【分析与解读】
通过逐步学习动作，幼儿熟悉音乐节奏与动作内容，为接下来跟随音乐做动作做铺垫。

【环节三】学习跟随节奏移动杯子。

师：小朋友们，现在我们需要跟随音乐的节奏来移动杯子，你们准备好了吗？请小朋友们跟随老师一起拿、放，拿、放。要注意每次只能移动一个杯子。（从左边的椅子上移动到右边的椅子上）

（小朋友们跟老师随音乐做动作）

（播放音乐，幼儿跟随音乐做动作，教师提醒注意表情、音乐与动作的对应）

【分析与解读】
通过逐步学习动作，让幼儿熟悉音乐节奏与动作内容，为接下来跟随音乐做动作做铺垫。

【环节四】跟随节奏完整的做动作。

师：小朋友们，现在我们把刚才学习的动作连起来，完整地试一下吧！

幼1：好。

幼2：跟随教师一起做。

【分析与解读】
完整地练习动作，为接下来跟随音乐做动作做铺垫。

【环节五】跟随音乐完整做动作。

师：小朋友们，我们一起跟随音乐动起来吧！

【分析与解读】
跟随音乐玩音乐游戏，提高幼儿参与活动的兴趣，使幼儿集中注意力，感受与同伴一起游戏与合作的快乐。通过集体表演，幼儿熟悉音乐节奏与旋律，加入动作能使幼儿感到音乐的快乐。

【环节六】幼儿跟随音乐节奏，轮流交换位置，进一步感受音乐的节奏。

师：现在，请小朋友们坐在椅子上，跟随音乐一起来轮流交换位置吧！

【分析与解读】

通过轮流交换位置，使幼儿进一步体验音乐的节奏感与快乐。

【环节七】活动延伸

师：小朋友们，请你们回家和爸爸妈妈一起玩这个快乐的音乐小游戏吧！

七、反思与调整

【优点】

歌曲节奏欢快，充满童趣，节奏鲜明，加之使用纸杯作为道具，幼儿兴趣浓厚，参与活动的积极性极高。

【不足】

部分幼儿在区分左右时比较困难，导致活动过程中纸杯子容易传乱，有些幼儿没有纸杯子可传。

【改进措施】

活动前教师可以先引导幼儿区分左右，活动过程中引导幼儿集中注意力，活动后根据幼儿接受情况，适当增加动作。

活动14　歌表演：《十二生肖歌》

一、活动名称

《十二生肖歌》

二、活动对象

5～6岁幼儿

三、《指南》目标

【领域】艺术领域。

【维度】表现与创造。

【目标2】具有初步的艺术表现与创造能力。

【具体目标】5～6岁：能用律动、简单的舞蹈动作表现自己的情绪或自然界的情景。

四、活动目标

1.理解歌词内容，感受歌曲诙谐、有趣的情调。

2.用活泼的情绪和诙谐的声音演唱歌曲。

3.在音乐中模仿动物进行律动表演。

五、活动准备

幼儿经验准备：了解十二生肖。

教师资源准备：十二生肖动物图。

六、活动过程

【环节一】师幼谈话，激发幼儿的兴趣。

师：小朋友，你认识哪些动物？大家来说说，看谁说得多。

幼：小兔子，小狗，小猫。

师：你能模仿一下它们的声音吗？（引导幼儿自由模仿动物的叫声）

师：小朋友，你知道十二生肖吗？你能说出十二生肖分别是哪几种动物吗？

（教师逐一点开图片，引导幼儿初步了解十二生肖都有哪些动物）

【分析与解读】
活动一开始，通过谈话引发主题，引起幼儿兴趣。

【环节二】感知歌曲，理解歌词。

1.播放视频，幼儿欣赏视频。

师：今天我们来学习一首儿歌，名字叫作《十二生肖歌》。

(教师播放歌曲《十二生肖歌》视频，引导幼儿欣赏并适时提问)

师：歌曲中都出现了哪些小动物？它们都在做什么？

幼：老鼠在前面，后面跟着牛。

师：你们听到这首歌曲有什么感受？

幼：很开心。

师：请你模仿一下歌曲中的小动物吧！

2.问题引导，加深幼儿对儿歌内容的理解。

(老师口述儿歌内容，请幼儿认真聆听后回答小动物的排列顺序)

师：小朋友们仔细听，歌曲中是怎样给这些小动物排序的呢？

(幼儿自由回答)

【分析与解读】

通过模仿小动物，幼儿记住小动物的形象。

【环节三】 教师范唱歌曲，幼儿轻声跟唱。

1.再次学习儿歌内容，并引导幼儿记住十二生肖中小动物的顺序。

在引导幼儿理解、记忆十二生肖的顺序的基础上，让幼儿跟着音乐，大胆地配上动作朗诵儿歌。

2.教师朗诵歌词，请幼儿轻声跟读歌词，注意附点节奏。引导幼儿以接龙的形式朗读歌词。

师：小朋友们，我们来玩接龙吧，老师唱前一句，你们唱后一句。

3.通过游戏记忆十二生肖的顺序。

师：十二生肖锻炼完身体，就排起长队，开始玩捉迷藏的游戏了。

(游戏玩法：请小朋友们闭起眼睛，教师拿走一个动物，然后请小朋友们睁开眼睛，看看第几个动物藏起来了。教师带领幼儿开展游戏)

小结：通过朗诵歌词，让幼儿对歌词理解得更加深刻。

【分析与解读】

通过朗诵歌词，让幼儿对歌词理解得更加深刻。

【环节四】生肖排序，能力提升。

幼儿根据歌曲对十二生肖进行排序。

师：我们根据歌词给小动物们排一下顺序吧。

【分析与解读】

通过游戏的方式巩固本节课学习的歌曲。

【环节五】整体表演歌曲。

师：小朋友们，我们加上动作表演一下这首歌曲吧！

【分析与解读】

通过扮演小动物，让幼儿更加深刻地记忆歌词。

【环节六】活动延伸。

师：请小朋友们去表演区表演一下这首歌曲吧！

133

【分析与解读】

将活动延伸到区域活动中。

七、反思与调整

【优点】

歌曲趣味性较强，小动物较多，活动符合幼儿的年龄特点。在本次活动设计中，通过谈话、游戏等多种形式，充分调动幼儿学习的积极性。

【不足】

这首歌曲涉及的动物多，歌词较复杂。

【改进措施】

在活动中，可借助十二生肖的故事帮助幼儿理解和记忆歌词。

第四章

爱 上 探 究

活动1 空间小丑

一、活动名称

空间小丑

二、活动对象

5~6岁幼儿

三、《指南》目标

【领域】科学。

【维度】数学认知。

【目标3】感知形状与空间关系。

【具体目标】5~6岁：能辨别左、右方位。

四、活动目标

1.能辨别左、右方位。

2.会运用上、下、前、后、里、外、左、右玩游戏。

3.理解并遵守游戏规则，体验方位游戏带来的快乐。

五、活动准备

教师资源准备：1个小丑、1个纸盒、1个红色小球、1个蓝色小球、1个绿色小球、1个黄色小球、1个白色小球、1个黑色小球。

幼儿学具：每人1个纸杯、1个红色小球、1个蓝色小球、1个绿色小球、1个黄色小球、1个白色小球、1个黑色小球。

幼儿经验准备：幼儿已有认识前、后和上、下方位的经验。

六、活动过程

【环节一】游戏：大门打开。

师：小朋友们，老师今天给你们带来一个好玩的游戏，你们想尝试一下吗？

游戏：大门打开，小门打开，前面打开，后门打开，中门大开。全体集合开始点名1，2，3，4，5，6，7，8，9，10；10，9，8，7，6，5，4，3，2，1。齐步走，1，2，1；1，2，1。立正。

【分析与解读】

开始部分用手指游戏复习和巩固已学的部分方位、10以内的顺数和倒数，激发幼儿参与活动的兴趣，为学习新的方位做好铺垫。

【环节二】创设情景"迷路的小丑"。

师：小朋友们，看，这是谁呀？

幼：小丑。

师：小朋友们猜猜小丑要去哪里？

幼：小丑想去大舞台上表演。

师：是的，小丑想去马戏团去给小朋友们变魔术。可是，他走着走着迷路了，小朋友们想不想帮助小丑辨别方向，找到马戏团？

幼：想。

师：小朋友们，我们要先来闯关练习一下本领，只有正确辨别方向才能帮助小丑找到去马戏团的路。

【分析与解读】

创设游戏情景，小丑成为一个引人注意的角色，吸引着幼儿们的注意力，增加了活动的趣味性和参与度。

【环节三】第一关游戏：请你拍拍手。

教师拍手，幼儿说方位：上、下、前、后、左、右。

师：小朋友们，你们是怎么区分左右的？

幼1：我的右手拿筷子，左手拿馒头。

幼2：我的右手可以用来拿笔。

师：小朋友们，请举起你的右手，举起你的左手。

游戏：举起你的右手，举起你的左手。（此环节可以反复游戏，加深幼儿对左、右方位的认识）

【分析与解读】

通过拍手辨别方位的游戏来培养幼儿的方位感，复习小班、中班学过的方位：前、后、上、下。大班幼儿存在左右不分的现象，在本环节中多玩几次"举起你的左／右手"，能够加深幼儿对左右方位的认知，培养幼儿的观察力、倾听能力和逻辑思维能力。

【环节四】第二关游戏：我来说，你来做。

教师说方位，幼儿听老师口令拍手。

师：我说右。

幼：我拍右。

【分析与解读】

运用游戏的形式让幼儿复习和巩固方位，为后面玩方位游戏做好铺垫。

【环节五】第三关游戏：帮彩色小球找家。

教师把纸箱放在桌子上说方位，找8位幼儿到前面把相应颜色的小球放到纸箱的上、下、里、外、前、后、左、右。

师：请×××把红色的小球放在纸箱的前面。

师：请×××将蓝色的小球放在纸箱的后面。

师：请×××将白色的小球放在纸箱的里面。

【分析与解读】

在这个环节中，教师通过指令的方式引导幼儿理解方位词，并将对应颜色的小球放置在纸箱的相应位置上，例如上、下、里、外、前、后、左、右。这个游戏可以帮助幼儿培养空间意识和方位感，同时锻炼他们的观察力和操作能力。

【环节六】游戏：我帮小丑找方向。

师：小朋友们，现在你们学会了新的本领，让我们一起帮助小丑辨别方向，找到去马戏团的路吧。

（教师分发材料，每人1个纸杯、每人1个红色小球、1个蓝色小球、1个绿色小球、1个黄色小球、1个白色小球、1个黑色小球）

师：这个杯子就是马戏团，小丑没有进入马戏团的钥匙，只有根据老师的指令，正确摆放彩色小球才能得到钥匙，进入马戏团。小朋友们，你们准备好了吗？请将红色的小球放在纸杯的后面。

师：请将蓝色的小球放在纸杯的前面。

师：小朋友们，你们帮小丑辨别了方向，找到了去马戏团的路。

【分析与解读】

本环节中，通过听觉、视觉和动作的结合，激发了幼儿们的感知能力和操作能力。通过指令的方式引导幼儿理解方位，并将对应颜色的小球放置在纸箱的相应位置上，例如上、下、里、外、前、后、左、右。这可以帮助幼儿培养空间意识和方位感，同时锻炼观察力和操作能力，让幼儿可以在玩中学。通过引导幼儿们观察和思考，培养了他们的观察力和解决问题的能力。幼儿们通过帮助小丑辨别方向和找到马戏团的路，体验到了成功的喜悦。

【环节七】听口令，做反方向动作。

老师向上拍手，上。幼儿向下拍手，下。

老师向上拍手，上上。幼儿向下拍手，下下。

游戏可增加难度：老师向左向右拍手，左左右右。幼儿向右向左拍手，右右左左。

这个游戏不仅能够激发幼儿的兴趣，还能够促进他们的身体活动和认知发展。通过口令和动作的结合，幼儿能够提高对指令的理解和执行能力，培养专注力和反应速度，同时也增强了他们与他人的合作和交流能力。

【环节七】活动延伸。

请小朋友回家之后和爸爸妈妈一起玩一玩拍手游戏"我来说，你来做""听口令，做反方向动作"等好玩游戏，可以和爸爸妈妈继续创编好玩的方位游戏。

【分析与解读】

和爸爸妈妈一起进行拍手游戏非常有趣味性，可以增强亲子之间的互动和合作。

七、反思与调整

【优点】

本节活动中，游戏、动手操作等活动让幼儿体验了数学的乐趣，做到了动静交替，激发了幼儿的学习兴趣，培养了其观察力和逻辑思维能力。

【不足】

教师的引导和示范不足，无法确保每个幼儿都理解指令并参与到活动中。通过本节课的教学活动和生活中积累的经验，大部分幼儿在方位和空间的认知方面接受得比较好，但是还有少部分幼儿对左、右方位的感知力不佳，日常还需要多加练习和指导。

【改进措施】

教师在活动中加入更多的互动和合作元素，适时提供更具体的指导和支持，如多指导幼儿认识左和右的方向，帮助幼儿更好地掌握左右位。

活动2 快乐的一天

一、活动名称

快乐的一天

二、活动对象

5～6岁幼儿

三、《指南》目标

【领域】科学领域。

【维度】数学认知。

【目标1】初步感知生活中数学的有用和有趣。

【具体目标】5～6岁：能发现生活中的许多问题都可以用数学的方法来解决，体验解决问题的乐趣。

四、活动目标

1.了解在园一天的活动流程及时间节点。

2.初步了解时钟的表面结构及时针、分针，学会看整点。

3.通过操作和游戏，培养探究、合作的学习意识和能力。

五、活动准备

幼儿经验准备：幼儿已有在园生活的经验。

教师资源准备：钟表、一日活动流程的图片（早餐8：00、集体活动9：00、户外活动10：00、午餐11：00、午睡12：00、离园17：00）、大卡纸6张、带有12格的纸6张、剪刀、胶棒、彩笔。

六、活动过程

【环节一】 谈话，引出活动名称，激发幼儿参与活动的兴趣。

师：小朋友们，你们每天在幼儿园生活得开心快乐吗？

幼：快乐。

师：我们在幼儿园的一天中都做了哪些事情？

幼1：吃早餐。

幼2：上课。

幼3：睡觉。

幼4：户外活动。

师：我们一天在幼儿园里要做这么多的事情，你们知道这些事情都是在几点做吗？

幼：8点吃早餐。

师：我们一起看图片了解一下。（出示带有时间点的一日流程图片）

8：00吃早餐

9：00上课

10：00户外活动

11：00吃午餐

12：00午睡

17：00离园

【分析与解读】

结合幼儿的生活经验，通过谈话引出活动名称，激发幼儿认识时间的兴趣。

【环节二】 认识钟表的构造及运转规律，学会认识整点。

教师出示钟表，引导幼儿认识钟表。

师：请小朋友来观察钟表由哪些部分组成？

幼1：长针和短针。

幼2：12个数字。

师：长针有一个好听的名字叫分针，跟着老师一起来说一遍：又长又细是分针。

短针也有一个好听的名字叫时针，跟着老师一起来说一遍：又短又粗是时针。

（教师出示整点的图片，引导幼儿认识整点）

师：小朋友们来观察一下这些钟表上的时间有什么特点？

幼：分针都指向12。

师：分针指向12，时针指向数字几就是几点，这样的时间叫作整点。小朋友请看，分针指向12，时针指向8，就是8点整。

（出示10:00、2:00的钟面请小朋友认读）

【分析与解读】

通过观察钟面引导幼儿认识钟表的构成，了解时针、分针的特点，并学会认识整点，为下一环节制作钟表做铺垫，在这个环节中培养幼儿的观察力、倾听能力、逻辑思维能力。

【环节三】自主探究，制作钟表。

师：小朋友们，刚刚我们已经认识了整点，下面老师要给小朋友布置一个小任务，请小朋友们小组合作制作钟表，每个小组选取一个环节的图片，并把这个环节的时间在钟表上用时针和分针表示出来。

师：老师给每个组的小朋友准备了一张大卡纸、一张带有12格的纸，小朋友可以把12个数字写在表格里，用剪刀剪下来贴在钟面上。（此时老师可以把钟表放在前面，幼儿在制作时可参照）

师：现在先请小朋友自由组合，找到合适的桌子坐好，然后每个组派一名代表到老师这里领取需要用到的材料和环节图片。

师：下面请小朋友小组合作制作钟表，在制作过程中遇到问题可以寻求老师和小朋友的帮助。（老师巡回指导）

（在此环节中，小朋友可能会出现表盘画不圆、数字间隔距离不均匀、数字顺序错误、方向错误等问题，会给他们在制作钟表过程中造成一定的困难，老师可以用语言引导孩子探究解决这些问题的办法）

【分析与解读】

幼儿在自主探究中通过讨论、尝试、商量、协调等方式解决问题，加深对时钟的认识，提高探索能力和合作学习能力。

【环节四】进行时间排序。

师：小朋友们，刚刚我们把一日生活环节的时间点在钟表上表示了出来，下面请小朋友们先把时间和环节的图片进行配对，然后按照我们一日生活流程的时间给这些钟表排排序。

（幼儿先小组交流，然后到黑板上给钟表排序）

【分析与解读】

此环节让小朋友们懂得时间的顺序性，要学会珍惜时间，合理安排时间，养成良好的生活习惯。

【环节五】活动延伸。

师：请小朋友们用钟表表示周六在家的一日活动环节的时间。

七、反思与调整

【优点】

本节课首先以谈话的形式导入主题，激起幼儿探讨的兴趣，然后从认识钟表到制作钟表，以层层递进的方式让幼儿去深入探究钟表的特征以及钟表的作用，让幼儿体会到时间的重要性，更加懂得珍惜时间，帮助幼儿树立良好的时间观念，养成做事不拖沓的生活习惯。

【不足】

本节活动的内容较多，包括认识钟表的构造、学习整点、制作钟表和时间排序等多个环节。

【改进措施】

通过调整，将活动分为两节进行，可以更好地满足幼儿的学习需求，保持幼儿的学习兴趣和专注度，同时也能够让幼儿有足够的时间去体验和探索活动内容，提高数学认知能力和解决问题的能力。

活动3 盖杯捉迷藏

一、活动名称

盖杯捉迷藏

二、活动对象

5～6岁幼儿

三、《指南》目标

【领域】科学领域。

【维度】数学认知。

【目标1】初步感知生活中数学的有用和有趣。

【具体目标】5～6岁：能发现生活中许多问题都可以用数学的方法来解决，体验解决问题的乐趣。

四、活动目标

1.学会观察不同图形及数字的细节，提高细致观察能力和视觉敏锐度。

2.学习有策略地记忆图形及数字的位置，提高记忆力和专注力。

3.通过操作和游戏，学习遵守游戏规则，培养规则意识。

五、活动准备

幼儿经验准备：有观察不同图形及数字的经验。

教师资源准备：印有动物、水果等图画的游戏卡，纸杯若干，写有1～6数字的白纸若干。

六、活动过程

【环节一】谈话导入，引出活动名称，激发幼儿参与活动的兴趣。

师：小朋友们，你们玩过捉迷藏吗？知道怎么样玩捉迷藏吗？

幼1：我玩过捉迷藏，我知道捉迷藏要一个人躲起来，另一个人去找。

幼2：而且捉迷藏的时候藏起来的人没有被找到就赢了。

幼3：如果被找到了就输了。

师：看来小朋友们都玩过捉迷藏，而且都很了解游戏规则，那今天老师给小朋友们带来了一个我们熟悉的小道具，你们看这是什么？

幼：是纸杯。

师：今天小纸杯想来和小朋友们一起玩一玩捉迷藏的游戏呢，我们一起来看看吧！

【分析与解读】

结合幼儿的游戏经验，通过谈话引出活动名称，激发幼儿对纸杯活动的兴趣。

【环节二】听口令，盖杯藏数字。

教师出示写有1~6数字的白纸，引导幼儿观察并记忆数字位置。

师：小朋友，在玩游戏之前，请你来看看老师手上这张白纸上有什么呀？

幼：有数字。

师：再仔细看看这些数字，数一数，一共有几个？都是哪些数字？

幼：一共有六个数字，分别是1、2、3、4、5、6。

师：你观察得很仔细，那这些数字是按照从1~6的顺序排列的吗？你看出了什么规律？

幼：没有顺序，随便排的。

师：是的，这些数字没有什么有规律的顺序，是打乱了随便组合的。现在小纸杯要和小朋友玩游戏了，一会儿老师会给每个小朋友一个纸杯和一张写有数字的纸，老师会念数字，当说到哪个数字，小朋友就要用小纸杯把那个数字藏起来（用纸杯扣住）。

（一开始说单个数字，小朋友挨个用纸杯扣住，慢慢地、有节奏地一次增多一个数字）

【分析与解读】

通过听口令藏数字游戏，幼儿记忆数字位置，为下一环节记忆复杂图形位置做铺垫。这个环节锻炼了幼儿的手眼协调能力和反应速度，培养了专注力和节奏感。

【环节三】盖杯捉迷藏。

师：小朋友们，刚刚我们和纸杯以及数字进行了游戏，我觉得这个捉迷藏太简单了，难不倒小朋友了。老师这里有一个神奇的游戏卡，请你仔细观察一下，游戏卡上有什么图案，这些图案哪里一样？

幼1：这个游戏卡上我发现有小动物图案，还有小飞机图案。

幼2：还有草莓，好多水果图案。

幼3：有两个一模一样的小兔子图案，还有两个一模一样的飞机！

师：你们观察得真细致啊！是的，游戏卡上有很多图案，但是每种图案都有两个一模一样的。

师：接下来老师会每个组发一份游戏卡和16个纸杯，每个小组内的成员要互相合作，小朋友们拿到游戏卡之后要先记忆游戏卡上有什么图案，然后把纸杯都扣在图案上。各小组要想想了，你准备找谁？它藏在哪个杯子下面？把这个杯子打开之后，你要发动你的小脑筋想一想和它长得一模一样的那个图案藏在哪个杯子下面？我们小组之间比比赛，看看谁找得又快又好。小组内的成员们也要比比赛，当你成功找到两个一模一样的图案时，你就可以把纸杯拿掉，放在自己那里，看看谁收集的盖杯最多，就说明谁是找对最多的。（老师巡回指导）

（在这环节中，小朋友可能会出现很多操作上的失误，甚至是缺少合作技巧，老师在巡回指导的过程中，要运用语言的艺术去引导幼儿）

【分析与解读】

幼儿在小组合作游戏中通过讨论、尝试、商量、协调等方式记忆图案，找到杯子下面藏着的图案，加深对图案位置的记忆，并且在讨论交流的过程中学习到了其他幼儿的记忆方式，提高了探索能力和合作学习能力。

【环节四】游戏总结。

师：小朋友们，刚刚我们进行了有趣的盖杯捉迷藏的游戏。那接下来，我要邀请获得盖杯最多的小朋友来讲一讲你是怎样记忆图形位置的。

幼：比如说小兔子在最上面，我会去记另一只小兔子是在离它多远的位置，它的旁边都有哪些图案，然后推测出来的。

师：这个小朋友的方法非常好，老师把这个游戏卡和纸杯投放到我们的区域当中去，我们再次游戏的时候大家可以尝试一下。

【分析与解读】

此环节让小朋友学会分享经验，取长补短。

【环节五】活动延伸。

师：请小朋友将今天的游戏卡带回家中，和爸爸妈妈一起玩一玩吧！

七、反思与调整

【优点】

运用了图形和数字元素，让幼儿在游戏中学习图形和数字，并运用这些知识进行游戏。

【不足】

游戏中的游戏卡较多，难度有些偏大，幼儿一节活动课无法完成。

【改进措施】

老师在授课时可以先选择初级游戏，等幼儿熟悉游戏规则之后，再将复杂一点的游戏卡投放至区域中，幼儿可以在区域活动时间继续进行该游戏。

活动4　找找看

一、活动名称

找找看

二、活动对象

5～6岁幼儿

三、《指南》目标

【领域】科学领域。

【维度】数学认知。

【目标3】感知形状与空间关系。

【具体目标】5～6岁：能用常见的几何形体有创意地拼搭和画出物体的造型。

四、活动目标

1.通过观察图片颜色、大小、方向和位置的差异，提高幼儿的细节观察能力。

2.通过动手操作，发展幼儿的空间想象能力和创造能力。

3.发展幼儿思维的敏捷性、逻辑性。

五、活动准备

幼儿经验准备：已认识几种几何图形。

教师资源准备：各色正方形、长方形、三角形、圆形、梯形、没有盖完的房子的图片。

学具：每组幼儿一套几何图形（正方形、长方形、三角形、圆形、梯形）。

六、活动过程

【环节一】活动导入。

师：小朋友们快看，老师手里拿的是什么？

幼：老师，是各种颜色的图形。

师：那我们一起来看一看这些图形有什么特点？

幼1：大小不一样。

幼2：颜色不一样。

幼3：形状不一样。

师：小朋友们观察得真仔细啊！今天老师就带领小朋友们走进图形王国，让我们一起来看一看吧！

【分析与解读】

通过出示各种图形引导幼儿说一说图形的特征，提高幼儿的观察能力。

【环节二】认识各种图形，找出它们的相同与不同之处。

师：小朋友，我们已经来到了图形王国，让我们一起看一看这里都有哪些图形，你们一定要仔细观察。（教师依次出示各种图形，请幼儿仔细观察）

幼1：老师，我看到正方形有四条边、四个角，四条边都是一样长的。

幼2：老师，长方形也是有四条边、四个角。

师：那你们觉得正方形和长方形之间有哪些是相同的、哪些是不同的？

幼：相同的地方是都有四条边、四个角，不同的是正方形的边是一样长的，长方形的边不一样长。

教师依次出示各种图形让幼儿进行观察，并说一说它们的相同与不同之处。

【分析与解读】

通过找出各种图形的相同与不同之处来锻炼幼儿的观察能力。

【环节三】找找看。

师：今天小朋友们来到了图形王国，认识了这么多的图形以及它们的特征，可是有一些图形宝宝自己偷偷溜出来，找不到自己的家了，请小朋友们帮它们找到家，你们愿意吗？

师：让我们一起来看一看是哪些图形宝宝走丢了。

（教师出示不完整的房子，请幼儿用图形宝宝填充完整，把图形宝宝送回家）

【分析与解读】

让幼儿将房子进行完整填充，既锻炼了幼儿的动手操作能力，又让幼儿感知了方向、位置、大小的差异，提高了观察能力。

【环节四】幼儿分组进行拼图展示。

教师将提前准备好的不完整房子的图片分发给幼儿，请幼儿进行补充完整。

【环节五】活动延伸。

师：小朋友们，老师现在有一个小小的要求，回去以后，我们在教室、校园或家里找一找哪些物体也是这些形状的，看看它们哪里是相同的，哪里是不同的。

七、反思与调整

【优点】

幼儿在认识各种图形的基础上能够找出图形的不同与相同之处，锻炼了幼儿的观察能力以及搭建能力。

【不足】

幼儿进行自由创作的时间比较少，应给予幼儿足够的操作时间。

【改进措施】

增加幼儿的操作时间。幼儿对图形的认知和了解程度较好，可以增加一些更多、更复杂的图形，如五边形、六边形，以扩大幼儿对形状的认知范围。在填充不完整房子的过程中，可以引导幼儿思考房子的方向、位置以及合适的图形选择，以进一步培养他们的空间思维能力。活动结束后，可以与幼儿一起在教室、幼儿园或家里寻找具有相同形状的物体，并进行对比和讨论，加深幼儿对形状与空间关系的理解。

活动5 指环王国

一、活动名称

指环王国

二、活动对象

5~6岁幼儿

三、《指南》目标

【领域】科学领域。

【维度】数学认知。

【目标2】感知和理解数、量及数量关系。

【具体目标】5~6岁：能用简单的记录表、统计图等表示简单的数量关系。

四、活动目标

1.理解单数和双数的含义。

2.通过游戏能正确区分10以内的单双数。

3.观察并记忆指环的颜色，提高观察能力和记忆能力。

五、活动准备

教师资源准备：彩色指环、操作盘、数字卡片、背景音乐。

幼儿经验准备：已有关于单双数的学习认知经验。

六、活动过程

【环节一】情境导入。

师：小朋友，你们见过指环吗？

幼：见过／没见过。

师：今天老师带你们一起去指环王国看一下多彩的指环，并且要和指环国王玩游戏。

【分析与解读】

通过情境导入，让幼儿感受活动的有趣，调动幼儿参与活动的积极性。

【环节二】小游戏《抱双》，复习已学单双数的基本内容。

师：在去指环王国之前我们要先玩一个小游戏，这个游戏叫作《找朋友》。当音乐响起的时候，你们快速地去找好朋友；当音乐停的时候，教师出示一个数字，小朋友看到数字后找到好朋友抱在一起，例如，出示"2"，2个小朋友抱在一起；出示"4"，4个小朋友抱在一起。

师：小朋友们都找到好朋友了吗？

幼：找到了。

师：有没有没找到好朋友的？

幼：有，×××没找到好朋友。

师：在数学中，2个好朋友抱在一起，一个也不剩的叫作双数；剩下一个没有找到好朋友的叫作单数。小朋友可以正确分辨出单数和双数了吗？

幼：可以分辨出。

师：双数就是快快乐乐有朋友，单数就是孤孤单单没朋友。接下来让我们去指环王国找找单双数吧。

【分析与解读】
通过小游戏巩固了幼儿对单双数的认知，激发了学习的兴趣。

【环节三】来到指环王国跟着国王玩单双数游戏。

师：看，指环王国的国王给小朋友带来了很多指环，请小朋友看一看，都有哪些颜色？

幼：有黄色、绿色、橙色……

（教师出示颜色图卡）

师：请小朋友们一起说一说图卡上的颜色，请按照颜色的顺序将指环戴在老师的手上吧！

（请个别幼儿取指环戴在老师的手指上）

师：看！指环戴在了老师的手上，请小朋友看一看都有什么颜色？每种颜色是单数还是双数？

幼：4个橙色是双数，1个绿色是单数。

师：看图卡，指环的颜色有了不一样的变化，请小朋友看一看都有什么颜色？每种颜色是单数还是双数？

幼：3个黄色是单数，2个蓝色是双数。

师：小朋友们太棒了！国王要送给每个小朋友一个指环，有指环的小朋友将成为国王的朋友，请小朋友取一个自己喜欢的颜色戴在自己的大拇指上吧！（要确保指环稳稳地戴在手指上，不会掉到地上）

师：当老师说一个数字和一种颜色的时候，请小朋友以最快的速度找到自己的好朋友，并且说一说你们组的颜色和数字单双数。

【分析与解读】

通过参与游戏，幼儿巩固了10以内的单双数，培养了合作能力、观察能力以及快速反应能力。

【环节四】幼儿分组进行指环配对游戏。

教师将提前准备好的益智玩具分发给幼儿，将幼儿分组开展游戏。

【环节五】活动延伸，投放指环，幼儿区域活动自由操作。

幼儿在自由操作中可以以不同的方式将指环套在手上，可以按颜色或数量进行分类。

七、反思与调整

【优点】

通过小游戏巩固了幼儿对单双数的认知，激发了幼儿学习的兴趣。活动全程游戏感十足，提高了幼儿参与活动的兴趣。

【不足】

操作时间不足，个别幼儿对单双数的理解不够。

【改进措施】

增加幼儿的操作时间。

活动6 小刺猬采红果

一、活动名称

小刺猬采红果

二、活动对象

5~6岁幼儿

三、《指南》目标

【领域】科学领域。

【维度】科学探究。

【目标1】亲近自然，喜欢探究。

【具体目标】5～6岁：能经常动手动脑寻找问题的答案。

四、活动目标

1.感知、理解1～10的有序排列。

2.喜欢走迷宫，体验到摘到果子后的喜悦。

3.通过动手操作寻找问题并解决问题。

五、活动准备

教师资源准备：1套数字卡片1～20、10层楼的图片、小刺猬图片。

学具：每名幼儿1张小刺猬采果子迷宫图。

六、活动过程

【环节一】活动导入。

师：小朋友们，今天我们来玩一个《小刺猬采红果》的游戏好不好？游戏之前小刺猬让我们完成三个闯关任务，有没有信心完成？

幼：有。

师：第一关拍手数数1～20，倒数20～1。要求声音干脆利索，不拖长音。

幼：集体拍手数数。

师：第二关10以内数字的排序，（出示图片上面有10以内的数字，打乱顺序排列，让幼儿观察）这张图片上面有什么？这些数字有什么特点呢？

幼1：有数字宝宝，它们的顺序排列错了。

幼2：老师，我来帮数字宝宝排队吧。

幼3：老师，我还能给数字宝宝倒着排队呢。

师：小朋友们真能干，这么快就帮数字宝宝排好了顺序。

【分析与解读】

通过拍手数数培养幼儿的数感，出示数字1~10，引导幼儿进行有序排列，为下一个环节做铺垫。

【环节二】出示楼房图片（1~10楼），幼儿操作。

师：第三关送数字宝宝回家。小朋友们，刚才我们帮数字宝宝有序排列好了，它们现在要回家了，可是数字宝宝们迷路了，想请小朋友们把它们送回家，你们愿意吗？

幼：愿意。

师：数字宝宝的家住的是楼房，现在就请小朋友们把数字宝宝送回家吧。

（教师邀请幼儿到前面来进行操作，在操作过程中教师提醒幼儿楼房是按照从下往上的顺序排列的）

【分析与解读】

让幼儿进行实际操作，使其在感知方位的同时，又锻炼了动手动脑的能力。

【环节三】小刺猬采果子。

师：小朋友们真棒，这么快就把通关任务完成了。下面我们来玩《小刺猬采红果》的游戏好不好？有请我们的好朋友小刺猬，小刺猬出去采红果，回来的路上找不到自己的家了，让我们一起来帮小刺猬找到它的家好不好？回家的途中不能走重复的路线，还要采到尽量多的果子。（分组操作来帮小刺猬找家，教师先出示小刺猬找家的迷宫图，请幼儿进行观察并发表自己的想法，先找出小刺猬到家之间的路径，分析、推理如何从起点到终点，最后请幼儿自己动手操作）

【分析与解读】

通过让幼儿自己动手进行操作，锻炼了幼儿的观察能力、团队合作能力以及思维能力。

【环节四】活动延伸。

区域活动时可以让幼儿尝试画出自己家住在几楼，或者画一画自己家到幼儿园的路线图。

七、反思与调整

【优点】

本次活动涉及了多个领域和维度，如数学、空间、观察、推理。结合生活已有的经验，幼儿对10以内的排序掌握得非常好。活动也注重了互动和合作，让幼儿们在小组中合作完成任务，培养了他们的团队合作意识和沟通能力。在活动中还可以进行一些拓展和延伸。比如，在迷宫游戏中可以增加一些难度，引入更多的路线选择，让幼儿面临更多的决策和推理。

【不足】

幼儿的合作意识还需要日常继续加强培养，个别游戏难度较低。

【改进措施】

本次活动通过拍手数数、倒数、排序、走迷宫等游戏，培养了幼儿的数感、手眼协调和逻辑思维能力。在幼儿操作过程中，幼儿掌握游戏规则后，采果子的迷宫游戏对于他们来说有些简单了，迷宫的路线图可以增加一些难度，设置不同梯度的路线，增强挑战性。

活动7 多彩拼拼乐

一、活动名称

多彩拼拼乐

二、活动对象

5~6岁幼儿

三、《指南》目标

【领域】科学领域。

【维度】数学认知。

【目标3】感知形状与空间关系。

【具体目标】5~6岁：能用常见的几何形体有创意地拼搭或画出物体的造型。

四、活动目标

1.感受各种几何图形的组合变化。

2.巩固对圆形、半圆形、三角形、正方形、长方形以及梯形的认识。

3.运用感官感知梯形的多种变式，体验图形组合变化的乐趣。

五、活动准备

幼儿经验准备：已经掌握圆形、半圆形、三角形、正方形以及长方形的认知，并对梯形有初步的认识。

教师资源准备：交通工具组图、等腰梯形图片，将交通工具中的图形提前剪好。

六、活动过程

【环节一】谈话导入，引导幼儿回顾经验，说说最喜欢的交通工具。

师：小朋友们，你最喜欢什么交通工具？为什么？

幼：小汽车。

师：今天我们就变身小小工程师，用图形来拼一拼自己最喜欢的交通工具。

【分析与解读】

谈话导入，激发幼儿的探索兴趣。在这个环节中，老师通过引导幼儿回顾他们最喜欢的交通工具，激发他们参与活动的积极性。幼儿在课堂上变身为小小工程师，使用图形来拼一拼他们最喜欢的交通工具，进一步培养了他们的动手能力和创造力。

【环节二】出示交通工具组图，引导幼儿观察图中的交通工具是由哪些图形组成的。

师：我们可以用各种图形拼出交通工具。这是什么交通工具？用到了哪些图形？

幼：图中用到了长方形、正方形、三角形、圆形、半圆形、梯形，这些图形组合在一起能变成各种不同的交通工具。

【分析与解读】

通过使用图形来拼一拼自己最喜欢的交通工具，幼儿们可以锻炼手眼协调能力和空间想象力。他们可以根据自己对交通工具的认知，选择合适的图形进行拼贴，同时还需要注意图形的位置和拼贴的顺序。这种活动不仅可以培养幼儿们的动手能力，还可以提升他们的空间感知能力和创造力。

【环节三】投放纸面教具及交通工具组图，鼓励幼儿尝试用不同的图形拼成交通工具。

1.投放纸面教具中的长方形、正方形、直角梯形、三角形、圆形、半圆形，动手用不同图形拼交通工具。

师：这里有哪些图形?

幼1：三角形。

幼2：正方形。

幼3：半圆形。

师：请你用这些形状拼出你喜欢的交通工具吧。

2.分享自己拼的交通工具。

师：你拼出了什么交通工具? 用到了哪些图形?

幼：小汽车，我用到了半圆形和两个圆形。

小结：这6种图形，每个都有自己的特征，图形转一转、翻一翻组合在一起能变成各种不同的交通工具。

3.投放等腰梯形，引导幼儿拼装汽车时增加等腰梯形。

（1）出示等腰梯形图片。

师：汽车厂想请你们帮他们设计一辆汽车。看! 除了刚才那些图形，这次汽车厂想请你加上这块图形来拼装汽车。

师：这是什么图形?

幼：梯形。

师：梯形有什么特征? 刚才的图形里谁也是梯形?

幼：四个角，四条边，其中有两条边像我们幼儿园的滑梯一样，有斜坡。

小结：这些都是梯形，梯形有四个角、四条边，四条边中只有两条边平行。

（2）拼搭汽车。

师：你拼了一辆什么车？梯形变成了车的哪一部分？

幼：我拼了一个消防车，用直角梯形、等腰梯形做了轮子，最后还用了一个小的等腰梯形做了消防车的警报器。

4.收起梯形，尝试用剩余图形拼搭梯形汽车。

（1）出示交通工具组图，了解不同的图形可以拼成梯形。

师：汽车厂要考验大家，他们要回收两块梯形。没有了梯形，还有办法造一辆梯形的车吗？要怎么建造？

幼：我们可以自己拼一个梯形。

师：这些图形中，哪些可以拼成梯形？

幼1：一个长方形和两个三角形就能拼出一个等腰梯形。

幼2：一个长方形和一个三角形就能拼出一个直角梯形。

师：小朋友们说得非常好，请你们试一试吧。

（2）教师鼓励幼儿用剩余图形拼搭梯形汽车。

小结：许多图形（正方形、长方形、三角形）通过移动、旋转、拼一拼就能组合成梯形。

【分析与解读】

本环节中，幼儿通过观察和分析学会了将不同的几何图形组合在一起，构建出具有特定功能和形态的交通工具。这种活动可以提高幼儿的观察力和逻辑思维能力，培养他们的创造性思维和想象力。同时，教师通过问题引导，激发幼儿的思考和表达，帮助他们发现和描述图形元素，并理解它们在构建交通工具中的作用。教师的适时引导和解释，让幼儿能够更深入地理解和运用几何图形的知识。

【环节四】引导幼儿根据汽车的轮廓线找出与之相配的图形。

1.分发纸面教具，请幼儿进行拼图。

师：这些汽车都只有轮廓线，请你从右边的彩色图形中找出和它们相配的图形，拼出马路上的汽车。

2.验证猜想。

【分析与解读】

这个环节，培养了幼儿的观察力、空间想象力和解决问题的能力。通过选择合适的彩色图形进行拼贴，幼儿们可以锻炼自己对细节的观察和辨别能力，同时还需要运用空间想象力进行匹配。通过验证猜想，幼儿们可以获得反馈并进一步加深对汽车形状和图形特征的理解。这样的活动可以帮助幼儿发展思维能力，提升他们的观察力和解决问题的能力。

【环节五】活动延伸。

1.区域活动：在数学区中投放不同的梯形图形积木，鼓励幼儿将两块梯形图形积木拼成一个梯形。

2.家园共育：家长在家可为幼儿准备不同大小的梯形卡片，引导幼儿用不同的梯形拼出更多的造型。

【分析与解读】

本活动通过在数学区投放不同大小的梯形图形积木，并鼓励幼儿将两块梯形图形积木拼成一个完整的梯形，来加深幼儿对梯形的认知和理解。通过这个活动的设计，幼儿可以参与到实际操作中，触摸和感知不同大小的梯形积木，通过试错和探索的方式，尝试将两块梯形图形积木拼合在一起，锻炼他们的手眼协调能力和空间认知能力。在家园共育中，家长可以为幼儿准备不同大小的梯形卡片，引导幼儿在家中使用这些卡片进行拼图活动。通过与家长的互动，幼儿可以进一步巩固对梯形的认知，发展想象力和创造力。家长可以给予适当的引导，鼓励幼儿尝试不同的组合方式，创造出更多有趣的梯形造型。

七、反思与调整

【优点】

幼儿在创意拼搭小汽车的过程中培养了空间感知能力、创造力和解决问题的能力，通过拼贴不同的几何图形，让幼儿感受到图形组合变化的乐趣。

【不足】

课程环节有点多，尤其剪贴方面更考验幼儿的动手能力，时间不太够用。

【改进措施】

精减课程环节，增加幼儿动手操作时间。

活动8 花样拼板

一、活动名称

花样拼板

二、活动对象

5～6岁幼儿

三、《指南》目标

【领域】科学领域。

【维度】数学认知。

【目标3】感知形状与空间关系。

【具体目标】5～6岁：能用常见的几何形体有创意地拼搭和画出物体的造型。

四、活动目标

1.观察图片上的图形颜色、形状、数量，提高幼儿的细节观察能力。

2.通过动手操作，幼儿感受几何图案的组合变化。

3.发展幼儿思维的敏捷性、逻辑性。

五、活动准备

幼儿经验准备：已认识几种几何图形。

教师资源准备：花样拼板学具。

六、活动过程

【环节一】出示图卡"花样拼板2.A1"，引起探究兴趣。

师：小朋友们快看，老师手里拿的是什么？

幼：老师，是一个很漂亮的图形。

师：请小朋友们来观察一下，你觉得这个图案像什么？

幼1：钻石。

幼2：雪花。

幼3：箭头。

师：小朋友们的想象力可真丰富啊，老师想请小朋友仔细地看一看，这个图案由哪些图形组成？分别都是什么颜色的？

幼1：黄色的梯形。

幼2：还有蓝色的梯形。

幼3：黄色的三角形、橙色的三角形。

【分析与解读】

实物导入，激发幼儿的探索兴趣，提高幼儿的观察能力。

【环节二】观察图卡"花样拼板2.A1"的某一部分，培养幼儿的细节观察能力。

师：小朋友们，请你们来观察这一部分图案（左上角），你觉得它像什么？由哪些图形组成？各用到了几个图形？

幼1：像一个箭头。

幼2：四个三角形，两个梯形，两个平行四边形。

（教师依次引导幼儿观察其他部分的图形特征，让幼儿进行观察并说一说图形的颜色和形状）

师：小朋友们看一下，这四个部分的图形有什么规律？

幼：这四个部分都是一样的。

师：小朋友，请你们来观察这一部分图案（上半部分），你觉得它像什么？由哪些图形组成？各用到了几个图形？

幼：像奥特曼头上的盔甲。

【分析与解读】

通过观察、了解部分与整体的关系，增强幼儿对图形的观察感知能力。

【环节三】观察拼板，找到拼板在图片上对应的位置。

师：小朋友，老师手里拿的拼板由哪些图形组成？分别是几个？

幼：六个三角形。

师：中间的两个大三角形又组成了什么图形？

幼：一个正方形。

师：原来两个三角形可以组成一个正方形。这个拼板有点调皮，出来玩迷路了，找不到回家的路了。请小朋友们帮忙找一找、看一看，这个拼板应该在图片上的哪个位置？（教师依次引导幼儿观察拼板的图形特征，帮助幼儿找到拼板在图片中的位置，为下一步拼摆做铺垫）

【分析与解读】

让幼儿通过观察为拼板找到自己的家，锻炼了幼儿的细节观察能力和逻辑思维能力。

【环节四】幼儿分组进行拼图操作。

师：小朋友们，你们想不想试一试自己帮助拼板找到自己的家？下面请大家小组合作，按照刚刚老师讲的观察方法，一起为拼板找找家吧！

【环节五】活动延伸。

师：小朋友们，老师这里还有很多图案，在区域活动的时候，大家可以自己挑战一下，看看自己能否可以独立地送拼板宝宝回家。

七、反思与调整

【优点】

活动过程中引入了实物导入、观察分析和操作实践等环节，多样化的教学方法有助于提高幼儿的兴趣和参与度，促进了幼儿的观察力、细节观察能力、逻辑思维能力的培养，有助于促进幼儿认知发展。

【不足】

在活动准备中，可以进一步说明花样拼板学具的具体特点和用途，了解幼儿对于几何图形的基本掌握情况，以更好地巩固幼儿的先前知识和经验。

【改进措施】

在活动过程中，可以加入更多的互动问答环节，鼓励幼儿自由表达、思考和提问，培养他们的思维能力和创造力。在幼儿分组进行拼图操作的环节，可以给予一些简单的提示或引导，帮助幼儿更好地理解图形的组合规律，以避免幼儿遇到困难时无所适从。

活动9　三色六角星

一、活动名称

三色六角星

二、活动对象

5～6岁幼儿

三、《指南》目标

【领域】科学领域

【维度】数学认知

【目标3】感知形状与空间关系

【具体目标】5～6岁：能用常见的几何形体有创意地拼搭和画出物体的造型。

四、活动目标

1.学会认识三角形、菱形、梯形、六边形，感知四者之间的面积关系，初步感受用三角形为基本单位的面积测量。

2.能够迅速找出拼片之间相同的边，提高幼儿的观察力和反应能力。

3.理解同色边相接的规则，能够在游戏中运用简单策略。

五、活动准备

幼儿经验准备：认识三角形、菱形、梯形、六边形。

教师资源准备：三色六角星学具1组1套。

六、活动过程

【环节一】谈话导入，引出活动名称，激发幼儿参与活动的兴趣。

师：小朋友们，你们见过五角星吗？

幼1：我在国旗上见过五角星。

幼2：五角星是黄色的。

师：看来小朋友们都知道五角星，请问五角星有几个角啊？

幼：有五个角，所以叫五角星。

师：今天老师向小朋友们介绍一个五角星的伙伴——六角星给大家认识哦！大家请看老师手里的教具，你们来数一数它有几个角呢？

幼：有六个角。

师：是的，所以它的名字叫作六角星。

【分析与解读】

结合幼儿的生活经验，通过谈话引出活动名称，激发幼儿对数学活动的兴趣。

【环节二】回顾图形——三角形、菱形、梯形、六边形。

教师出示图形——三角形、菱形、梯形、六边形，引导幼儿回顾。

师：今天，新朋友六角星要来我们班和小朋友做游戏了，但是六角星想考考我们小朋友，看看小朋友们的水平怎么样，能不能和六角星顺利进行游戏。小朋友们，请看老师手里的图形是什么？

幼：是三角形。

师：再仔细看看三角形有什么特征呢？

幼：三角形有三条边、三个角。

师：你观察得很仔细。那请小朋友再看，老师现在手里的是什么形状？

幼：是菱形。

师：那菱形有什么特点呢？

幼：菱形的四条边一样长，并且对边平行。

师：非常棒！请看老师手里又变出来一种图形，这是什么形状呀？

幼：这是梯形，梯形上下两条边平行，有四条边、四个角。

师：请你再看这是什么形状？

幼：这是六边形，有六条边、六个角。

【环节三】出示教具三色六角星。

师：小朋友们，六角星说大家通过它的考验啦，它要来和大家见面了，请你们看老师手里的六角星，你们发现了什么？

幼1：这个游戏板上面有一个六角星。

幼2：这个六角星里面有很多线。

幼3：这个六角星是凹进去的！

师：你们观察得真细致啊！是的，游戏卡上有很多线条并且这个六角星是凹进去的，大家请看，老师要请出和六角星一起来的朋友们啦。

幼：这是我们刚刚见过的三角形、菱形、梯形和六边形呢。

师：接下来老师会给每个组发一个六角星游戏卡和若干三角形、菱形、梯形、六边形，每个小组内的成员要相互合作，请你们先来一起观察一下老师发给你们的这些小图形，它们最大的不同是什么？

幼：这些图形上有的有黑点，有的没有黑点。

师：没错，这些小图形分两类，一类有黑点，还有一类是没有黑点的，所以今天我们的游戏就是分两方对战，就和下棋一样，一方用有黑点的"棋子"，另一方用没有黑点的"棋子"。现在请你们来数一数三角形一共有几个，有黑点的是几个，有白点的是几个？

幼：一共有10个三角形，5个有黑点的，5个有白点的。

师：请你们再来数一下菱形一共有几个，有黑点的是几个，白点的是几个？

幼：一共有六个菱形，3个有黑点的，3个有白点的。

师：请你们再来数一下梯形一共有几个，有黑点的是几个，白点的是几个？

幼：一共有12个梯形，6个有黑点的，6个有白点的。

师：还剩下什么形状我们没数呀？

幼：还有六边形没有数。

师：那请你们一起来数一数吧！

幼：一共有2个六边形，1个有黑点的，1个有白点的。

【分析与解读】

幼儿通过观察教具图案，寻找图案特征及异同，锻炼观察能力、分析能力、记忆力、逻辑思维能力，提高探索能力和合作学习能力。

【环节四】游戏操作。

师：游戏开始。一名游戏者任选一块拼片放入底板，另一名游戏者随后放入一块拼片，须保证放置的拼盘与底板上已有的拼片相邻边颜色相同。当双方都不能放入符合要求的拼片时，游戏结束。比较剩余拼片的面积，面积小者获胜。

（幼儿操作，老师巡回指导）

【分析与解读】

幼儿仔细聆听游戏规则，并在游戏过程中学会寻找错误，反思自己，在下一次游戏中不断改进游戏策略。

【环节五】活动延伸。

师：请小朋友回到家中和爸爸妈妈一起玩一玩今天的游戏吧。

七、反思与调整

【优点】

活动采用游戏的形式，丰富有趣，从幼儿喜欢并且普遍知道的五角星入手，引起幼儿的兴趣。在开始，结合幼儿的生活经验，通过谈话引出活动名称，激发幼儿对数学活动的兴趣。然后通过出示图形，以及让幼儿观察并说出图形特征的游戏，帮助幼儿回顾并巩固对三角形、菱形、梯形、六边形的认识。再给幼儿出示教具，幼儿通过观察教具图案，寻找图案特征和异同，锻炼了观察能力、分析能力、记忆力、逻辑思维能力，提高了探索能力和合作学习能力。最后请幼儿动手操作，幼儿仔细聆听游戏规则，并在游戏过程中学会寻找错误、反思，在下一次游戏中不断改进游戏策略。

【不足】

小部分幼儿合作能力不强,对游戏规则掌握得不清楚,产生争抢的现象。

【改进措施】

精细化活动流程,合理安排每一个游戏,增强幼儿的自主性,让幼儿能在数学游戏中真正学到东西。

活动10　窗格拼版

一、活动名称

窗格拼版

二、活动对象

5～6岁幼儿

三、《指南》目标

【领域】科学领域。

【维度】数学认知。

【目标3】感知形状与空间关系。

【具体目标】5～6岁:能用常见的几何形体有创意地拼搭和画出物体的造型。

四、活动目标

1.感受几何图形的组合变化以及特点。

2.幼儿进行操作,提高动手观察能力。

3.通过动手操作,提高幼儿的审美能力。

五、活动准备

教师资源准备:窗格拼版、范例卡、拼版图形。

学具：幼儿每人1套拼版图形。

六、活动过程

【环节一】活动导入。

师：小朋友们，上一节课我们学习了图形王国，认识了好多的图形宝宝，都有哪些呢？

幼：有正方形、长方形、圆形、三角形、梯形。

师：小朋友们，你们用这些图形宝宝来搭什么了？

幼1：我搭的各种各样的房子。

幼2：我搭的大树、小花。

幼3：我搭的汽车。

师：今天老师用这些图形也搭了一座房子，让我们一起来欣赏一下吧。

【分析与解读】

复习已知图形的特征、作用并引出活动名称。

【环节二】房子展示，幼儿观察。

师：小朋友们，我们一起看一看老师搭的这座房子都用了哪些图形？

幼1：有正方形、五边形还有六边形。

幼2：还有三角形、梯形。

师：小朋友观察得真仔细，老师的这座房子有一个地方还没有搭好，哪个小朋友发现了？

幼：老师，我发现了，这个房子没有窗户。

师：这座房子的窗户很特别，让我们一起来认识一下吧。

（教师逐一出示窗格拼版，让幼儿感受传统文化，提高幼儿的审美能力）

师：小朋友们，你们从这些拼版中发现了什么？

幼：这些拼版是由各种图形组成的。

师：那么现在老师要邀请几位小朋友来给这座房子安上窗户。

（教师将没有窗户的房子粘贴在展板上，请幼儿用拼版补上窗户）

【分析解读】

此环节让幼儿初步了解窗格纹样并进行拼搭以感受几何图形的变化以及传统文化的魅力。

【环节三】幼儿进行拼搭。

教师出示范例卡,将准备好的拼版分发给幼儿进行拼搭。

【分析与解读】

通过让幼儿自己动手操作,促进了幼儿观察能力以及思维能力的发展。

【环节四】活动延伸。

可以让小朋友将家里的各种拼版带到幼儿园里来进行拼搭。

七、反思与调整

【优点】

本次活动促进了幼儿观察力以及思维能力的发展,让幼儿感知形状与空间的关系。

【不足】

在活动中幼儿对于图形有了一定的认识,由于第一次接触窗格拼版,所以幼儿的拼搭能力发挥得不是很好。

【改进措施】

在以后的活动中带领幼儿多进行一些类似拼版的活动。

活动11 颜色拼板

一、活动名称

颜色拼板

二、活动对象

5～6岁幼儿

三、《指南》目标

【领域】科学领域。

【维度】数学认知。

【目标3】感知形状与空间关系。

【具体目标】5～6岁：能用常见的几何形体有创意地拼搭和画出物体的造型。

四、活动目标

1.感受几何图形的组合变化以及特点。

2.幼儿进行操作，提高动手能力及观察能力。

3.感知图形间的面积关系，发展规则意识。

五、活动准备

幼儿经验准备：认识形状不一的正方形、长方形。

教师资源准备：颜色拼板1套，幼儿每人1套图形。

六、活动过程

【环节一】活动导入，激发幼儿学习的兴趣。

师：小朋友们，你们都认识哪些图形?

幼：正方形、长方形、圆形、三角形……

师：这些图形拼在一起可以变成什么?

幼1：各种各样的房子。

幼2：大树、小花。

师：今天老师又带来了不同颜色的图形，让我们一起来看一下吧。

【分析与解读】

复习已知图形的特征、作用并引出活动名称。

【环节二】展示各种颜色的图形，幼儿观察并找出图形的特点。

师：小朋友们一起看一看，老师带来了什么颜色的什么图形？

幼1：有红色的正方形、五边形还有六边形。

幼2：有绿色和黄色的长方形。

师：小朋友们观察得真仔细，老师这里有不同颜色、大小不一的正方形和长方形。

师：小朋友们想一想，如何将这些大小不一、颜色各异的图形拼成一个正方形呢？

幼：两个长方形拼在一起就是一个正方形。

（教师出示正方形底板，让幼儿感受大小，感知图形的组合）

师：小朋友们看，将两个正方形和什么图形拼在一起可以变成大的正方形？你在拼板中发现了什么？

幼：可以由多个图形组合成正方形。

师：小朋友还可以试一试让每个拼板里有四种颜色的图形拼成大的正方形。

（教师分发学具，请幼儿尝试各种拼图）

【分析解读】

此环节让幼儿初步了解颜色拼板并进行各种颜色的拼摆，感受几何图形的变化，提高问题解决能力。

【环节三】 幼儿取出各种大小、颜色不一的图形进行拼摆，感知图形间的面积关系。

教师出示范例卡，将准备好的拼板分发给幼儿进行拼摆，拼摆过程中教师巡回指导。

【分析与解读】

通过让幼儿自己动手进行操作，锻炼了幼儿的观察能力以及思维能力。幼儿在拼摆过程中尝试用不同颜色的拼板摆满底板，有利于幼儿规则意识的发展。

【环节四】 活动延伸。

请幼儿在日常区域活动中自己动手剪图形、拼图形，创造各种不同的拼摆方法。

七、反思与调整

【优点】

活动通过引入颜色拼板，提高了幼儿对颜色的认知和区分能力。幼儿通过观察和操作，感知了图形的组合和变化，提高了他们的观察能力和解决问题的能力。拼摆过程中，幼儿尝试用不同颜色的拼板填满底板，发展了他们的创造力和规则意识。

【不足】

操作时间不足，个别幼儿没有很好地完成作品。

【改进措施】

在活动中，我们可以设立一些任务或挑战，如要求幼儿用指定的颜色和图形进行拼摆，可以鼓励幼儿进行交流和分享。

活动12 数数宝盒

一、活动名称

数数宝盒

二、活动对象

5～6岁幼儿

三、《指南》目标

【领域】科学领域。

【维度】数学认知。

【目标1】初步感知生活中数学的有用和有趣。

【具体目标】5～6岁：能发现生活中许多问题都可以用数学的方法来解决，体验解决问题的乐趣。

四、活动目标

1.点数组群中的物体数量，提高点数能力，发展数的概念。

2.用物群表示数，发展数群匹配的能力。

3.进行按物取数，能做到数物对应，理解数与量之间的关系。

五、活动准备

教师资源准备：每组1筐雪花片，图卡，数数宝盒，1~30数字卡片。

六、活动过程

【环节一】活动导入。

师：小朋友，数字宝宝要和我们玩游戏，请小朋友看数字读数。（师快闪出示数字卡片）

幼：（齐读）5，7，4，8，6，9，3，10，14，11，16，12，17，15，19，18，20。

师：请小朋友们看数拍手或者拍肩、拍腿，用动作表示。4，3，6，8，5，9，7，10。

师：请小朋友们闭上眼睛听老师拍手猜数，老师拍手的速度有慢有快。

（全体幼儿一起回答老师拍了几下手。3，5，7，9，10，8，12，14，6，15，11）

师：（出示图卡）请小朋友们数一数上面有几个三角形？

幼：老师，一共有4个蓝色的三角形。

师：你是怎么数的？

幼：我是一个一个数的。

师：还可以用什么方法来数呢？

幼：老师，还可以两个两个地数。

幼：老师，我是一对、一对地数的，两对就是4个。

师：（出示图卡）小星星6个、正方形5个、蜻蜓8只、圆点9个等。（分别提问幼儿是怎么数的，哪个方法最快）

【分析与解读】

通过谈话导入对幼儿加强数感训练，听觉练习的时候适当增加难度，老师拍手的速度可以有慢有快。幼儿初步理解、探索数群的规律，并可以手口一致地数数。

【环节二】 教师出示数字卡片，请幼儿进行数物对应。

师：小朋友们，今天老师给每一组都准备了雪花片，现在请大家听数来点雪花片。

师：10。（幼儿开始点数）说一说你是用什么方法进行点数的？

幼1：老师，我数完了，我是两个两个数的。

幼2：老师，我是一个一个拿出来的，有点慢。

幼3：老师，我也数完了，我是五个五个地数的。

幼4：老师，我是三个三个地数的，最后我又放了一个就变成十个了。

师：小朋友真聪明，那我们可以尝试一下，一对一对地拿、三个三个地拿、五个五个地拿，看谁拿得、数得又快又对。

（教师说数字，幼儿操作。也可以每组选一个幼儿说一个数，全体幼儿听数拿雪花片）

【环节三】 幼儿分组演示数字宝盒和红色系列范例卡。

师：给每组分发一个数字宝盒和一张红色系列的范例卡，请幼儿把范例卡插入槽里，然后在数字宝盒的格子里放入材料。（请幼儿轮流讲述他们是怎么操作的）

幼：因为范例卡角上有一个蓝色的圆圈，所以我把蓝色圆片放进盒子；因为范例卡角上有一个三角形，所以我在盒子里放了数字卡片。

【分析与解读】
通过实物操作，让幼儿进行数物对应、看数点物练习，点数时要做到手口一致，理解数与量之间的关系，培养幼儿数群匹配的能力。

【环节四】 活动延伸。

日常取餐、分发水果时可以让幼儿进行数群匹配的练习，锻炼幼儿数物对应的能力。

七、反思与调整

【优点】

本节活动导入部分通过谈话和听觉练习，激发了幼儿的兴趣并吸引了他们的注意力。教师出示数字卡片，引导幼儿进行数物对应的活动，培养其数群匹配能力，并允许他们采用不同的数数方法。

【不足】

在教师出示数字卡片和幼儿进行数物对应的环节中，缺少挑战性。

【改进措施】

在分组演示数字宝盒和范例卡的活动中，可以鼓励幼儿互相交流并分享自己的经验，以促进合作学习和问题解决的能力。同时，设计一些有挑战性的问题，以提升幼儿思考和解决问题的能力。

活动13 饼干大战

一、活动名称

饼干大战

二、活动对象

5～6岁幼儿。

三、指南目标

【领域】科学领域。

【维度】数学认知。

【目标1】初步感知生活中数学的有用和有趣。

【具体目标】5～6岁：能发现生活中许多问题都可以用数学的方法来解决，体验解决问题的乐趣。

四、活动目标

1.幼儿在操作中尝试把物体进行二等分，理解二等分的含义，感知整体与部分的关系。

2.能大胆尝试（目测、点数、对折等）二等分的多种方法，大胆讲述操作过程和结果。

3.愿意用数学方法解决生活中的问题，体验数学活动的有趣。

五、活动准备

幼儿目标准备：愿意用数学办法解决生活中的问题，体验数学活动的有趣。

教师资源准备：PPT，圆形、正方形饼干每人1块、不规则图形若干，剪刀，记录表。

六、活动过程

【环节一】图片导入，激发幼儿兴趣。

师：今天邀请了两位小客人，看一下他们是谁?

幼：熊哥哥和熊妹妹。

师：今天是熊宝宝大毛和二妹的生日，爸爸妈妈分别给他们买了两块大饼干，我们看一下这两块饼干是什么形状的?

幼：圆形和正方形。

【环节二】把物体进行二等分。

师：兄妹两人跟妈妈说方形跟圆形的饼干都想吃，请妈妈公平地分饼干，让二人分到的饼干都一样大。妈妈想把每块饼干分成一样大的两份，但不知道该如何分，请小朋友帮她，公平地把每块饼干分成一样大的两份。

师：在小朋友们的桌上放着一个盘子，盘子里放着正方形跟圆形，请小朋友们从盘子中拿一个圆形和一个正方形，你们分分看，能不能把它们分成一样大的两份。

（幼儿操作，探索圆形和正方形的二等分的常用方法）

师：谁来说说你的圆形是怎样分成一样大的两份的?

（幼儿分享圆形是怎样分成一样大两份的）

师：圆形对着边缘一折，可以分成两个半圆形。

师：谁来说说你的正方形是怎样分成一样大的两份的?

（幼儿分享自己如何分成长方形、三角形）

师：正方形对折可以分成两个长方形，对角折可以分成两个三角形。

师：圆形对着边缘折会分成什么?

幼：两个半圆。

师：我想问问你们这两个半圆一样大吗?

幼：一样大。

师：怎样来证明一样大？

幼：将两个半圆完全合在一起，没有多余的。

师：我们现在看一下，原本的图形跟刚分出来的图形有什么不同？

幼：分之前是圆的，分完后变成半圆形。

师：它们的形状发生了改变。还有什么不一样？

幼：数量。

师：数量怎么不一样？

幼：原来是一个，现在是两份。

师：还有什么不一样？

幼：大小不一样。

师：谁大谁小？

幼：原来的大，分出来的小。

师：我把分出来的这两份合起来会怎样？

幼：跟原来一样大。

小结：今天通过分饼干我们知道了把一个物体平均分成一样大的两份，就叫二等分。分出来的两份的其中一份要比原来的小，两份合起来的时候会跟之前一样大。

【分析与解读】
通过操作知道什么是二等分，并知道整体与部分的关系。

【环节三】帮熊宝宝分物品。

师：好朋友们送了熊宝宝好多生日礼物，都可以进行二等分，我们一起来看看有什么吧。（带幼儿观看需要二等分的物品）

师：你想对什么进行二等分呢？相同的物品能有几种不同的分法？请你自主选择，一边分一边把你分的结果记录在记录表上，记录完成的小朋友把你的记录表粘贴到我们的展示板上。（幼儿操作，老师巡回指导）

师：谁来说说你将什么进行了二等分？是怎样分的？（一起看展示板，小朋友们分享展示，师幼探究、验证）

【分析与解读】

让幼儿探索用目测、点数、对折等方法对物体进行二等分，并大胆讲述操作过程和结果。

【环节四】判断抢答游戏。

师：熊宝宝非常感谢小朋友，想跟小朋友们玩个游戏，现在出示不同的图案，你来判断它是否是二等分，看谁速度快。

【分析与解读】

通过游戏巩固二等分。

【环节五】生活中的二等分。

师：二等分也藏在我们的生活中，那你们在生活中见过哪些东西是二等分的?

幼1：门窗。

幼2：喜字。

师：我们一起来欣赏一下吧。

【环节六】活动延伸。

和爸爸妈妈一起找一找生活中的物品，用二等分的方式分一分。

七、反思与调整

【优点】

这个活动通过生动有趣的方式，让幼儿在操作中体验二等分的概念和方法。同时，通过实际操作和讨论，帮助幼儿理解整体与部分的关系，并激发他们对数学的兴趣。

【不足】

活动内容缺乏游戏性。

【改进措施】

在活动准备中，可以增加一些具体的教具和学具，例如尺子、纸板，多设置一些游戏，以便更好地展示不规则图形的二等分方法。此外，在活动过程中，可以引导幼儿更多地参与讨论和分享，促进他们的思维发展，提高其语言表达能力。

活动14 营养大师

一、活动名称

营养大师

二、活动对象

5~6岁幼儿

三、指南目标

【领域】科学领域。

【维度】数学认知。

【目标2】感知和理解数、量及数量关系。

【具体目标】5~6岁：能用简单的记录表、统计图等表示简单的数量关系。

四、活动目标

1.有策略地记忆食材卡的位置，提高观察力，发展记忆力和专注力。

2.根据菜品要求，寻找荤素食材，发展分类能力，树立健康饮食的观念。

3.提高幼儿思维的敏捷性、逻辑性。

五、活动准备

幼儿经验准备：认识生活中各种各样的食材。

教师资源准备：幼儿食材卡片。

六、活动过程

【环节一】出示食物卡片，引起探究兴趣。

师：今天老师要带领小朋友们去食物王国旅行，我们先来看一看食物王国里都有哪些食材吧!

幼1：土豆、西红柿、大虾、油菜。

幼2：洋葱、鸡蛋、芹菜、豆腐。

幼3：胡萝卜、玉米、藕、苦瓜。

师：食物王国的食材可真丰富呀，国王也给小朋友们准备了很多的食材卡片，想请小朋友们帮他把食材分分类，大家开动小脑筋想一想，可以怎么分？

【分析与解读】

实物导入，激发幼儿的探索兴趣，提高幼儿的观察能力。

【环节二】引导幼儿认识食材和分类标识，进行分类游戏。

师：请小朋友们观察食材卡片，卡片上有什么？它可以怎么吃？请小朋友们来分分类。

（教师依次引导幼儿观察卡片，让幼儿进行观察并说一说分类的依据）

师：我们请分好类的小组来说一说，你们是依据什么分的？

幼1：这一些是蔬菜，这一些是肉类。

幼2：这一些是生长在土里的，这一些是生活在水里的。

幼3：我是按照背面的标识进行分的，一类是肉骨头标识，一类是蔬菜标识。

师：按照这个小朋友说的，我们来分一分，看一看肉骨头标识这一类都有哪些食物？蔬菜这一类分别有哪些食物？

幼：肉骨头标识的有鱼、鸡肉、大虾等。

师：鱼、鸡肉、大虾等这些食物有一个共同的名字，荤菜。

师：蔬菜这一类分别有哪些食物？

幼：蔬菜标识的有西红柿、苦瓜、胡萝卜等。

师：西红柿、苦瓜、胡萝卜等食物都是蔬菜，它们有一个共同的名字叫素菜。

师：小朋友们都太棒了，国王非常感谢小朋友们帮助他把食材进行了分类。

【分析与解读】

通过认识食材和分类标识，进行分类游戏，发展分类能力。

【环节三】引导幼儿认识菜品，感知能量值与均衡营养的关系。

师：小朋友，这是什么菜？你吃过吗？它的味道怎么样？

幼：香菇炖鸡。

师：你知道吃这道菜有什么好处吗？

幼：鸡肉可以补充能量。

师：我们来数一数这道香菇炖鸡有多少能量值？这道菜是荤菜还是素菜？为什么？

幼：荤菜，六个能量值，里面含有鸡肉。

师：我们再来看这道茄子烧土豆有多少能量值？这道菜是荤菜还是素菜？为什么？

幼：素菜，两个能量值，土豆、茄子都属于蔬菜。

师：为什么香菇炖鸡的能量值比茄子烧土豆的多这么多？

幼：茄子、土豆都是青菜，鸡肉是肉，能量大。

师：那小朋友们想一想，我们光吃能量值高的荤菜行不行？

幼：不行，会长胖。

师：我们要荤素搭配，均衡地选择我们要吃的食物，两道菜的能量值加起来正好是10就说明搭配得很健康，下面请各位营养大师们来帮助食物国王搭配一下，看看怎样搭配最健康。

幼：土豆烧茄子和白菜豆腐汤的能量值加起来是10。

幼：玉米虾仁和芹菜香干的能量值加起来是10。

【分析与解读】

通过进行健康饮食的营养搭配，可以提高幼儿对10以内数的运算能力。

【环节四】活动延伸。

师：小朋友，我们的身体需要各种各样的营养，吃饭时要荤素搭配，不挑食，这样我们的饮食才健康，身体长得健康又壮实。

七、反思与调整

【优点】

通过认识生活中常见的食材，带领幼儿根据不同的分类依据进行分类游戏，发展幼儿的分类能力，同时也加强了幼儿对10以内数的运算练习。

【不足】

幼儿生活经验不足，在进行分类时，分类依据单一、不清晰。

【改进措施】

在日常活动中，加强幼儿对分类概念的理解和练习；在进餐环节引导幼儿认识各种各样的蔬菜，培养幼儿健康饮食的观念。

第五章

创 意 美 术

活动1　七彩月饼

一、活动名称

七彩月饼

二、活动对象

5～6岁幼儿

三、《指南》目标

【领域】艺术领域。

【维度】表现与创造。

【目标1】喜欢进行艺术活动并大胆地表现。

【具体目标】5～6岁：能用多种工具、材料或不同的表现手法表达自己的感受和想象。

四、活动目标

1.知道中秋节有吃月饼的习俗。

2.能正确使用团、压、搓、粘等方法来制作月饼。

3.使用太空泥制作月饼，萌发对中秋节传统节日的喜爱。

五、活动准备

幼儿经验准备：幼儿知道一些中秋节的习俗。

教师资源准备：PPT，太空泥。

六、活动过程

【环节一】中秋节的习俗。

1.观看图片，了解中秋节的习俗。

师：小朋友每年的农历八月十五是什么节日？

幼：中秋节。

师：你知道人们是怎样过中秋节的吗？都有哪些习俗？让我们一起来看一看吧！

幼1：赏月。

幼2：舞火龙。

幼3：看花灯。

幼4：吃月饼。

师：你知道中秋节为什么要吃月饼吗？

幼1：一家人要团团圆圆。

幼2：象征团圆。

小结：中秋节为每年的农历八月十五日，中秋节人们会赏月、吃月饼，因为月饼就像这一天的月亮一样，象征着团圆，人们以此祈愿生活幸福圆满、一家人永远快快乐乐在一起。

【分析与解读】

教师与幼儿进行有关中秋节话题的互动，引导幼儿了解中秋节的赏月、打糍粑、舞火龙、吃月饼等不同的节日习俗，激发幼儿的兴趣。

【环节二】欣赏不同的月饼图片。

师：小朋友，请你说一说，你见过或吃过什么样的月饼？

幼1：月饼是圆圆的。

幼2：月饼上有花纹。

幼3：我吃过蛋黄味道的月饼。

幼4：我吃过肉松味道的月饼。

师：今天老师也带来了很多的月饼，让我们一起来欣赏一下吧！

【分析与解读】

幼儿通过欣赏不同的月饼图案，感受中秋节和月饼的美，提高幼儿的想象力和创造力，激发幼儿创作兴趣。

【环节三】幼儿制作七彩月饼福袋。

师：你最喜欢哪几种月饼呢？

幼1：我做喜欢圆形的、小花的、兔子的月饼。

幼2：我喜欢方形的、红色的、黄色的和紫色的月饼。

幼3：我喜欢五颜六色的月饼。

师：月饼象征着团圆，希望一家人永远快快乐乐在一起。今天，让我们一起动手做一个七彩月饼福袋送给家人吧！

1.教师通过视频讲解月饼福袋的做法。

师：第一步，制作七彩月饼。先将太空泥团成圆球，再将圆球压扁，然后用小刀在边缘切出月饼的花边，最后装饰图案。

师：第二步，将七彩月饼粘到卡纸上。

师：第三步，用彩笔对福袋进行装饰。

师：第四步，给福袋贴上漂亮的蝴蝶结。

师：小朋友们，我们一起动手试一试吧！

2.幼儿自主制作，教师巡视帮助指导。

3.幼儿介绍自己的作品。

师：小朋友，谁想来分享一下你的七彩月饼福袋？你做了什么样的月饼？想送给谁？你想对他说什么？

幼1：我做了圆形的、小花的、兔子的月饼，我想送给爸爸妈妈，祝他们中秋节快乐。

幼2：我做了方形的、小花的、小动物的月饼，我想送给爷爷奶奶，祝他们身体健康，节日快乐。

【分析与解读】

了解月饼的制作方法，尝试用团、压、切等技能制作月饼，提高幼儿的动手能力，体验与同伴使用泥工制作月饼的快乐，通过介绍自己的作品，提高幼儿的语言表达能力，萌发对中秋节的喜爱。

【环节四】活动延伸。

和家人一起品尝不同味道的月饼，并用自己的方式对家人表示祝福。

【分析与解读】

家园共育，增进亲子感情的同时，发展了幼儿的语言表达能力。

七、反思与调整

【优点】

能按步骤运用团、压、切、扣等技能制作月饼，并大胆创新装饰月饼和福袋的图案。

【不足】

大部分孩子做的月饼都挺有创意的，但是由于课堂时间把控不好，前面介绍中秋节用时太长，导致幼儿的制作时间不够，有一部分幼儿只能做一两个月饼。

【改进措施】

注重课堂时间的把控，多关注制作动作慢的幼儿，及时引导。同时，要提高教育智慧以应对突发状况。

活动2　国庆乐

一、活动名称

国庆乐

二、活动对象

5～6岁幼儿

三、《指南》目标

【领域】艺术领域。

【维度】表现与创造。

【目标1】喜欢进行艺术活动并大胆地表现。

【具体目标】5～6岁：能用多种工具、材料或不同的表现手法表达自己的感受和想象。

四、活动目标

1.了解国庆节的由来和意义，感受国庆节的欢乐气氛。

2.通过手工制作活动，培养幼儿的动手能力和创造力。

3.能用语言大胆评价自己和他人的作品，体验创意画带来的快乐。

五、活动准备

幼儿资源准备：太空泥、圆卡纸、彩笔。

教师资源准备：PPT。

六、活动过程

【环节一】谈话导入，交流分享。

师：小朋友们，10月1日是什么节日？

幼1：国庆节。

幼2：祖国妈妈的生日。

师：你们了解得真不少，10月1日是我们伟大的祖国妈妈的生日。

【分析与解读】

谈话导入，激发幼儿对国庆节的兴趣。

【环节二】播放图片，介绍国庆节活动。

师：你知道哪些庆祝祖国妈妈生日的活动吗？

幼1：升国旗，唱国歌。

幼2：大阅兵。

幼3：路上会摆放鲜花，挂红旗。

小结：10月1日国庆节，为了给祖国妈妈过生日，除了升国旗、唱国歌，人们还聚在一起唱歌、跳舞，看五彩烟花，举行盛大的庆祝活动。

【分析与解读】

通过图片讲解，让幼儿真实感受庆祝活动。

【环节三】发散想象，说一说自己给祖国妈妈的礼物。

师：小朋友们，过几天就是祖国妈妈的生日了，你想给祖国妈妈送什么礼物呢？

幼1：我会做蛋糕。

幼2：做星星。

幼3：做国旗。

幼4：我想画画送给祖国妈妈。

【分析与解读】

幼儿说出自己的想法，为接下来的手工制作打下基础。

【环节五】进行礼物创作。

分发圆卡纸，进行手工制作。

师：小朋友们，老师准备了礼物，我们来看一看。现在请你们发挥自己的想象，为祖国妈妈制作礼物吧。

【分析与解读】

幼儿在制作的过程中，锻炼创作思维和想象力。

【环节六】分享制作礼物。

师：能介绍一下你送给祖国妈妈的礼物吗？

幼1：我做了很多花朵送给祖国妈妈。

幼2：我做了一个国旗送给祖国妈妈。

【分析与解读】

幼儿大胆地介绍自己做的礼物，展示自己的创意美术作品，提高了自信心，通过语言表达自己对美的欣赏和感受，提高了幼儿的语言表达能力。幼儿在分享过程中，也培养认真倾听的习惯。

【环节七】活动延伸。

师：小朋友们，今天晚上把礼物拿回家，给爸爸妈妈讲一讲你送给祖国妈妈的礼物吧。

【分析与解读】

家园共育，增进亲子互动的同时发展了幼儿的语言表达和组织能力。

七、反思与调整

【优点】

本次活动通过谈话导入，帮助幼儿了解国庆节的庆祝活动。利用太空泥、绘画相结合的形式为祖国妈妈制作生日礼物，发展了幼儿的想象思维、动手能力和艺术表现力。

【不足】

多数小朋友利用太空泥装饰有一定的基础，能独立完成作品。个别小朋友做的时候动作比较慢，需要在老师的帮助下完成。

【改进措施】

多关注动作较慢的幼儿，指导幼儿学会又快又好地完成作品，幼儿完成作品后给予鼓励，并引导其分享作品，帮助幼儿建立自信。

活动3 水果旅行记

一、活动名称

水果旅行记

二、活动对象

5～6岁幼儿

三、《指南》目标

【领域】艺术领域。

【维度】感受与欣赏。

【目标1】喜欢自然界与生活中美的事物。

【具体目标】5～6岁：喜欢欣赏多种多样的艺术表现形式。

四、活动目标

1.能够细致观察、表现水果的造型和色彩。

2.充分发挥想象，利用水果进行创意绘画。

3.欣赏交流自己的美术作品，体验创作的乐趣。

五、活动准备

幼儿资源准备：白纸、蜡笔、彩笔。

教师资源准备：PPT。

六、活动过程

【环节一】谈话导入，交流分享。

师：小朋友们，你们吃过哪些水果？

幼1：西瓜、草莓。

幼2：香蕉、葡萄。

师：你们了解得真不少，今天老师就把这些水果宝宝请到了班里，我们一起观察一下它们吧。

【分析与解读】

谈话导入，引起幼儿对美术活动的兴趣。

【环节二】游戏：水果猜猜乐。

师：小朋友们，这是哪位水果宝宝？

幼：是葡萄宝宝。

师：葡萄宝宝是什么形状的？

幼1：它是圆形的。

幼2：它们拼在一起是长长的。

师：葡萄宝宝是什么颜色的？

幼1：是紫色的。

幼2：它的叶子是绿色的。

师：小朋友们观察得可真仔细。（教师引导幼儿对水果进行了解）

小结：水果宝宝有各种各样的形状和各种颜色。苹果是红色的，形状是圆圆的；香蕉是黄色的，形状是长长的；蓝莓是蓝色的，形状是圆圆的；西瓜的果肉是红色的，西瓜皮是绿色的。

【分析与解读】

通过图片讲解，让幼儿了解水果的形状等特点。

【环节三】发散想象，我的水果宝宝会跳舞。

师：小朋友们，我们认识了水果宝宝的形状还有它们衣服的颜色，恭喜你们已经和它们成为好朋友。小朋友们，当你有新朋友时，你的心情是什么样的？

幼1：我会特别开心。

幼2：我会笑。

幼3：我会开心地跳舞。

师：水果宝宝也和你们一样，它们因为交到你们这些新朋友开心地笑了起来，甚至有的水果宝宝开心地跳起了舞，如果要你带水果宝宝去游玩，你会带它去哪儿呢?

幼1：我会带它去草坪里。

幼2：我会带它去海边。

【分析与解读】

幼儿发挥自己的想象，为接下来的绘画打下基础。

【环节五】进行绘画创作。

分发白纸，进行绘画创作。

师：小朋友们，现在请你将你认识的水果宝宝新朋友用蜡笔画在纸上，同时也可以充分发挥你的想象力，画出你想带它去的地方。小朋友们，开始你们的创作吧。

【分析与解读】

幼儿在创作的过程中，锻炼思维力和想象力。

【环节六】分享我的新朋友。

师：能介绍一下你的水果宝宝吗?

幼1：我的水果宝宝是香蕉。

幼2：我的水果宝宝是蓝莓。

师：你带着你的水果宝宝去哪里旅行啦?

幼1：我们一起去草坪里了。

幼2：我们一起去了天空中。

【分析与解读】

幼儿大胆地表述自己的想法，展示自己的创意作品，提高了自信心，通过语言表达自己对美的感受，锻炼了语言表达能力。在分享过程中，培养幼儿认真倾听的习惯。

【环节七】活动延伸。

师：小朋友们，今天晚上回家给爸爸妈妈讲一讲你认识的新朋友吧。

【分析与解读】

家园共育，增进亲子感情的同时，发展了幼儿的语言表达能力。

七、反思与调整

【优点】

活动过程中，充分调动幼儿想象力，让幼儿自由创作，他们积极性高，课堂气氛活跃。

【不足】

个别幼儿动手能力较弱。

【改进措施】

教师进行个别指导，引导幼儿学会按照步骤进行创作。

活动4　水果晕染画

一、活动名称

水果晕染画

二、活动对象

5~6岁幼儿

三、《指南》目标

【领域】艺术领域。

【维度】感受与欣赏。

【目标1】喜欢自然界与生活中美的事物。

【具体目标】5~6岁：喜欢欣赏多种多样的艺术表现形式。

四、活动目标

1.初步了解晕染的方法及技巧。

2.能够自己动手，大胆进行纸巾染色。

3.体验创作的快乐，提升审美情趣。

五、活动准备

幼儿资源准备：纸巾、水彩笔。

教师资源准备：PPT。

六、活动过程

【环节一】导入神秘礼物，激发兴趣。

1.出示第一个信封，出示白色纸巾。

师：小朋友们，纸巾有什么用处呢？

幼1：擦手。

幼2：上厕所。

师：你们了解得真不少，这是一张神奇的纸巾，只要老师念出"巴拉巴拉小魔仙变"，这张纸巾就会变身。

2.打开第二个信封，揭晓答案。（白色纸巾——五彩水果纸巾）

【分析与解读】

用神秘礼物变身导入，引起幼儿对美术活动的兴趣。

【环节二】展示多彩的水果纸巾，介绍纸巾的晕染过程。

师：小朋友们，想一想，白色纸巾怎样才能变成彩色的呢？

幼：画出来。

幼：染出来。

师：到底是怎么变的呢？我们一起去看看吧。

（教师示范，介绍操作步骤）

师：取单层纸巾折叠，再次对折，再将纸巾折出三角形，画一个圆弧，按照弧线剪下，再根据水果的颜色，用彩色笔晕染出西瓜等多种水果。

> **【分析与解读】**
> 通过示范讲解，让幼儿了解水果的形状等特点。纸巾太厚的话可以打开纸巾涂色，涂色要轻轻点涂，避免纸巾破掉，同时要观察是否有没晕染到的地方，及时补色。

【环节三】幼儿晕染。

师：小朋友们，刚才我们看了老师是怎样晕染的，你们想不想自己也来动手试一下呢？

幼：想。

师：可以想一个你喜欢的水果，然后用水彩笔进行晕染上色，轻轻地用水彩笔点涂。

【环节四】评价小结。

邀请幼儿把自己的作品带上台展示，并说说自己把纸巾折成了什么形状？观察每个小朋友的纸巾图案有什么不同。

> **【分析与解读】**
> 幼儿在制作的过程中，锻炼思维力和想象力。同时在过程中也会发现，不同的折叠方法可以染出不同的图案。

【环节五】活动延伸。

师：小朋友们，今天晚上回家和爸爸妈妈一起晕染一下各种各样的水果吧。

> **【分析与解读】**
> 家园共育，增进亲子感情的同时，发展了幼儿的语言表达能力和动手操作能力等。

七、反思与调整

【优点】

本次活动为幼儿提供了丰富的材料，借各种各样的水果让他们大胆想象，进行绘画创作。

【不足】

个别幼儿晕染不成水果，动手能力比较弱。

【改进措施】

加强幼儿的动手操作能力。

活动5 水果大丰收

一、活动名称

水果大丰收

二、活动对象

5～6岁幼儿

三、《指南》目标

【领域】艺术领域。

【维度】表现与创造。

【目标1】喜欢进行艺术活动并大胆地表现。

【具体目标】5～6岁：能用多种工具、材料或不同的表现手法表达自己的感受和想象。

四、活动目标

1.了解线条画的画法。

2.喜欢欣赏多种多样的艺术形式与作品。

3.能够大胆创作水果线条画，体验创作的快乐，提升审美情趣。

五、活动准备

幼儿资源准备：纸、水彩笔。

教师资源准备：PPT。

六、活动过程

【环节一】创设情景：农民伯伯水果大丰收。

师：小朋友们，你们看这是谁啊？

幼：农民伯伯。

师：是的，这是农民伯伯。小朋友们，今天农民伯伯有许多水果大丰收，我们一起看看都有哪些水果呢？伸出你的小手和老师一起动起来吧。

师：一二三四五六七，七六五四三二一。七个阿姨来摘果，七只篮子手中提。七种果子摆七样，苹果桃子石榴柿子李子栗子梨。小朋友们一共几种水果呀？

幼：七种。

师：都是哪七种？

幼：苹果桃子石榴柿子李子栗子梨。

师：小朋友们听得可真认真。

师：今天可真是大丰收啊，可是农民伯伯有点不开心，你们知道为什么吗？

幼1：因为农民伯伯累了。

幼2：因为农民伯伯在想怎么把水果卖出去。

师：是的，农民伯伯的水果大丰收了，可是他卖不出去。为什么水果那么新鲜会卖不出去呢？

师：因为来了一个奇怪的线条老板，他只收带线条的水果。小朋友，你想不想帮帮农民伯伯呢？

幼：想。

师：那我们一起去帮农民伯伯的水果上画上线条吧！

【分析与解读】
创设农民伯伯水果大丰收却又卖不出去的情景并以此导入，培养幼儿的动手能力，引发幼儿对线条画美术活动的兴趣。

【环节二】了解线条画的基本画法。

师：小朋友们，为了帮助农民伯伯，我们需要先学会画线条。你知道绘画中的线条都有哪些呢？

幼1：粗线和细线。

幼2：直线、波浪线。

幼3：网格线。

师：小朋友了解得可真多啊，接下来让我们一起来学习一下吧！

师：绘画中有粗线、细线、虚线、回旋线、弧线、长城线、波浪线、锯齿线等，原来线条有这么多种类啊。

师：线条不仅可以单独出现，还可以进行组合，能组合出不同的图案呢！

【分析与解读】
通过观察和学习不同线条的特点，让幼儿了解不同线条的基本画法和组合方式，对线条画充满兴趣。

【环节三】欣赏线条画作品。

师：小朋友们，刚才我们学习了线的基本画法，接下来让我们一起来欣赏一下线条画作品吧！看看线条老板喜欢什么样的线条水果吧！

师：你最喜欢哪幅作品？它都用了哪些线条？

幼1：我最喜欢西瓜，它用了很多波浪线和弧线。

幼2：我最喜欢葡萄，它用了各种各样的线条，有直线、曲线、锯齿线等。

师：哇，小朋友都有自己喜欢的线条水果，那接下来我们一起去帮帮农民伯伯把水果都变成线条水果吧！

【分析与解读】
通过欣赏不同的线条画，让幼儿感受线条画的美，了解线条画、喜欢线条画、愿意创作线条画，对线条画充满兴趣。

【环节四】幼儿进行水果线条画的创作。

1.幼儿进行创作，教师巡回指导。

师：现在小朋友们开始给水果上画上自己喜欢的线条吧！

2.分享作品。

师：小朋友们太棒了，农民伯伯的水果都卖出去了，这真是水果大丰收的季节呀！下面，请把自己的作品带上台展示，与其他小朋友分享自己作品。谁想来试一试？

> **【分析与解读】**
> 幼儿在绘画的过程中进行线条的不同组合排列，锻炼思维力和想象力。同时，在线条的绘制过程中，锻炼幼儿手部精细动作，提高控笔能力。作品展示过程可以提高幼儿的语言表达能力和自信心。

【环节五】生活中的线条。

师：小朋友们，线条其实就存在于我们的生活当中，我们一起欣赏一下吧。

师：看，构成这些大桥和建筑的线，让建筑更有美感。这是柳树，柳条我们就可以看成一条条的线。线条给我们的生活带来了不一样的美。

> **【分析与解读】**
> 让艺术回归生活，培养幼儿的欣赏能力，感受生活中的艺术。

【环节六】活动延伸

师：小朋友们，今天回家和爸爸妈妈一起创作一幅水果线条画吧！

> **【分析与解读】**
> 家园共育，增进亲子感情的同时，发展了幼儿的语言表达能力和动手操作能力等。

七、反思与调整

【优点】

通过本节活动，幼儿了解到一些线条的基本画法和组合方式，并且能够创造出新的线条组合方式运用到绘画中，发挥了自己的想象力和创造力。

【不足】

由于时间原因，部分幼儿不能完整地、尽兴地完成作品。

【改进措施】

为幼儿提供充足的绘画时间，同时在日常教育中多为幼儿提供动手的机会，锻炼幼儿小肌肉和精细动作的发展。

活动6 花生大丰收

一、活动名称

花生大丰收

二、活动对象

5～6岁幼儿

三、《指南》目标

【领域】艺术领域。

【维度】表现与创造。

【目标1】喜欢进行艺术活动并大胆地表现。

【具体目标】5～6岁：能用多种工具、材料或不同的表现手法表达自己的感受和想象。

四、活动目标

1.了解花生的生长过程。

2.能够自己动手用花生壳和太空泥进行创作。

3.喜欢欣赏多种多样的艺术形式与作品，体验创作的快乐，提升审美情趣。

五、活动准备

幼儿资源准备：卡纸、马克笔、花生壳、太空泥。

教师资源准备：PPT。

六、活动过程

【环节一】创设情景：花生大丰收。

师：小朋友们，又到了秋天收获的季节，我们一起去看看哪些农作物大丰收了呢？跟随我们的小游戏《蔬菜大作战》一起来看看吧，跟着音乐动起来！

师：出现土豆，切切；出现玉米，切切；出现地瓜，切切；出现花生，切切；出现炸弹，躲躲。

师：秋天是收获的季节，花生、玉米、土豆、地瓜这些农作物都丰收了。今天老师也给小朋友们带来一样农作物，小朋友看看是什么呢？

幼：花生。

师：是的，这是花生。今天有一个小男孩也和爷爷去地里收花生，可是突然发现地里没有花生。小朋友，花生在哪里呢？

幼1：在篮子里。

幼2：在地底下。

幼3：……

师：花生的果实是结在地底下的根上的，需要将花生植株拔出来才能看到。

【分析与解读】

创设小男孩和爷爷收花生却没有发现花生果实的情景并以此导入，激发幼儿对花生的兴趣。

【环节二】了解花生的生长过程。

师：小朋友，你知道花生是如何生长的吗？它都经历了哪些生长时期？让我们一起来看一个视频吧！你从视频中都发现了什么？

幼1：将花生种在土里，它就会慢慢地发芽，然后长出很多的根，最后结出花生果实。

幼2：花生生长还需要阳光和水分。

幼3：花生每天都在变化，成长需要时间。

师：小朋友了解得可真多啊，接下来让我们一起来学习一下花生的生长过程吧！

师：花生的生长过程包括种子期、发芽期、生长期、开花期、结果期。

【分析与解读】

通过观看视频了解花生的生长过程，喜欢探索大自然植物生长的秘密，同时对花生充满兴趣，为花生创意画创作打下基础。

【环节三】教师讲解材料和制作过程。

师：小朋友们，经过漫长的生长过程，花生终于成熟了。让我们一起帮爷爷和小男孩去"收花生"吧！那我们需要怎么做呢？

师：褐色太空泥铺上做土壤。

师：画上绿色根茎。

师：绿色太空泥按压做叶子。

师：花生壳粘在土壤上。

师：最后，可以把你自己喜欢的小昆虫邀请过来一起收花生。接下来，我们一起去帮他们"收花生"吧！

【分析与解读】

通过介绍花生植株的制作方法，让幼儿感受农作物创意画的美。可以让幼儿自己进行添画，发挥幼儿想象力和创造力。

【环节四】花生大丰收创意画创作。

1.幼儿进行创作，教师巡回指导。

师：现在小朋友开始动手制作自己的花生丰收画吧！

2.分享作品。

师：小朋友们太棒了，农民伯伯的花生都收起来了，这真是花生大丰收的季节呀！谁能把自己的作品带上台展示，与其他小朋友分享自己的作品？

【分析与解读】

创作的过程中，幼儿通过绘制花生的不同形态和昆虫添画，锻炼了思维力和想象力，还锻炼了幼儿手部精细动作，并在说一说的过程中提高了语言表达能力和自信心。

【环节五】活动延伸

师：小朋友们，今天晚上回家和爸爸妈妈一起创作一幅花生丰收画吧！

【分析与解读】

家园共育，增进亲子感情的同时，发展了幼儿的语言表达能力和动手操作能力等。

七、反思与调整

【优点】

花生对于幼儿来说很常见，但是花生的生长过程对于有些幼儿来说是陌生的。通过此次活动，幼儿不仅能够了解花生的生长过程，而且能够在欣赏和动手操作的过程中发现花生的美，真正感受花生大丰收的氛围和喜悦。

【不足】

有的幼儿虽然了解花生的生长过程和认识花生成熟之后的样子，但由于制作和绘画经验少，需要在老师的帮助下完成制作。

【改进措施】

在日后的教育活动中，多为幼儿创设动手的机会。鼓励幼儿大胆进行创作，提高动手操作能力和想象力。

活动7　树叶变变变

一、活动名称

树叶变变变

二、活动对象

5~6岁幼儿

三、《指南》目标

【领域】艺术领域。

【维度】表现与创造。

【目标1】喜欢进行艺术活动并大胆地表现。

【具体目标】5~6岁：能用多种工具、材料或不同的表现手法表达自己的感受和想象。

四、活动目标

1.认识树叶的形状和颜色，了解树叶的特点和用途。

2.学习使用树叶粘贴画，培养幼儿的观察力和创造力。

3.培养幼儿对自然界万物的欣赏和爱护之情，以及对美术活动的兴趣。

五、活动准备

幼儿资源准备：收集各种形状和颜色的树叶；白色卡纸、胶水、剪刀等粘贴用到的工具。

教师资源准备：PPT。

六、活动过程

【环节一】谈话导入：畅聊树叶。

师：小朋友们，秋天快要过去了，大树发生了哪些变化呢？

幼1：树叶黄了。

幼2：树叶掉了，树干变得光秃秃的了。

师：今天老师把树叶带到了教室，我们一起来看一看这些树叶是什么颜色的？是什么形状的？它们有什么特点呢？（引导幼儿观察树叶的形状、颜色和特点）

幼1：黄色爱心形状。

幼2：绿色椭圆形。

幼3：树叶上面有好多的斑点。

师：小朋友们观察得非常认真，今天我们的小树叶要"施魔法"了，它把自己变成了一幅幅好看的树叶画，我们一起来看一看吧。

【分析与解读】

谈话直接导入树叶，引发幼儿对树叶创作的兴趣。

【环节二】欣赏树叶画。

师：小朋友，我们一起喊出我们的魔法咒语："叽里咕噜，魔法变变变！"看，树叶变成什么了？

204

幼：变成了小恐龙。

师："叽里咕噜，魔法变变变!"看，树叶变成什么了?

幼：变成了小花。

……　……

师：小朋友们，欣赏了这么多的树叶画，你想把小树叶变成什么呢?

幼1：我要把树叶变成大公鸡。

幼2：我要把树叶变成漂亮的花送给老师。

幼3：我要把树叶变成小鱼在池塘里游泳。

师：小朋友们的想法真有创意，那现在我们一起来看一看制作树叶粘贴画的步骤和方法吧。

【分析与解读】
通过欣赏树叶粘贴画，进一步激发幼儿创作的兴趣。

【环节三】教师讲解制作树叶粘贴画的步骤和方法。

师：首先，我们要选择我们想要的树叶，然后拿起胶水，在卡纸上把树叶粘贴好。等胶水干了之后，我们就可以把画拿起来了。

师：注意树叶用一片拿一片，使用剪刀时一定要注意安全。

【分析与解读】
通过介绍树叶粘贴画的制作方法，让幼儿感受树叶创意画的美，同时让幼儿自己进行添画，发挥幼儿想象力和创造力。

【环节四】幼儿制作树叶创意粘贴画。

1.幼儿进行创作，教师巡回指导。

师：下面我们来一起做一幅树叶粘贴画吧!

2.分享作品。

师：小朋友的树叶粘贴画都太有创意了，有哪个小朋友来分享一下自己作品?

【分析与解读】

幼儿在创作的过程中，通过观察树叶的不同颜色和形状可锻炼幼儿的思维力和想象力；同时在创作过程中，还可以锻炼幼儿手部精细动作，并在说一说的过程中提高幼儿的语言表达能力和自信心。

【环节五】活动延伸。

师：小朋友们，今天晚上回家和爸爸妈妈一起分享你的创意粘贴画吧！

【分析与解读】

家园共育，增进亲子感情的同时，发展了幼儿的语言表达能力和动手操作能力。

七、反思与调整

【优点】

本次活动通过谈话导入，帮助幼儿了解冬天大树的变化。利用树叶进行创作，发展了幼儿的想象思维、动手能力和艺术表现力。

【不足】

多数小朋友有一定的手工基础，能独立完成作品。个别小朋友动作比较慢，需要在老师的帮助下完成。

【改进措施】

多关注动作较慢的幼儿，指导幼儿又快又好地完成作品。幼儿完成作品后及时给予鼓励，并引导其分享作品，帮助幼儿建立自信心。

活动8　魔法树叶装饰画

一、活动名称

魔法树叶装饰画

二、活动对象

5～6岁幼儿

三、《指南》目标

【领域】艺术领域。

【维度】表现与创造。

【目标1】喜欢进行艺术活动并大胆地表现。

【具体目标】5～6岁：能用多种工具、材料或不同的表现手法表达自己的感受和想象。

四、活动目标

1.引导幼儿感受、发现和欣赏大自然中美的事物。

2.让幼儿学习用不同形状的树叶进行装饰，采用不同方式作画，学习正确的粘贴方法，培养幼儿的动手能力。

3.让幼儿学会通过树叶装饰画去感受和发现秋天的美，激发幼儿喜爱秋天的情感。

五、活动准备

幼儿资源准备：收集各种形状和颜色的树叶；记号笔、丙烯马克笔、A4纸、胶水、剪刀等粘贴工具；白色、黑色卡纸。

教师资源准备：PPT。

六、活动过程

【环节一】谈话导入：寻找自己喜欢的树叶，知道树叶有不同形状。

师：小朋友，准备好你的小手，跟着音乐一起动起来吧！

师：秋天到，落叶飘，落叶落在红砖道，随着风儿飘啊飘，变成蝴蝶把舞跳。

师：小朋友们，秋天到了，树叶从树上落下来了。我们看看都有哪些树叶落下来了呢？

师：这是梧桐树叶，这是榆树叶子……这么多树叶铺成了红砖道，真是太美了。

师：老师看到小朋友们也带来了很多树叶，你最喜欢哪片树叶？你为什么喜欢它？

幼1：我喜欢银杏叶，它像漂亮的黄色裙子。

幼2：我喜欢火红火红的枫叶，它的颜色很漂亮。

【分析与解读】

谈话直接导入树叶，引发幼儿对树叶的形状、特点的认知以及对树叶的喜爱。

【环节二】欣赏树叶画。

师：老师听说森林里的魔法小精灵也非常喜欢树叶，今天老师去魔法小精灵家做客了。小朋友们带回来了很多特别的树叶，我们一起来看一看这些树叶和我们的树叶有什么不同？它们有什么特点呢？

幼1：树叶上多了很多的花纹。

幼2：树叶上有好多的线条。

师：小朋友们观察得非常认真，你们知道这些叶子是怎么变成这样的呢？

幼1：用记号笔画上去的线条。

幼2：顺着叶子的脉络添加图案。

师：小朋友们真聪明！

【分析与解读】

通过出示图片，让幼儿进行观察，培养幼儿的观察能力，让幼儿进行大胆地表达，发展幼儿的逻辑思维和语言表达能力。

【环节三】出示PPT，教师讲解步骤和方法，分发材料。

师：我们也给树叶来"施魔法"，让我们的树叶变得更加漂亮吧！我们需要怎么做呢？

幼：我们可以在树叶上画上喜欢的图案，添加上好看的线条。

师：那现在我们一起来看一看具体的步骤和方法吧。

师：先用胶水在卡纸上把树叶粘贴好。

师：利用记号笔或者丙烯马克笔在树叶上添加我们喜欢的线条和图案。

师：其他树叶可以进行进一步的装饰，在使用剪刀时一定要注意安全。

（幼儿操作，教师巡回指导，给予及时的建议和帮助）

【分析与解读】

通过介绍树叶装饰画的制作方法，让幼儿进行想象和设计，培养幼儿的想象力和动手能力，让幼儿感受树叶的美。

【环节四】幼儿进行魔法树叶装饰画创作。

1.幼儿进行创作，教师巡回指导，给予及时的建议和帮助。

师：下面我们一起来动手制作吧。

2.作品展示交流。

师：小朋友们都创作得太漂亮了，谁来分享一下自己作品？

【分析与解读】

幼儿在创作的过程中，通过剪贴锻炼手部精细动作的发展。让幼儿进行创意想象和设计，可培养幼儿的结构美感。进行作品交流分享，可让幼儿大胆表达自己的想法，提高语言表达能力。

【环节五】活动延伸。

师：小朋友们，今天晚上回家和爸爸妈妈一起分享你的魔法树叶装饰画吧！

【分析与解读】

家园共育，增进亲子感情的同时，发展了幼儿的语言表达能力和动手操作能力。

七、反思与调整

【优点】

幼儿通过观察树叶的形状特点来进行想象，充分发挥想象力和观察能力。在动手创作过程中，利用树叶的形状特点对树叶进行创意粘贴，同时幼儿也利用工具剪刀剪出需要的形状，让树叶粘贴画变得更完整。

【不足】

幼儿在使用剪刀和粘贴方面存在能力差异，还应该给幼儿准备更加充足的创作材料进行作品的创意制作。

【改进措施】

在幼儿创作过程中，为幼儿提供丰富充足的材料，对幼儿进行引导，让幼儿大胆进行创作。

活动9　魔法树叶拓印画

一、活动名称

魔法树叶拓印画

二、活动对象

5～6岁幼儿

三、《指南》目标

【领域】艺术领域。

【维度】表现与创造。

【目标1】喜欢进行艺术活动并大胆地表现。

【具体目标】5～6岁：能用多种工具、材料或不同的表现手法表达自己的感受和想象。

四、活动目标

1.乐于收集美的物品或向别人介绍所发现的美的事物。

2.喜欢欣赏多种多样的艺术形式与作品。

3.体验创作的快乐，提升审美情趣。

五、活动准备

幼儿资源准备：白纸、蜡笔、彩笔。

教师资源准备：PPT。

六、活动过程

【环节一】谈话导入，交流分享。

师：小朋友们，你们知道树叶宝宝的脉络是什么样子的吗？老师今天拿来了一些树叶，小朋友们试着摸一摸树叶宝宝，你们有什么感受呢？

幼1：我摸到的树叶是光滑的，摸上去很舒服。

幼2：我摸到的树叶很粗糙，摸得我手疼。

师：小朋友们可真是太棒啦，有的树叶很光滑，有的树叶很粗糙，那是因为它们有不同的脉络，像小朋友的指纹一样，都是这个世界上独一无二的。

【分析与解读】

谈话导入，激发幼儿对美术活动的兴趣。

【环节二】师幼共同讨论如何留住树叶的影子。

师：小朋友们，冬天来了，树叶一片片从树上凋落下来，腐烂在泥土里，它们有一个愿望，就是想让自己的影子随着风妈妈到处游玩。小朋友们，你们知道怎样留住树叶的影子吗？

幼1：可以将树叶画下来。

幼2：但是没法将树叶的脉络画下来呀。

幼3：可以画在树叶上。

幼4：但是树叶太脆弱了。

幼5：也许可以将白纸铺在树叶上然后再画？

师：小朋友们，你们可真是太聪明了，我们可以试着将白纸铺在树叶上，然后用蜡笔在白纸上画画，你们看，发生了什么？（教师示范）

幼1：树叶的脉络和形状都出来了。

幼2：树叶的影子出来了。

小结：将白纸铺在树叶上，然后用蜡笔在白纸上画画，这种方式叫作拓印。

【环节三】拓印树叶，巡回指导。

师：小朋友们，如果你是树叶的影子，你想飘到哪里？

幼1：我想飘到大海上，当一艘小船。

幼2：我想飘到天空中，变成一朵云。

幼3：我想飘到超市里，逛超市。

师：你们太棒啦，那现在请你们将魔法树叶的影子拓印在白纸上，拓印完毕后请在旁边画出你想去的地方。小朋友们，开始你的创作吧!

【分析与解读】

幼儿说出自己想法，充分发挥想象力，大胆进行绘画活动。

【环节四】分享我的魔法树叶。

师：小朋友们，你们画的可真是太好看啦！现在请你们一组一组地上前面来和小朋友们分享一下你们的魔法树叶拓印画吧。

212

【分析与解读】

幼儿大胆地表述自己的想法，展示自己的创意作品，可以提升自信。通过语言表达自己对美的感受，锻炼了幼儿的语言表达能力。幼儿在分享过程中，培养认真倾听的习惯。

【环节五】活动延伸

师：小朋友们，今天回家给爸爸妈妈讲一讲你的魔法树叶拓印画吧。

【分析与解读】

家园共育，增进亲子感情的同时，发展了幼儿的语言表达能力。

七、反思与调整

【优点】

展示幼儿作品，引导幼儿相互欣赏、评价同伴作品，培养幼儿的表现力和创造力。

【不足】

由于个体差异性，个别幼儿画画较慢，不能按时完成作品及与同伴交流。

【改进措施】

针对个体差异，教师给予特别关注，在动手操作时加强引领。

活动10　魔法树叶

一、活动名称

魔法树叶

二、活动对象

5～6岁幼儿

三、指南目标

【领域】艺术领域。

【维度】表现与创造。

【目标1】喜欢进行艺术活动并大胆地表现。

【具体目标】5～6岁：能用多种工具、材料或不同的表现手法表达自己的感受和想象。

四、活动目标

1.引导幼儿感受、发现和欣赏大自然中美的事物。

2.让幼儿学习用不同形状的树叶进行装饰，采用不同方式作画，培养幼儿的动手能力。

3.让幼儿学会通过不同的艺术表现手法去感受和发现秋天的美，激发幼儿喜爱秋天的情感。

五、活动准备

幼儿资源准备：收集各种形状和颜色的树叶；记号笔、水彩笔、丙烯马克笔、A4纸、胶水、剪刀等粘贴工具；各种颜色的卡纸。

教师资源准备：PPT。

六、活动过程

【环节一】谈话导入：寻找自己喜欢的树叶，知道树叶有不同形状。

师：老师看到小朋友们从外面带来了很多树叶，你喜欢哪片树叶？你为什么喜欢它？

幼1：我喜欢银杏叶，它的形状像漂亮的黄色裙子。

幼2：我喜欢火红火红的枫叶，它的颜色很漂亮。

【分析与解读】

谈话直接导入树叶，引发幼儿对树叶的形状、特点的认知以及对树叶的喜爱。

【环节二】欣赏各种艺术形式的树叶画。

师：森林王国要开办一场树叶展览画，有各种各样美丽的树叶，你们想去参观一下吗？小朋友们看一下，森林王国里的树叶和我们平时见到的树叶有什么不一样？

幼1：树叶上多了很多的花纹。

幼2：树叶上有好多的线条。

幼3：它们装扮树叶了。

师：小朋友们观察得非常认真，你们知道这些叶子是怎么变成这样的呢？

幼1：用记号笔画上去的线条。

幼2：顺着叶子的脉络添加图案。

幼3：用水彩笔装饰得很漂亮。

幼4：用彩泥装饰的。

师：小朋友们的眼睛真亮，可真聪明啊。

【分析与解读】

　　通过出示图片，让幼儿进行观察，培养幼儿的观察能力，让幼儿大胆表达，发展幼儿的逻辑思维和语言表达能力。

　　【环节三】询问幼儿想要进行的树叶装饰画的艺术表现形式，教师分发材料。

　　师：我们也给树叶来施加魔法，让我们的树叶变得更加漂亮吧。那我们需要怎么做呢？

　　幼1：我们也可以在树叶上画上喜欢的图案，添加上好看的线条。

　　幼2：也可以给它加上漂亮的彩泥，把它打扮得漂漂亮亮的。

　　幼3：还可以用剪刀剪一下，剪成好看的图形。

　　师：做之前要先用胶水在卡纸上把树叶粘贴好。

　　师：利用记号笔或者丙烯马克笔在树叶上添加我们喜欢的线条和图案。

　　师：其他树叶可以进行进一步的装饰，在使用剪刀时一定要注意安全。

　　（幼儿操作，教师巡回指导，给予及时的建议和帮助）

【分析与解读】

　　幼儿通过介绍树叶装饰画的制作方法，进一步进行想象和设计，锻炼想象力和动手能力，让幼儿感受树叶的美。

　　【环节四】幼儿进行魔法树叶装饰画创作。

　　1.幼儿进行创作，教师巡回指导，给予及时的建议和帮助。

　　师：下面我们一起来动手制作吧。

　　2.作品展示交流。

　　师：小朋友们都创作得太漂亮了，谁来分享一下自己作品？

　　幼：我的作品名字叫作《会跳舞的树叶》，树叶像一个个小精灵在空中跳舞，慢慢地落到地上。

【分析与解读】

　　在创作的过程中，通过剪贴锻炼幼儿手部精细动作的发展；让幼儿进行创意想象和设计，培养幼儿的结构美感；进行作品交流分享，让幼儿能够大胆表达自己，提高语言表达能力。

【环节五】活动延伸

师：小朋友们，今天晚上回家和爸爸妈妈一起分享你的魔法树叶装饰画吧！

【分析与解读】

家园共育，增进亲子感情的同时，发展了幼儿的语言表达能力和动手操作能力。

七、反思与调整

【优点】

本次活动通过画展激趣、游戏探究、创作表现、交流分享等环节，引导幼儿主动学习树叶的多种创作方法，鼓励幼儿创造性地进行创意表现。教师始终将幼儿的兴趣放在首位，尊重幼儿，运用开放式提问，鼓励幼儿表达，并有效回应，及时肯定幼儿的想象力。教师削弱自己示范的力度，将探索的空间留给了幼儿，幼儿在观察比较、游戏体验中，自主习得作画方法。

【不足】

幼儿表达的积极性非常高涨，教师没有很好地把握住时机，给幼儿充分表达的机会。如果教师在开始时的参观欣赏环节，给幼儿同伴间交流的机会，让参观结束后回到座位的幼儿之间相互讨论一下欣赏画展的感受，活动的效果会更好。教师可从中了解幼儿观察的情况，为接下来的经验总结做好铺垫。

【改进措施】

教师创造更多机会，让幼儿更充分地表达感受。

活动11 美味的冰糖葫芦

一、活动名称

美味的冰糖葫芦

二、活动对象

5~6岁幼儿

三、《指南》目标

【领域】艺术领域。

【维度】表现与创造。

【目标1】喜欢进行艺术活动并大胆地表现。

【具体目标】5~6岁：能用多种工具、材料或不同的表现手法表达自己的感受和想象。

四、活动目标

1.了解民间小吃糖葫芦的颜色、形状。

2.能够自己动手，用太空泥制作冰糖葫芦。

3.喜欢欣赏多种多样的艺术形式与作品，体验创作的快乐，提升审美情趣。

五、活动准备

幼儿资源准备：卡纸、太空泥、、白色马克笔、一次性筷子、棉签。

教师资源准备：PPT。

六、活动过程

【环节一】谈话导入。

师：学校门口经常有卖炸串、甘蔗、面包、冰糖葫芦的。你们喜欢哪种?

幼1：面包。

幼2：冰糖葫芦。

师：老师也喜欢冰糖葫芦，那你们都吃过什么样的冰糖葫芦?

幼1：山楂的。

幼2：山药的。

幼3：草莓的。

师：冰糖葫芦还有什么样的？让我们一起来看看图片吧！

【分析与解读】

以讨论吃过什么样的冰糖葫芦导入，引发幼儿对冰糖葫芦的兴趣。

【环节二】欣赏不同的冰糖葫芦。

师：小朋友们，你还知道什么口味的冰糖葫芦？它都有哪些颜色？

幼1：我见过橘子的，是黄色的。

幼2：我见过山楂的，是红色的。

幼3：我见过小西红柿的，是红色的。

师：小朋友，冰糖葫芦是什么形状的呢？

幼1：橘子的是像月亮一样的。

幼2：山楂的是圆圆的。

幼3：猕猴桃的是椭圆形的。

师：冰糖葫芦的种类可真多啊，那你知道冰糖葫芦的来历吗？

师：这个冰糖葫芦不是老师小时候才有的，据说它起源于南宋时期，宋光宗最宠爱的黄贵妃生病了，她面黄肌瘦，不思饮食。御医看了很久，也不见什么效果。最后皇上只好张榜求医，一位江湖郎中揭榜进宫，为黄贵妃诊脉后说："只要用冰糖与红果（即山楂）煎熬，每顿饭前吃五至十枚，不出半月病准见好。"开始大家还将信将疑，好在这种吃法还合贵妃口味，贵妃按此办法服用后，果然如期病愈了。后来这种做法传到民间，老百姓又把它串起来卖，就成了冰糖葫芦。

师：冰糖葫芦酸酸甜甜的，有开胃的功效，接下来让我们再来欣赏一下冰糖葫芦的图片吧！

【分析与解读】

通过欣赏不同冰糖葫芦的图片，让幼儿了解冰糖葫芦的种类、形状、颜色，激发幼儿对冰糖葫芦的兴趣。

【环节三】制作太空泥冰糖葫芦。

师：小朋友们，刚才我们欣赏了这么多冰糖葫芦，接下来让我们一起来做一做太空泥冰糖葫芦吧！

师：第一步，先用褐色太空泥团成长条做一个稻草，然后用小刀划上花纹。最后，用一次性筷子把稻草串起来，粘到黑色卡纸上。

师：第二步，先把红色或者自己喜欢的太空泥团圆，然后用棉棒串起来。最后，插在用太空泥制作的稻草上。

师：第三步，在黑色卡纸上用白色马克笔或者太空泥装饰小雪花。

1.幼儿进行创作，教师巡回指导。

师：现在小朋友们开始动手制作自己喜欢的冰糖葫芦吧！

2.分享作品。

师：小朋友们太棒了，制作的冰糖葫芦看起来真美味！小朋友们谁想和其他小朋友分享自己的冰糖葫芦呢？大家互相分享一下吧！

【分析与解读】

在手工制作的过程中，锻炼幼儿的思维力和想象力，锻炼幼儿手部精细动作，并在说一说的过程中提高幼儿语言表达能力和自信心。

【环节五】活动延伸。

师：小朋友们，今天晚上回家和爸爸妈妈一起创作一串太空泥冰糖葫芦吧！

【分析与解读】

家园共育，增进亲子感情的同时，发展了幼儿的语言表达能力和动手操作能力等。

七、反思与调整

【优点】

幼儿通过观察冰糖葫芦实物图片，勾起吃冰糖葫芦的回忆，并大胆地从材料、颜色、形状等方面介绍自己吃过的冰糖葫芦，为制作太空泥冰糖葫芦打下基础。孩子们在制作过程中，将自己喜欢的冰糖葫芦种类表现在作品中，动手能力进一步提高。

【不足】

因为彩泥问题，有的彩泥不能很好地粘到卡纸上，有的粘上后有一些塌，导致做的冰糖葫芦有点变形。

【改进措施】

为幼儿提供多种适宜的、可操作的材料。提高幼儿自主性，培养幼儿想象力和操作能力。

活动12　冬至饺子

一、活动名称

冬至饺子

二、活动对象

5～6岁幼儿

三、《指南》目标

【领域】艺术领域。

【维度】感受与欣赏。

【目标1】喜欢自然界与生活中美的事物。

【具体目标】5～6岁：喜欢欣赏多种多样的艺术表现形式。

四、活动目标

1.了解冬至吃饺子的习俗，学习用团圆、压扁和捏等手法用太空泥做饺子。

2.通过手工实践和绘画结合的方式，完成饺子的美术作品。

3.综合材料的运用，激发幼儿的兴趣。

五、活动准备

幼儿资源准备：太空泥、卡纸、彩笔。

教师资源准备：PPT。

六、活动过程

【环节一】谈话导入：了解冬至。

师：小朋友们，你们知道大雪过后是什么节气吗？

幼1：不知道。

幼2：冬至。

师：你知道冬至这一天有什么特点吗? 人们要干什么呢?

小结：冬至这一天，白天最短，黑夜最长。冬至这一天我们北方要吃水饺，南方吃汤圆。

【分析与解读】

谈话直接导入冬至，引发幼儿对冬至节气的兴趣。

【环节二】探索发现水饺特征及包法。

师：吃水饺是冬至的传统习俗，小朋友们，你们喜欢吃什么馅儿的水饺呢?

幼1：白菜馅儿。

幼2：肉的。

师：人们的喜好口味不同，饺子馅主要分为肉馅和素馅，最常见的有猪肉大葱馅、韭菜鸡蛋馅、鲅鱼馅等。

师：大家都吃过水饺，但是小朋友们仔细观察过水饺是什么样子的吗?

小结：水饺是由一层薄薄的面皮包裹着内馅制成的，皮薄馅嫩，味道鲜美。它的形状就像是我们的耳朵，像是一个半圆形，有着胖胖的肚子，弧形边缘的位置会有褶皱。

师：小朋友们，你们会包饺子吗? 饺子是怎样包的?

幼1：放上馅包起来就可以了。

幼2：先擀饺子皮，再放馅包起来，最后煮饺子。

师：今天我们就来"包饺子"喽，我们先看一看饺子怎样包吧。

【分析与解读】

通过出示图片，让幼儿进行观察，培养幼儿的观察能力，让幼儿大胆地表达，发展幼儿的逻辑思维和语言表达能力。

【环节三】出示PPT，讲解步骤和方法，分发材料。

师：我们也给饺子来施加"魔法"，让我们的饺子变得更加漂亮吧。那我们需要怎么做呢?

　　幼:我们可以在饺子上画上喜欢的图案,添加上好看的线条。

　　师:那现在我们一起来看一看具体的步骤和方法吧。

　　师:现在我们一起动手操作吧。

　　(幼儿操作,教师巡回指导,给予及时的建议和帮助)

【分析与解读】

　　通过介绍饺子的制作方法,让幼儿进行想象和设计,培养想象力和动手能力,让幼儿感受到创作的乐趣。

【环节四】幼儿进行五彩饺子制作。

1.幼儿进行创作,教师巡回指导,给予及时的建议和帮助。

　　师:下面我们一起来动手制作吧。

2.作品展示交流。

　　师:小朋友们都创作得太漂亮了,谁来分享一下自己作品?

【分析与解读】

　　幼儿在制作的过程中,通过各种手法锻炼手部精细动作的发展。让幼儿进行创意想象和设计,培养幼儿的结构美感。进行作品交流分享,让幼儿能够大胆表达自己,提高语言表达能力。

【环节五】活动延伸。

　　师:小朋友们,今天晚上回家和爸爸妈妈一起分享你的五彩饺子吧!

【分析与解读】

　　家园共育,增进亲子感情的同时,发展了幼儿的语言表达能力和动手操作能力。

七、反思与调整

【优点】

教师将探索的空间留给了幼儿,幼儿在观察和制作过程中,自主练习制作方法。

【不足】

幼儿的表达不够充分，时间较少。

【改进措施】

教师增加幼儿表达的机会和时间。

活动13　梅花（吹画）

一、活动名称

梅花（吹画）

二、活动对象

5～6岁幼儿

三、《指南》目标

【领域】艺术领域。

【维度】感受与欣赏。

【目标1】喜欢自然界与生活中美的事物。

【具体目标】5～6岁：喜欢欣赏多种多样的艺术表现形式。

四、活动目标

1.在情境的创设下，引导幼儿学习吹画梅花的制作方法。

2.引导幼儿学习用吹画和手指点画的方法表现桃树和桃花的基本特征。

3.引导幼儿体验吹画的乐趣，培养幼儿吹画的兴趣。

五、活动准备

幼儿资源准备：素描纸、吸管、墨汁、棉棒、红色和黄色颜料。

教师资源准备：PPT。

六、活动过程

【环节一】图片导入：认识梅花。

1.教师出示梅花图片，引导幼儿观察梅花的结构、形状、颜色。

师：今天，老师带来了一幅漂亮的图片，小朋友们看，这张图片上是什么花呢？

幼：梅花。

师：嗯，这就是梅花。

2.鼓励幼儿大胆观察并讲述梅花的特征。

师：小朋友们仔细观察一下，梅花有什么特点呢？

幼1：颜色是红色的。

幼2：还有黄色的花蕊。

师：冬天来了，梅花露出了美丽的笑脸。你看梅花长在棕色的树枝上，每朵花有红色的花瓣，有的还没有开放，只有一个圆圆的花蕾。

【分析与解读】

教师通过图片让幼儿了解梅花的特征，加深幼儿对梅花的认识和了解；通过出示图片，让幼儿进行观察，培养幼儿的观察能力；让幼儿进行大胆地表达，发展幼儿的逻辑思维和语言表达能力。

【环节二】引导幼儿学习吹画的方法，分发材料。

1.教师讲述并示范吹画梅花的树干和树枝的方法。

师：今天，老师要教小朋友用吹画和点画的方法来画梅花。

师：我们一起来看一下这幅漂亮的梅花是怎么制作的。这棵梅花树的树干和树枝是用墨汁吹出来的，我们先在纸上滴上墨汁，拿起吸管，深吸一口气，吸管的一端对准墨点往前吹，并稍稍改变吹的方向，可向上、向左或向右吹，慢慢吹出树枝的形状。

2.教师讲解如何画梅花和花蕾。

师：吹好树枝后我们稍等一等，等干后用棉签棒蘸上红色颜料，在树枝的适当位置点画梅花和花蕾。点画的时候要先看好位置，花瓣与花蕾大小不要一样，也不能均匀排队。要注意画面干净、整洁，点画后要在抹布上把手擦干净。

【分析与解读】

教师通过示范讲述吹画梅花的树干、树枝和花朵花蕾的方法，让幼儿进行欣赏，引起幼儿的兴趣，掌握吹画的技巧和方法。

【环节三】引导幼儿进行创作。

师：我们也来动手试一试，制作出漂亮的梅花吧。现在我们一起动手操作吧。

（幼儿操作，教师巡回指导，给予及时的建议和帮助）

【分析与解读】

让幼儿进行想象和设计，培养幼儿的想象力和动手能力，让幼儿感受创作的乐趣。

【环节四】幼儿进行作品交流。

师：小朋友们都创作得太漂亮了，谁来分享一下自己作品？

【分析与解读】

进行作品交流分享，让幼儿能够大胆表达自己的想法，提高语言表达能力。

【环节五】活动延伸。

师：小朋友们，今天晚上回家和爸爸妈妈一起分享吹画的漂亮的梅花吧！

【分析与解读】

家园共育，增进亲子感情的同时，发展了幼儿的语言表达能力和动手操作能力。

七、反思与调整

【优点】

对于吹画梅花，幼儿有很高的兴趣，梅花图片的真实性强，红艳艳的梅花马上印入幼儿的脑海中。让幼儿进行创作，可以锻炼幼儿构图能力，让幼儿学会创作。

【不足】

在用墨水吹画的时候，有的幼儿控制不好吹气的力度，导致墨汁吹出纸张。墨水变干得慢，有的幼儿没等墨水变干就进行创作，手沾上墨汁，有失整洁。

【改进措施】

对幼儿进行指导，在巡回指导的过程中可以帮助幼儿掌握吹气的力度，也可以进行添画创作。为幼儿提供丰富的材料来进行创新，发挥幼儿的想象力，让幼儿动手能力不断提高。

活动14 冬日火锅

一、活动名称

冬日火锅

二、活动对象

5~6岁幼儿

三、《指南》目标

【领域】艺术领域。

【维度】感受与欣赏。

【目标1】喜欢自然界与生活中美的事物。

【具体目标】5~6岁：喜欢欣赏多种多样的艺术表现形式。

四、活动目标

1.认识各种食物的外形，了解不同形状的组合变化。

2.学习团、压、捏、切等太空泥创作基本技巧，提高造型能力，锻炼幼儿的小肌肉。

3.在了解火锅起源与种类的基础上，体会到手工制作的乐趣。

五、活动准备

幼儿经验准备：幼儿有玩泥经验。

教师资源准备：火锅图片、太空泥、卡纸。

六、活动过程

【环节一】游戏：火锅里面有什么。

师：小朋友，你们吃过火锅吗？火锅里面都有什么？

幼1：我吃的火锅里有肉和烤肠。

幼2：我吃的火锅里有蘑菇、金针菇，还有青菜。

师：我们一起玩一个小游戏，老师说火锅里面有什么？小朋友说食物的名称。小朋友们一个人说一种，后面的小朋友不可以和前面小朋友重复。你们准备好了吗？

幼1：准备好了。

师：火锅里面都有什么？

幼1：火腿肠。

幼2：牛肉。

幼3：娃娃菜。

【分析与解读】

通过说一说，调动幼儿的生活经验，再用图片的形式引出火锅。

【环节二】观察火锅的特点。

师：今天老师带来了自己制作的火锅，请小朋友们看一看，火锅里有什么呢？

幼1：有绿绿的西兰花，还有棕色的蘑菇。

幼2：有红红的肉，还有黄黄的玉米粒。

幼3：有红红的辣椒，还有鸡蛋。

师：你们知道这些是用什么材料做的吗？

幼：用彩笔和太空泥做的。

师：仔细看它们是如何做成的。（教师出示教学挂图，分步骤指导幼儿各种食材的做法）现在请小朋友们分组讨论一下火锅食材的制作步骤吧。

【分析与解读】

幼儿通过观察和说一说的形式，说出观察到的火锅所需食材的做法，为后面的创作做好准备。

【环节三】幼儿尝试用太空泥制作火锅。

师：小朋友，制作时要注意及时将制作好的食材放入火锅中。利用工具的时候注意安全。

【分析与解读】

此环节幼儿自主操作，自由发展想象创作。

【环节四】作品展示，教师评价。

师：小朋友，你可以来介绍一下你的火锅作品吗？

幼1：我做了一个辣锅，里面有辣椒，还有我喜欢吃的牛肉。

幼2：我做了菌汤锅，里面有蘑菇和鸡蛋。

【分析与解读】

通过欣赏、介绍作品，让幼儿学会用完整的语言进行表达，发展幼儿的想象力与语言表达能力。

七、活动反思

【优点】

幼儿对自己喜欢吃的食材感兴趣，利用太空泥制作火锅食材，学习团、压、捏、切等创作基本技巧，提高造型能力，锻炼小肌肉，体会到自己动手制作食材的乐趣。

【不足】

孩子们尝试用太空泥做火锅，个别幼儿因手指灵活度较差，导致创作时间过长，到活动结束时，有的幼儿还未完成。

【改进措施】

火锅食材制作过程中教师要巡回指导，及时帮助个别有困难的幼儿。

第六章

愉 悦 社 交

活动1　我长大了

一、活动名称

我长大了

二、活动对象

5～6岁幼儿

三、《指南》目标

【领域】社会领域。

【维度】人际交往。

【目标3】具有自尊、自信、自主的表现。

【具体目标】5～6岁：自己的事情自己做，不会的愿意学。

四、活动目标

1.让幼儿通过自身的一些变化（身高、本领）来感受成长。

2.能在集体面前说出自己的一个或两个优点。

3. 体验成长带来的快乐。

五、活动准备

幼儿经验准备：和小班的弟弟妹妹比身高的经历，幼儿用绘画的方式记录自己学到的本领。

教师资源准备：话筒，幼儿比身高、小班幼儿日常活动的照片。

六、活动过程

【环节一】谈话导入，引发幼儿兴趣。

师：小朋友们，今年开学的时候，我们为什么换了教室，从二楼搬到了三楼啊？

幼：因为我们长大了……

师：今天老师和小朋友玩一个采访的游戏好不好？老师是记者，采访一下我们果果一班的小朋友。第一个问题是：你觉得什么是长大？

幼1：长大就是长高了。

幼2：长大就是我会自己穿衣服了。

幼3：长大就是我可以用筷子吃饭了。

小结：咱们果果一班的小朋友都长大了，也长高了，身体变得强壮了，而且学会了那么多的本领，老师为你们点一个大大的赞。

【分析与解读】

通过谈话导入，引起幼儿兴趣，联系幼儿的生活经验，为后面的环节做好铺垫。

【环节二】了解长大后身体的各种变化和表现。

教师出示小班幼儿的照片。

师：小朋友们，这是我们幼儿园小班的小朋友，看看小班的小朋友，和他们比一比，我们的身体有哪些变化呢？

幼1：我的个子长高了。

幼2：我的头发长长了。

幼3：老师，我长胖了。

（教师请几名幼儿到前面来展示自己长高、长壮的身体，引导他们以各种姿势进

行展示，并为他们拍照）

师：原来我们的身体发生了这么多的变化。我们的手脚都变大了，个子也长高了。那么，怎样让我们的身体长得更高、变得更强壮呢？

幼1：好好吃饭，不挑食。

幼2：还要锻炼身体。

师：小朋友们说得非常好，我们的身体在长高、长壮，不仅需要许多的营养，还要加强锻炼。所以，不论在幼儿园还是在家里，我们都要好好吃饭、不挑食，早睡早起、锻炼身体。

【分析与解读】

在此环节中，教师引导幼儿说出和展示自己长大后身体的各种变化，鼓励幼儿不挑食、好好吃饭，让身体更强壮，并进行了展示，增强了幼儿长大的自豪感。

【环节三】自己长大后，学会的各种新本领。

师：小朋友们，你们在爸爸、妈妈、爷爷、奶奶、老师的照顾下，一天天在长大，也学会了很多的本领。谁来告诉老师和小朋友，你都学会了哪些本领呢？

幼1：我会连续拍球。

幼2：我会帮老师擦桌子了。

幼3：我会唱歌。

师：小朋友们学会了这么多的本领，那谁到前面来展示一下自己的本领呢？

（击鼓传花的游戏，鼓停，花在谁手，谁上台展示自己的本领。教师为他们拍照留存）

【分析与解读】

本环节教师通过谈话和展示的方式让幼儿展示自己的本领，增强了幼儿的自豪感和自信心。

【环节四】请幼儿把自己的本领用绘画的方式表现出来。

师：小朋友们，我们在一天天地长大，也学会了很多的本领，画画、唱歌、拍球、擦桌子等，下面就请小朋友拿出画笔记录下来自己的本领，和你周围的小朋友一起讲一讲，展示一下吧。

（幼儿之间互相讲述自己的本领）

师：孩子们，你们知道吗？在一天天的成长中，你们的身体长高了，也学会了许多本领，养成了许多好习惯，在我们长大的路上，我们应该感谢谁呢？

幼1：妈妈、奶奶。

幼2：爸爸。

幼3：老师。

师：对，那你想对爸爸、妈妈、老师、奶奶说些什么呢？

幼1：谢谢爸爸妈妈，我爱爸爸妈妈。

幼2：老师，我可以帮你擦桌子了。

小结：今天老师真的非常高兴，因为小朋友们长大了，学会了许多本领，也变得非常懂事了。老师希望小朋友们在今后的日子里，继续学更多的本领，帮助更多的人。

【分析与解读】

通过相互分享自己学会的本领，激发幼儿的自豪感，同时对幼儿进行了感恩教育、自我管理能力的教育。

七、反思与调整

【优点】

这节活动课能让幼儿充分感受到长大的自豪感，如说一说自己长大了都学会了哪些本领等，同时在说的过程中教师要渗透长大了能管住自己了、上课应该怎么做、举手怎么举、回答问题声音要怎样等一系列的问题，教师的肯定和表扬让幼儿感觉长大真好。

【不足】

一些幼儿在回顾自己学到哪些本领时，回答较慢。活动中幼儿的常规秩序不是很好，需要教师花太多的精力去维持秩序，以至于完成活动时间比较急促，教学目标的达成不是很好。

【改进措施】

在活动前要指导幼儿回顾自己学会了哪些本领，提前说一说，这样在击鼓传花的环节幼儿说得就会很顺利。

活动2　问候的礼仪

一、活动名称

问候的礼仪

二、活动对象

5~6岁幼儿

三、《指南》目标

【领域】社会领域。

【维度】人际交往。

【目标1】关心尊重他人。

【具体目标】5~6岁：有礼貌地与人交往。

四、活动目标

1.通过观察、模仿、游戏了解各种各样的问候方式。

2.初步感受问候方式与人际关系间的关联。

3.在日常活动中做一个讲文明、懂礼貌的好孩子。

五、活动准备

幼儿经验准备：幼儿有和他人打招呼的经验。

教师资源准备：不同打招呼方式的图片、音乐《找朋友》伴奏。

六、活动过程

【环节一】创设问候情境，引发幼儿兴趣。

师：小朋友们，你们好！（教师鞠躬，微笑向幼儿打招呼）

幼：老师好。

师：刚才老师做了什么？

幼：和小朋友们打招呼问好。

师：老师是怎么做的？谁来模仿一下？

幼：双手叠起放在肚脐处，微微鞠躬，微笑问好。

师：请大家仔细回想一下，在幼儿园的生活中，你会和老师打招呼问好吗？什么时候你会和老师打招呼问好呢？

幼1：早晨上学的时候。

幼2：出去玩的时候会碰到老师，会和老师打招呼问好。

师：那你们都是用什么方式和老师打招呼问好的呢？谁来演示一下？

幼：鞠躬问老师好。

（教师引导幼儿双手叠起放在肚脐处，微微鞠躬，微笑打招呼）

师：那让我们一起来模仿一下吧。我想请两位小朋友当老师，谁来试一试？

（模拟师幼打招呼问好）

小结：咱们班小朋友真是有礼貌的好孩子，见到老师主动向老师打招呼，问老师好。

【分析与解读】

通过谈话导入，引起幼儿参与活动的兴趣，唤起幼儿的生活经验，回顾、体验师幼鞠躬打招呼问候的标准动作，为后面的环节做好铺垫。

【环节二】了解和好朋友打招呼的方式。

师：小朋友们，我们在幼儿园还会碰到谁呢？

幼1：小伙伴、好朋友。

幼2：食堂的叔叔阿姨。

幼3：保安爷爷……

师：你们是怎么跟小伙伴打招呼的呢？

师：老师这里有很多打招呼的图片，看一看，都有哪些方式？

幼：鞠躬、握手（上身略向前微倾，四指并拢、虎口张开相握、握手时微笑注视对方）、击掌、比心、碰拳、拥抱、点赞。

师：和你身边的小伙伴试一试吧！

（幼儿尝试和身边的小伙伴用不同的方式打招呼）

师：请小朋友选择一种你喜欢的方式跟好朋友打个招呼吧。

（幼儿离开位置，尝试和好朋友用喜欢的方式打招呼）

【分析与解读】

通过观察、讲述、体验，了解与好朋友之间的问候方式及不同问候方式的标准动作。

【环节三】游戏：找朋友，巩固不同打招呼问候的方式。

师：小朋友们，大家都记住这些打招呼问候的方式了吗？接下来我们一起来玩个游戏吧！

游戏玩法：全体幼儿分为里、外两圈，里圈幼儿顺时针转动，外圈幼儿逆时针转动，教师放歌曲《找朋友》伴奏，创编歌曲《找朋友》，将敬个礼、握握手改成打招呼的方式，引导里圈、外圈的幼儿面对面用不同方式打招呼并逐渐增加打招呼的方式和难度。

例如：找呀找呀找朋友，找到一个好朋友，鞠个躬呀，鞠个躬呀，你是我的好朋友。

（玩几遍增加一下难度，增加为两种打招呼的方式）

找呀找呀找朋友，找到一个好朋友，击击掌呀，握握手呀，你是我的好朋友。

师：小朋友们太棒了，看来大家都学会了打招呼的不同方式，你们都是有礼貌、会问候的好孩子。

【分析与解读】

通过好玩、有趣的游戏引导幼儿在轻松、愉快的氛围下巩固不同打招呼的方式，拉进师幼、同伴间的关系。

【环节四】谈话思考，了解问候的重要性。

师：小朋友们，这节课我们学到了这么多打招呼问候的方式，那你们知道为什么要打招呼吗？

幼1：打招呼问候是有礼貌的行为。

幼2：打招呼可以交到更多的朋友。

小结：咱们中国素有"礼仪之邦""文明古国"的美誉，讲究礼仪是我国的传统美德，主动用正确的方法和别人打招呼是有礼貌的行为，可以让我们交到更多的朋友，在朋友心中留下有礼貌的好印象。除了我们今天了解的问候方式之外，在生活中还有很多交往礼仪，比如跟长辈、跟同伴打招呼的方式是有所不同的；跟关系亲密或疏远的人打招呼也不一样。我们从现在开始就要学习各种交往礼仪，做一个文明礼貌的孩子。

【环节五】实践活动，巩固问候礼仪。

师：下面让我们去跟幼儿园其他班级的老师打个招呼问候一下吧，也可以去跟保安爷爷打招呼！

（教师带领幼儿到每个班级和老师们打招呼）

【分析与解读】
通过创设真实情景，巩固问候的礼仪。

七、反思与调整

【优点】

本次活动利用幼儿从早上入园到离园，向遇到的教师、保安、厨房的叔叔阿姨等人打招呼的方式，让幼儿了解多种打招呼的方式，并利用和教师、小朋友之间模拟练习的方式，给内向的幼儿一个很好的示范，鼓励不爱说话的幼儿可以用眼神和微笑打招呼。在带领幼儿到别的班级打招呼的过程中，锻炼了幼儿的交往能力。

【不足】

个别幼儿胆小内向，也有不打招呼的时候。

【改进措施】

对于内向的幼儿需要老师在日常生活中加强引导，教师要热情主动地先跟幼儿打招呼，给他们一个很好的示范作用。

活动3 我们还是好朋友

一、活动名称

我们还是好朋友

二、活动对象

5～6岁幼儿

三、《指南》目标

【领域】社会领域。

【维度】人际交往。

【目标1】关心尊重他人。

【具体目标】5～6岁：有礼貌地与人交往。

四、活动目标

1.探索解决矛盾冲突的方法。

2.在与同伴协商、合作的过程中，形成初步的规则意识。

五、活动准备

幼儿经验准备：幼儿有解决矛盾的经验。

教师资源准备：图书、玩具、音乐《拉拉钩》。

六、活动过程

【环节一】谈话导入，引发幼儿兴趣。

师：今天老师遇到一个难题，你们知道是什么吗？

（师出示图片，幼儿看图片说一说发生了什么事情）

幼：让我来猜猜，小朋友不听话了，还是遇到不开心的事情了？

师：让老师来告诉小朋友们吧，小明和小红是好朋友，可是有一天他们吵架了，猜猜为什么呢？

幼1：他们抢位子。

幼2：他们吃饭的时候说话。

幼3：因为他不排队，小明批评小红了。

【分析与解读】

谈话导入，引导幼儿说出日常生活中与其他小朋友吵架的原因，调动幼儿已有的生活经验，为后面的环节做好铺垫。

【环节二】情境还原。

师：小明和小红因为抢图书吵架了！请你想一想，要是你的话你会怎么做？

幼1：可以商量一下谁先看。

幼2：我们一起看。

师：小朋友们的做法非常好！

师：在平时和同伴一起玩耍的时候也许会产生一些矛盾，但是当发生争吵的时候，你们的心里是不是都不好受呀？那应该怎么办呢？

幼1：小朋友们要互相谦让。

幼2：大家一起商量怎么解决。

【分析与解读】

通过情境还原，引导幼儿说出解决的办法。

【环节三】讲解解决冲突的好办法。

师：在日常生活中，小朋友们也会遇到许多类似的事情，有了冲突，我们该怎么办呢？（引导幼儿说出解决冲突的好办法）

幼1：商量商量怎么办。

幼2：抱一抱就不会吵架了。

师：协商的时候可以怎么说呢？（幼儿两两一组，模拟协商解决冲突的办法，模拟情境）

【分析与解读】

教师讲述解决问题冲突的几种方法，引导幼儿进行模拟，学习具体的解决方法。

【环节四】交流自身感受，分享同伴间接纳、友好的温馨情感。

师：刚刚看到好多小朋友开心地笑了，谁来和大家分享一下，你们为什么那么开心?

幼1：因为我和小海是好朋友了。

幼2：小海给我他的玩具玩了。

幼3：我们说好放学后一起去小广场玩。

小结：和好朋友产生矛盾是一件很正常的事情，但是一定要及时沟通、打开心结，和对方说一说自己的心里话，一起去玩一玩你们经常玩的游戏。这样，你的朋友会越来越多。

【分析与解读】

引导幼儿说出自己与同伴解决矛盾时的开心，教师小结。

239

【环节五】表演歌曲《拉拉钩》。

师：有一首歌曲里的两个小朋友也吵架了，让我们一起听听他们是怎样和好的吧!

（表演歌曲《拉拉钩》）

七、反思与调整

【优点】

本次活动通过小朋友吵架的情景导入，能引起幼儿极大的兴趣。大班的幼儿在幼儿园的生活中经常会出现闹矛盾的现象，多数幼儿不知道该怎么解决。通过本次活动中教师的引导和小朋友们的讨论，给幼儿提供了好多解决矛盾的方法。同时也让幼儿了解到有矛盾是一件很正常的事情，我们要学会正确地解决矛盾。

【不足】

由于幼儿的生活经验不足，在讨论解决矛盾的方法时，个别幼儿发言的积极性不高，也说不出解决矛盾的具体方法。

【改进措施】

教师在活动前让幼儿多了解这方面的经验。同时，教师要在幼儿平时的一日活动中，有意识地录制一些幼儿发生矛盾的小场景，在活动中使用。

活动4 快乐一起分享

一、活动名称

快乐一起分享

二、活动对象

5～6岁幼儿

三、指南目标

【领域】社会领域。

【维度】人际交往。

【目标1】关心、尊重他人。

【具体目标】5～6岁：有礼貌地与人交往。

四、活动目标

1.懂得谦让和分享才会交到更多的朋友，获得友谊。

2.能与同伴分享物品、心情，乐于和同伴交流自己的想法。

3.感受谦让，分享收获的快乐，懂得分享的美好。

五、活动准备

幼儿经验准备：幼儿有分享的经验和感受。

教师资源准备：分享的视频、橘子、饼干。

六、活动过程

【环节一】游戏导入，引发幼儿兴趣。

师：小朋友们，我们今天来玩一个击鼓传橘子的游戏，当我停止敲鼓的时候，橘子在谁的手中，谁就是幸运儿，幸运儿的奖品就是这个橘子。

师：你真幸运得到了这个橘子。现在这个橘子是你的了，你打算怎样处理？（幼儿可以剥开吃掉）

（观察幼儿是否把橘子分给别人一起享用，分享或者不分享都要说一说）

小结：好东西如果只有自己享用，并不一定快乐，分享给别人的时候自己也能获得快乐、幸福。

【分析与解读】
用击鼓传橘子的游戏导入，瞬间吸引了孩子的兴趣，引出分享主题。

【环节二】交流以往分享的经历和感受。

师：小朋友们，儿歌中的小朋友在分享什么呀？

幼1：水果。

幼2：橘子。

幼3：好吃的。

师：你分享过好吃的、好玩的给别人吗？你都分享过什么？谁来说一说什么是分享？

师：分享就是把我们的好吃的、好玩的和别人一同享用，比如刚刚××小朋友把她喜欢的故事分享给了老师，××小朋友分享了……

【分析与解读】
通过播放儿歌，在快乐轻松的氛围中让幼儿初步了解分享是什么。

【环节三】多样分享，感受快乐。

师：分享在我们的生活中随处可见，除了分享物品，还能分享什么呢？

幼：分享一首歌……

（教师播放视频，让幼儿了解分享的内容）

师：现在谁再来说说，除了分享好吃的、图书，你还分享过什么？

小结：我们分享的内容可以是一件物品、一种方法、一首歌、一幅画、一段生活、一个秘密、一个成果、自己的情绪、自己的感受。总之，可以分享的东西太多了！

【分析与解读】

通过播放视频，让幼儿深入了解分享的内容有很多。

【环节四】创设真实情境，体验分享的快乐。

情境一

师：我们去郊外玩耍，玩了好长时间，玩累了。××小朋友说："好渴啊！但是我带的水已经喝完了！"××小朋友说："我的水还有很多。"

师：如果你是这个小朋友，你会怎么办？和小伙伴互相说一下。我们请两位小朋友到前面表演一下。

师：看来大家都学会了互相帮助，与别人分享可以获得许多快乐。

情境二

师：小朋友们玩了好长时间，好饿呀。老师这里有包饼干，请小朋友们一起享用吧！

【分析与解读】

选择生活中的情境表演，真实感受分享的快乐。

【环节五】分享总结，传递快乐。

师：今天我们体验了分享的乐趣，分享会带给我们幸福感。你准备和大家分享些什么？

幼：我想把我的《情绪小怪兽》带来放到我们的图书角，和其他小朋友、老师一起分享。

【分析与解读】

总结提高，拓展延伸。

七、反思与调整

【优点】

在活动开始时采用击鼓传橘子的方法，整个活动用好吃的饼干和水果贯穿始终，幼儿非常感兴趣，在活动中常规秩序也很好。在和小伙伴分享饼干的环节，幼儿把自己获得的饼干与其他小伙伴分享，通过游戏延伸到谈话活动，从分享好吃的到引导幼儿说出还可以分享玩具、分享书本等。

【不足】

在讲自己如何分享时，有点仓促。个别孩子没有得到饼干，情绪低落。

【改进措施】

应多留一些时间，让幼儿在关爱中学会关爱他人。还应该给幼儿更多展示的机会，表述当时的内心感受。

活动5 如厕

一、活动名称

如厕

二、活动对象

5～6岁幼儿

三、《指南》目标

【领域】社会领域。

【维度】社会适应。

【目标1】遵守基本的行为规范。

【具体目标】5～6岁：理解规则的意义。

四、活动目标

1.知道男孩、女孩上厕所的区别，并掌握上厕所的正确姿势。

2.通过绘本阅读懂得文明如厕的规则，学习有秩序地如厕。

3.欣赏并理解儿歌，能复述儿歌，喜欢参与游戏。

五、活动准备

教师资源准备：本班厕所图片、公共厕所图片、男女图标、幼儿如厕的行为图片。

六、活动过程

【环节一】参观本班活动室的厕所，让幼儿知道厕所是大小便的地方。

师：小朋友，今天老师给大家带来几张图片，这是什么地方呀？

幼1：厕所。

幼2：上大小便的地方。

师：厕所在隔壁的房间，是我们解决大小便的地方。

（教师出示厕所图片，引导幼儿认识便池、便桶）

师：小朋友们，大家观察一下这两组图片，找出哪组是男孩子上厕所的地方，哪组是女孩子上厕所的地方。

幼1：蹲坑可以是男孩或者女孩蹲大便的地方。

幼2：立式小便池是男孩小便的地方。

幼3：蹲坑是女孩蹲小便的地方。

师：我们发现，原来男孩、女孩小便的时候是不一样的，站着小便的是男孩子，用便池；蹲着小便的是女孩子，用蹲坑。

【分析与解读】
通过观察图片，激发幼儿已有生活经验，引出主题。

【环节二】认识男厕所和女厕所，知道上厕所的正确姿势。

教师带领幼儿观察男厕所、女厕所的图片，让幼儿知道公共场所男女厕所的标志。

师：你们知道这是什么图片吗？有没有小朋友见过它？它是什么意思呢？

幼：一个画着小男孩，一个画着小女孩。

师：穿裤子的小人表示男厕所，穿裙子的小人表示女厕所；短头发的小人表示男厕所，长头发的小人表示女厕所，可不能走错厕所哦！

师：男孩子上厕所的时候需要怎么做？要注意什么？

幼1：脱下裤子。

幼2：不能距离太远。

幼3：要瞄准。

师：男孩小便时，不要离便池太远，避免小便弄到便池外，不要离便池太近，以免弄湿裤子。

师：女孩子上厕所的时候需要怎么做？要注意什么？

幼1：裤子脱到膝盖。

幼2：得蹲下。

幼3：也要瞄准。

师：女孩小便时，要将裤子脱低一些，一只手扶好栏杆。

【分析与解读】

通过观看厕所标志，充实幼儿生活经验，掌握上厕所的正确姿势。

【环节三】阅读绘本故事，懂得上厕所的规则。

师：有一只小猪叫胖胖，胖胖不会自己上厕所，请宝贝们来听一听故事《胖胖为什么臭臭的》。

胖胖是一只不爱干净的小猪。一天，胖胖突然觉得肚子好痛，"哎哟，哎哟，我要拉便便了……"胖胖飞快地跑进卫生间，裤子一脱，坐在了马桶上。拉完便便后，胖胖裤子一提就往外跑，猪妈妈急得连声喊："胖胖，你的屁股还没擦呢！"胖胖屁股一扭："我不擦，擦屁股多麻烦呀。"说着，胖胖一溜烟就跑出了妈妈的视线。

师：宝贝们说一说，胖胖的表现怎么样？你觉得哪个地方是不对的？

幼：胖胖拉完臭臭没有擦屁股，不擦屁股会很臭的，还会把衣服弄脏，没有小朋友会愿意跟它玩。

幼：卫生间地板滑，胖胖跑进跑出的，容易滑倒受伤，很危险。

师：宝贝们说得真好！胖胖飞快地跑进卫生间，一定是他实在憋不住，太着急了。我们小朋友可不能像他那样，有了便意不要憋着，要及时去卫生间。需要提醒宝贝们，我们在参加集体活动前、外出前、入睡前都要先如厕，做好准备工作。每天定时大便对健康很有好处，宝贝们要努力养成每天定时排便的好习惯哦。

师：胖胖拉完大便没有擦屁股，实在是不卫生，小猫也不想和它玩。请小朋友们教一教胖胖大便后应该怎样擦屁股。

幼：蹲下，用手纸从前向后擦。

师：宝贝们拉完大便的时候，可以先蹲在地上，手从身体的侧边绕到后边擦屁股，尽量不要把手从前面伸过去，离拉便便越近的地方，越要好好擦。手纸要先折叠再使用，如果手纸太薄的话，在使用的过程中容易弄破手纸、脏了手。从前向后擦，擦一次后再小心地折叠一次手纸，如果擦不干净，就将手纸扔进垃圾桶里，再换一张手纸继续擦，直到手纸上没有大便的痕迹就可以了。

师：大便后擦干净屁股还应该做什么？

幼：便后要及时冲水。

师：便后及时冲水可以保持马桶和卫生间的清洁。宝贝们冲水时要注意节约用水，小便按小按钮，大便按大按钮。

幼：便后还要整理衣服。

师：宝贝们上厕所后一定要将衣裤整理好，将小内衣塞进裤子里，不要让肚脐眼着凉。听老师为宝贝们带来的儿歌，照着儿歌的内容做，宝贝们就可以将衣裤整理好了。

小裤腰，张开口，小内衣，往里走。塞塞前，塞塞后，肚脐、后背藏里头。

师：便后还有一个很重要的工作，就是洗手。便后，细菌、病毒有可能附着在手上，认真洗手就可以消灭细菌、病毒，宝贝们就不容易生病了。宝贝们洗手时要用肥皂或洗手液，一边洗手，一边唱一遍《生日快乐歌》，这样，洗手时间就足够了，洗完手要用毛巾将手擦干。

【分析与解读】
通过绘本阅读，掌握更多关于上厕所的规则。

【环节四】观看安全教育视频，掌握上厕所的注意事项。

师：集体活动过程中想上厕所怎么办？

幼1：举手告诉老师。

幼2：尽量上课前先小便。

师：在集体活动前、饭前、睡觉前要记得提前上厕所，集体活动过程中想上厕所应及时告诉老师或阿姨，不要憋尿，尿湿裤子。着急上厕所，但是人多怎么办？

幼：一定要排队！

师：厕所人多时不能争先，不能推挤，要依先后顺序排队。遇到很着急的情况时，可与其他幼儿协商。

【分析与解读】
通过播放视频，让幼儿深入了解上厕所的注意事项。

【环节五】根据图中幼儿表现判断对错，并贴到表格中合适的位置。

师：今天我们懂得了如何正确上厕所，让我们看看图片中的小朋友做得对不对吧！

师：小朋友们都掌握了正确如厕的方法，老师相信，小朋友们一定能做到讲卫生、讲文明、独立如厕。自己的事情自己做，真是个懂事的乖宝宝。

【分析与解读】
总结提高，拓展延伸。

七、反思与调整

【优点】

本次活动贴近幼儿的实际生活，幼儿联系生活实际，在快乐轻松的活动中真正了解如厕规则。

【不足】

在活动的最后没有让幼儿进行一次实践。

【改进措施】

在日常生活的如厕环节，让幼儿正确分辨男、女厕并用正确的方法上厕所，注意如厕安全。

活动6　我是班集体的一员

一、活动名称

我是班集体的一员

二、活动对象

5～6岁幼儿

三、《指南》目标

【领域】社会领域。

【维度】社会适应。

【目标3】具有初步的归属感。

【具体目标】5～6岁：愿意为集体做事，为集体的成就感到高兴。

四、活动目标

1.懂得团结的重要意义；知道自己是集体中的一员，能够为集体做力所能及的事情。

2.集体生活中学会关心班集体，积极参加班集体的活动，维护集体的荣誉。

3.激发幼儿热爱集体、爱护集体荣誉的情感。

五、活动准备

幼儿经验准备：幼儿有集体的初步概念，了解到一个班就是一个集体。

教师资源准备：几根一次性筷子（或牙签）、一棵光秃秃的大树（树干上写上班级名称）、若干带卡片的纸树叶（班额）、彩笔。

六、活动过程

【环节一】故事导入，激发幼儿的兴趣。

教师讲述蚂蚁过河的故事。

师：小朋友们想一想，为什么一只小蚂蚁过不了河，一群蚂蚁就可以成功地到达河对岸了呢？

幼儿1：很团结。

幼儿2：一群蚂蚁力气很大。

幼儿3：它们一起努力。

师：对，他们很团结！如果有两三只蚂蚁，它们能不能卷成一个球飘过小河呢？对，不能！因为集体的力量大。

师：什么叫集体呢？

幼1：就是很多人一起。

幼2：必须是很多人的。

师：对，像这样蚂蚁们为了共同的目的在一起活动就叫作集体。

师：那我们班的小朋友在一起，为了学习和健康快乐成长的共同目的在一起生活，也组成了一个什么？

幼：集体！

师：对，我们果果一班也是一个集体。

【分析与解读】

故事导入，引出主题。幼儿初步感知集体的意义、力量。

【环节二】说说我们班集体。

师：谁能给大家介绍一下我们的班集体？（提示内容如班级名称、班级在学校里的位置、三位老师姓什么、班级人数、个子最高的幼儿等）

幼1：我们班是果果一班。

幼2：我们班有三位老师，张老师、于老师、石老师。

幼3：我们班在幼儿园的三楼，门的旁边挂着"果果一班"的班牌。

师：我们生活在机关幼儿园这个大家庭中，生活在果果一班这个集体中，我们每个人都是这个家的一分子，都是这个集体的一员，让我们一起说"我是班集体的一员"。

幼：我是班集体的一员。

【环节三】活动体验，进行感知。

师：老师这儿有一根筷子，哪个小朋友尝试一下，看能不能把它折断。（请一名幼儿到前面来尝试）

师：这是10根筷子，我把它们捆在一起，试一试能不能把它们折断。不能，为什么？

幼1：筷子太多了，折不动。

幼2：10根筷子太多了。

幼3：10根筷子力量变得强大了，很难折断，我们几个人一起折，还是折不断。

师：是啊，小朋友们都说得很好，一根筷子很容易折断，可是当它们紧密地集合在一起的时候，就会像大树一样强壮有力。

【分析与解读】

通过体验，让大家体会到，我们一定要像一把筷子一样牢牢抱成团，才能形成坚不可摧的力量。

【环节四】幼儿操作，装扮集体大树。

师：我们在幼儿园的这段时间里，你想为班级做些什么？

幼1：我给我们的班级画漂亮的画。

幼2：我会扫地。

幼3：我会擦桌子。

（教师在黑板上贴带有树干的画）

师：老师把我们班级做成了一棵大树，每个小朋友就是一片树叶，我们一起把我们的班级大树装扮得更美丽吧。

（幼儿选一个自己喜欢的树叶，在树叶形状的纸上简单表达自己对班级、对同伴、对老师的祝愿，或者将想为班级、朋友做的事情记录下来，并写上自己的名字）

幼儿将自己做好的树叶粘贴在班级树上并欣赏大树）

七、反思与调整

【优点】

引导幼儿初步感知班级就是一个大集体，每个人都要为创造好的班集体而努力；通过故事和折筷子真实地感受一个人和集体的力量是不一样的，集体的力量非常强大，从而萌发愿意为集体做事情的愿望。每个人都希望自己的班集体是最好的。

【不足】

活动中缺少游戏化环节，谈话的过程中个别幼儿的注意力开始分散，在折筷子的时候可以多请几个小朋友一起尝试，也可以把幼儿分成几组，每组幼儿都能获得尝试的机会。

【改进措施】

在开展活动时可以适时调整一些游戏环节，增加体验的机会，更好地激发幼儿对班集体概念的理解。在平日的活动中可以增加一些班级之间比赛的机会，尝试让幼儿体会自己班集体获胜后的喜悦感。

附故事内容：

一天，风和日丽。天瓦蓝瓦蓝的，太阳公公在天边露出笑脸，洁白的云朵像棉花糖一样飘在空中。森林里，一条清澈见底的小河边上，一只小蚂蚁正急得满头大汗。原来，这只小蚂蚁要到河对岸去寻找吃的，可是它不会游泳，这里又没有桥，它过不去。怎么办呢？小蚂蚁皱着眉头想了想，忽然转身离开了。十几分钟之后，这只小蚂蚁领着黑压压的一大群蚂蚁又来到了小河边，只见成百上千只蚂蚁你挽着我的胳膊，我勾着你的腿，紧紧地抱在一起，不一会儿，就卷成了一个球。它们勇敢地朝小河滚去，在水面上漂啊漂、滚啊滚，顺利地到达了河对岸。

活动7　排队

一、活动名称

排队

二、活动对象

5～6岁幼儿

三、《指南》目标

【领域】社会领域。

【维度】社会适应核心。

【目标1】遵守基本行为规范。

【具体目标】5～6岁：理解规则的意义。

四、活动目标

1.知道规则的重要性，学会依次排队等候。

2.掌握排队的要点：不插队、不拥挤、有间距，养成自觉排队的好习惯。

3.学会在集体生活中与同伴友好相处。

五、活动准备

幼儿经验准备：有排队的经验。

教师资源准备：小熊玩偶，小熊、小猪、小狗、小猫、小羊等小动物图片。

六、活动过程

【环节一】故事导入，引发幼儿兴趣。

师：小朋友们，我是小熊（出示小熊玩偶），今天我想给大家讲一个曾经和伙伴们之间发生的故事。

幼：什么故事呀？

师：小朋友们仔细听，故事开始了哦。

（教师讲故事《小熊买冰激凌》）

【环节二】深入理解故事，感受规则的意义。

师：故事里有哪些小动物？

幼1：有小鸡、小狗。

幼2：有小猫、小羊。

师：小熊去买冰激凌，它排队了吗？它是怎么做的？

幼1：小熊没排队。

幼2：它插队了。

师：小熊买到冰激凌了吗？为什么？

幼1：没买到。

幼2：因为冰激凌不够了，被它浪费了一个。

师：小熊买冰激凌的时候应该怎么做？

幼：要排队！

（教师出示小动物图卡，让幼儿给小动物排队）

小结：小朋友们都知道了排队的重要性啦，生活里可不要学小熊，而是要做一个讲规则的好孩子。

【分析与解读】

通过故事导入，引导幼儿对排队这件事产生兴趣，唤起幼儿的生活经验，深化幼儿的规则意识。

【环节三】开展有关"排队"的讨论。

讨论一：什么时候要排队

师：小动物都学会排队了，那么小朋友，你会排队吗？我们生活中哪些地方需要排队？

幼1：喝水要排队。

幼2：吃饭要排队。

幼3：买东西要排队。

师：小朋友们说得非常好，希望大家都能做到哦。

讨论二：为什么要排队

师：有谁知道我们为什么要排队呢？

幼1：不排队会很挤，很慢。

幼2：不排队可能会发生踩踏事故。

幼3：不排队会碰到，洒出水或汤来。

师：小朋友们说得太对了，不排队有这么多的坏处，所以我们要学会怎么做？

幼：学会排队！

师：非常好！

讨论三：怎样排队

师：那我们要怎样排队呢？怎样排队才能排好呢？

幼1：看好前面小朋友的脑袋和脚丫，排成一条线。

幼2：不插队、不拥挤，不能碰到前面和后面的人，不能打闹。

幼3：也不能和前面的人离得太远了。

小结：排队要一个个排整齐，排队时不能插队、不拥挤、有间距，不打闹、不吵闹。

【分析与解读】

通过回忆已有经验、幼儿讨论、教师引导，了解排队的重要性和排队的方法，提高幼儿的规则意识，帮助幼儿养成排队的好习惯。

【环节三】儿歌巩固

师：经过上次冰激凌的事情之后，小熊编了一首排队儿歌，让我们一起来听一听吧。

小朋友，快快来，

我们来把队伍排。

一个跟着一个走，

眼睛看着正前方，

不拥挤，不吵闹，

一列长队排好了。

（幼儿跟读，学习儿歌）

> **【分析与解读】**
> 通过儿歌，帮助幼儿巩固排队的要点，养成排队的好习惯。

【环节四】游戏：练一练"我会排队"。

师：既然小朋友们都会排队了，那就让我们检验一下，看看你是否学会排队了呢？下面请小男生先来排队喝水。

（男生排队喝水完毕后）

师：刚刚小男生们排队排得怎么样？

幼1：排得不好，不是一条线。有人跑着去排队，抢位置。

幼2：有人光说话。

师：小朋友们总结得很好，下面请小女生来排队喝水，看看还有没有问题。

（女生排队喝水完毕后）

师：刚刚小女生们排队排得怎么样？

幼1：排得很好。

幼2：很整齐、很安静。

师：小朋友们排队排得越来越好了，相信大家以后都能排好队啦。

> **【分析与解读】**
> 利用生活实践巩固排队的要点，进一步明确排队的标准，在游戏中学习如何排队。

【环节五】日常活动，巩固排队规则。

师：小朋友们既然学会了排队，也知道了什么时候应该排队，那我们一定要做到哦。从现在开始，让我们好好排队吧。

> **【分析与解读】**
> 在日常生活中巩固排队的意识，提高幼儿的规则意识。

七、反思与调整

【优点】

引导幼儿在真实的排队实践中，通过个别观察和集体观察寻找在排队过程中出现的问题，探索排队的正确办法。经过几次排队，幼儿在引导下能做到在排队时"快速、安静、整齐"，为幼小衔接做好准备。通过说儿歌、练排队，更好地巩固了排队的要点，培养幼儿有序排队的意识。

【不足】

活动中缺少游戏化环节，最后环节幼儿的注意力开始分散了。

【改进措施】

在开展活动时可以适时增加一些游戏环节，更好地激发幼儿有序排队的兴趣。

附：故事内容

小熊最爱吃冰激凌了，一到夏天，它每天都要去小兔的冰激凌店里买冰激凌吃。

一天，小熊又到小兔的冰激凌店买冰激凌。今天人特别多，小兔的店门口排起了队，有小猪、小狗、小猫、小羊。小熊排在小羊的后面，它看到有这么多人排在前面，心想，要等多久才能买到冰激凌啊！天上的太阳晒得小熊头上直冒汗。小熊想："我为什么要排在后面啊！我要挤到前面去。"于是，小熊推开小羊、小猫和小狗，使劲往前面挤。小猪刚买了冰激凌，拿在手里，被小熊挤得没站稳，手里的冰激凌掉在了地上。小猪很生气，对小熊说："你为什么不排队？我们大家都排队买冰激凌。你把我的冰激凌都挤掉了！"小羊、小狗、小猫也很生气，都嚷嚷着叫小熊排队。小熊只好重新排到队伍后面。

好不容易轮到小熊买冰激凌了，冰激凌店的老板小兔说："对不起！冰激凌刚好卖完了。你明天再来吧！"小熊一听着急了，他嚷道："怎么刚轮到我就没有了呀？"小兔说："你刚才把小猪的冰激凌挤到地上去了，小猪只好重新买了一个。就是因为你不排队，才浪费掉了一个冰激凌，要不然你就可以买到冰激凌了。"小熊听了，只好红着脸低着头回去了。

活动8　班级规则我遵守

一、活动名称

班级规则我遵守

二、活动对象

5～6岁幼儿

三、《指南》目标

【领域】社会领域。

【维度】社会适应。

【目标2】遵守基本的行为规范。

【具体目标】5～6岁：理解规则的意义，能与同伴协商制定游戏和活动规则。

四、活动目标

1.积极发表自己的认识和见解，知道班级的规则。

2.和卡片宝宝一起玩游戏，体验规则的重要性。

3.体验讲规则给活动带来的好处，乐意遵守规则。

五、活动准备

幼儿资源准备：了解班级的一些规则。

教师资源准备：多媒体材料、若干卡片、非洲鼓等物品。

六、活动过程

【环节一】手指律动，区分左右，集中幼儿注意力。

师：小朋友们，今天老师带来一段律动，我们一起来做一做吧。左手放前面，右手放前面，双手放前面，双手摇啊摇，上拍拍，下拍拍，左拍拍，左拍拍，右拍拍。

（幼儿集体跟随教师做手指律动）

【环节二】认识四个新朋友。

师：小朋友们，今天我们班来了四个新朋友，我们一起把他们请出来吧。

（幼儿集体说出他们的名字，如果幼儿说不出来，教师要告诉幼儿，并请全体幼儿跟随教师说一说他们的名字）

【分析与解读】

利用情境，激发幼儿的兴趣，借助游戏切入规则主题。

【环节三】迁移生活经验，初步制定规则。

师：四位好朋友来到了我们班里，一起和小朋友上课。那上课的时候我们应该怎么做呢？

幼1：小眼睛看老师。

幼2：小脚并并拢，小耳朵仔细听。

师：说得非常好，我们一起来看一看到底该怎么做？（播放视频）

师：那么我们怎样回答老师的问题？回答老师问题时该遵守什么样的规则？

幼1：举手。

幼2：举手回答，声音洪亮。

师：我们学过很多规则，那我们班级里的规则都有什么？

幼1：下楼梯靠右走。

幼2：喝水要排队接水。

幼3：洗手也要排队的。

师：你们都是大班的小朋友了，知道要遵守班级的规则，那你们都为班级做过哪些事情呢？

幼1：浇花、搬椅子。

幼2：扫地、擦桌子。

师：小朋友们遵守上课的规则，是很快乐的。上课是这样，玩游戏也是这样，那小朋友们喜欢玩游戏吗？玩游戏要讲什么？

幼：要遵守每一个游戏的规则。

【环节四】教师分奖励，奖励做客的好朋友。

师：班级规则小朋友们都会遵守了，谁的坐姿最端正？老师要奖励给礼物了。

（教师分别将卡片奖励给每一个幼儿，同时引导幼儿知道怎样才是正确的坐姿并坐好）

【分析与解读】

将班级新来的卡片朋友融合到规则中，作为奖励分发给幼儿。

【环节五】教师准备非洲鼓，运用手中的卡片宝宝玩游戏、讲规则。

师：今天老师准备了一个非洲鼓，我们一起玩一个击鼓传花的游戏。击鼓传花的游戏规则是什么呢？

幼1：一个传一个。

幼2：不可以停，鼓声停了就不要传了。

师：游戏准备开始。

（结合音乐玩游戏两次）

【分析与解读】

借助游戏的方式感受规则的重要性。

【环节五】感受规则的重要性。

师：小朋友们，我们上课需要讲规则，玩游戏需要讲规则。如果上课不讲规则会怎么样？

幼1：上课的声音就会叽叽喳喳的，很吵。

幼2：听不到老师讲什么了。

师：玩游戏不讲规则会怎么样？

幼1：游戏就没法玩了。

幼2：游戏会很混乱。

师：规则在我们的生活中很重要，我们每个人都要遵守规则，不管是在上课的时候还是玩游戏的时候。

七、反思与调整

【优点】

手指游戏导入，幼儿比较容易集中注意力，跟随教师的思路进入活动中。通过列举幼儿在园一日生活中的一些常见的规则让幼儿了解了规则的重要性，知道在班级中遵守了这些规则，他们才会在这里生活得更加快乐，同时用游戏也让幼儿了解到规则的重要性以及遵守规则的必要性。

【不足】

班级中的规则应该由全体幼儿共同商量制定。

【改进措施】

班级中的一些规则由全体小朋友商量好制定，制定好后可以用图画或者符号的形式呈现在班级中，让幼儿随时可见并随时提醒自己。同时，在平日的游戏活动中也要强化幼儿的规则意识，让幼儿处处感受规则的重要性，并养成自觉遵守规则的意识。

活动9　洗手

一、活动名称

洗手

二、活动对象

5～6岁幼儿。

三、《指南》目标

【领域】社会领域。

【维度】人际交往。

【目标3】具有自尊、自信、自主的表现。

【具体目标】5～6岁：自己的事情自己做，不会的愿意学。

四、活动目标

1.了解洗手的重要性，知道饭前、便后或手脏时要洗手。

2.掌握洗手的正确方法。

3.愿意使用正确的方法洗手，养成良好的卫生习惯。

五、活动准备

幼儿经验准备：幼儿有洗手的经验和感受。

教师资源准备：故事图片、洗手步骤图片等。

六、活动过程

【环节一】播放故事图片《冬冬为什么肚子痛》，引发幼儿兴趣。

师：今天老师给大家带来了一个故事，请小朋友们来听听故事里发生了什么。

今天天气真好，冬冬一大早就到公园里和自己的好朋友玩耍。草地绿油油的，好朋友们提议："我们来进行爬行比赛吧！"冬冬马上趴下去用小手撑住地说："来吧！我一定得第一。"爬到终点，冬冬看看小手："哇，小手真脏啊！没关系，我们玩沙去。"冬冬带着好朋友一起到沙坑玩沙，他们一起堆小山、挖山洞，玩得可开心了。

午饭时间到了，冬冬拍拍小手跟好朋友说："我要回家吃饭了，再见！"一回到家，冬冬看到桌上的大馒头，也顾不上洗手，伸手就抓了一个馒头塞进嘴巴。不一会儿，冬冬肚子开始痛起来了。

师：小朋友，故事里的冬冬怎么了？

幼：冬冬肚子痛。

师：为什么冬冬的肚子会痛？

幼1：他没洗手就吃东西。

幼2：他把细菌都吃到肚子里了。

小结：冬冬肚子痛是因为没有洗手就拿东西吃。我们的小手脏了，上面会有很多细菌，这时候如果我们拿东西吃，细菌就会跟着进入我们的身体。所以我们一定要勤洗手，防止细菌入侵我们的身体。

【分析与解读】

通过故事导入，激发幼儿已有生活经验，引出主题。

【环节二】鼓励幼儿分享经验，学习正确的洗手方法。

师：小朋友们，你们的肚子疼过吗？为什么会疼？

幼1：我玩完玩具没洗手就拿吃的，肚子疼过。

幼2：我吃东西吃多了撑得肚子疼。

幼3：我出去玩后回家没洗手就吃饭，饭后肚子就疼了。

师：是的，肚子痛会很难受，所以我们一定要记得洗手。那孩子们，你们知道我们什么时候要洗手吗？

幼1：玩完玩具要洗手。

幼2：出去玩回家后要洗手。

幼3：吃饭前、便后要洗手。

师：宝贝们说得都对。我们一起来看看都有哪些时候我们需要洗手呢？（观看图片）宝贝们一定要记得饭前、便后、手脏时要及时洗手，以免细菌进入我们身体，导致我们生病。宝贝们，你们都是怎样洗手的呢？

幼1：打开水龙头，用流动的水洗。

幼2：要用洗手液。

幼3：搓搓手心和手背。

师：宝贝们说得真好。那谁来给大家完整地说说你是怎么洗手的？伸出手来演示一下。

幼：打开水龙头，把手冲一冲，挤上洗手液，搓一搓手心手背，泡泡冲干净，关上水龙头，用纸擦干净。

师：说得真好！宝贝们想一想，第一步我们应该做什么呀？

幼：卷起袖子。

师：对了，下面伸出你们的小手，我们一起来洗洗小手吧。宝贝们学会了吗？老师还编了一首好听的七步洗手歌，让我们边说儿歌边洗手。

两个好朋友，手碰手。你背背我，我背背你。来了一只小螃蟹，小螃蟹。举起两只大钳子，大钳子。我跟螃蟹点点头，点点头，螃蟹跟我握握手，握握手。

【分析与解读】
通过分享经验，掌握洗手的正确方法。

【环节三】 引导幼儿联系自己的实际进行交流，掌握洗手的注意事项。

师：宝贝们，我们在洗手的时候需要注意什么呢？

幼1：不能弄湿衣服。

幼2：不能把水龙头开得很大，也不能一直开着。

幼3：不能把水弄地上。

师：宝贝们说得真好！洗手的时候我们一定要注意卷起袖子，不要弄湿衣服；水龙头开小一点，及时关上，这样既节约用水，又不会溅到我们身上、地上。还要记得用洗手液或肥皂搓一搓，洗完手要擦干净，这样我们的小手才能洗得干干净净，细菌也不会跑到我们的身体里。宝贝们一定要养成饭前、便后、手脏时洗手的好习惯哦。那宝贝们，如果洗手的人很多我们怎么办呢？

幼1：不能拥挤插队。

幼2：要排队。

师：对了，我们要做一个有秩序的小朋友！

【分析与解读】

通过联系自己的实际，掌握更多关于洗手的注意事项。

263

【环节四】 幼儿分组去洗手间，用正确的洗手方法洗手。

师：下面我们分组去洗手间，边说儿歌边洗洗我们的小手吧。

幼：好。

师：洗手的时候一定要注意我们刚才说的事情哦。小朋友们都掌握了正确的洗手方法，老师相信，小朋友们一定能做一个讲卫生、讲文明、懂秩序的小朋友。

【分析与解读】

通过体验活动，加深幼儿对正确洗手的内容的了解。

七、反思与调整

【优点】

以故事导入，幼儿思考故事里的小朋友为什么会肚子疼，引发幼儿的更多思考。

课程内容丰富，洗手步骤清晰，把七步洗手法编成儿歌使幼儿更容易记忆和掌握。

【不足】

课上学习的七步洗手法与图片洗手步骤稍有不同，幼儿记忆时容易混淆。在实践中由于幼儿较多，洗手的时候较拥挤，教师没能看清每个幼儿的洗手动作。

【改进措施】

教师可以端一盆水，详细演示每个步骤。同时需要家园共育，尽量让幼儿觉得洗手是件有趣的事。用幼儿喜欢的方式要求他们做一件事，及时表扬可提高幼儿的主动性。

活动10　喝水

一、活动名称

喝水

二、活动对象

5~6岁幼儿

三、《指南》目标

【领域】社会领域。

【维度】人际交往。

【目标3】具有自尊、自信、自主的表现。

【具体目标】5~6岁：自己的事情自己做，不会的愿意学。

四、活动目标

1.学习喝水的正确方法。

2.能遵守秩序，在喝水时注意安全，避免浪费水的情况。

五、活动准备

幼儿经验准备：喝水的生活经验。

教师资源准备：有条件的话，根据自己班级的情况拍摄幼儿喝水的视频课件；准备1、2、3的数字卡片。

六、活动过程

【环节一】谈话，引出活动名称。

师：小朋友，我们学习了怎么如厕，你们做得非常好，谁来说一说你们是怎么做的？

幼1：一个出来一个进。

幼2：不推不挤。

幼3：不大声讲话。

师：对，小朋友都做得非常好，可以教小班的弟弟妹妹了。今天，我们把喝水的本领也来练习好，一起去教他们吧。

> 【分析与解读】
> 利用谈话的形式，结合给幼儿的小任务，激发幼儿的兴趣，引出活动名称。

【环节二】实践操作，讨论喝水出现的问题。

把幼儿分成男、女两队，排队去喝水。

师：现在我要请女孩去排队喝水，男孩排好队在一旁看看女孩是怎么喝水的，一会儿请男孩说一说。（女孩喝完男孩喝，女孩在一旁看）

（喝完水，全体幼儿回到座位上进行讨论）

师：现在，请男孩说一说女孩在排队喝水的时候，哪些地方做得好？

幼1：女孩在排队的时候没有讲话的。

幼2：女孩接水的时候没有接太多又倒掉的。

师：女孩说一说男孩在排队喝水时哪些地方做得好？

幼1：男孩站队又快又齐。

幼2：男孩接的水都喝光了，没有浪费的。

师：我们还有哪些地方需要注意呢？

幼1：女孩的队伍站得有点慢。

幼2：男孩在排队的时候有说话的。

【分析与解读】

幼儿通过分组喝水，互相找出问题。

【环节三】结合实际，讨论喝水的规则。

师：小朋友，我们平常喝水的时候要先做什么，再做什么呢？

幼1：排好队去拿水杯，接水的时候也要排好队。

幼2：喝多少接多少。

幼3：喝水的时候不能吵闹。

师：刚刚小朋友都说得非常好，我们在喝水时，要排队拿水杯、排队接水，喝多少接多少，不能浪费水，喝完水把水杯放回原位。下面请小朋友们按照我们刚刚说的规则去接水喝。

师：下面咱们学习一首喝水的儿歌。排好队，喝水啦。小水杯，手中拿。不要推，不要抢。喝多少，接多少。手端平，水不洒。

（幼儿边说儿歌边模拟喝水的场景）

【分析与解读】

通过引导和讨论交流及儿歌中进一步学习喝水的规则，加强幼儿的规则意识，使其遵守秩序，注意安全。

【环节四】通过游戏进行练习，加深规则意识。

师：请小朋友们随意摸卡片，摸到什么卡片就站在哪一队上。比一比，1、2、3队哪一队站得又快又好。

师：1队去模拟喝水，2队去模拟洗手，3队是监督者，看看哪一队的小朋友听得对、做得好。（之后三队分别交换）

小结：我们在喝水的时候，能喝多少接多少。喝水太少，我们的身体就会生病；接太多，我们喝不了就会浪费。我们在接水的时候，可以接到杯子一半的地方，这样就可以不多不少，正好喝完。

【分析与解读】

引导幼儿用游戏的方式练习喝水、洗手的规则，加强规则意识。

【环节五】教师小结。

师：今天老师和小朋友一起练习了喝水的规则，小朋友们都做得非常好，这样我们就可以去教小班的弟弟妹妹了。

【分析与解读】

本环节教师总结了幼儿活动的情况，同时也激发了幼儿当小老师的兴趣。要创造机会让大班的幼儿教给小班幼儿遵守规则，激发其成就感。

七、反思与调整

【优点】

结合实际讨论喝水的规则，可以让幼儿联系生活经验，乐于参与。

【不足】

游戏的环节较短。

【改进措施】

增加游戏的环节并适当延长时间。

活动11　轻轻讲，静静听

一、活动名称

轻轻讲，静静听

二、活动对象

5～6岁幼儿

三、《指南》目标

【领域】社会领域。

【维度】社会适应。

【目标2】遵守基本的行为规范。

【具体目标】5～6岁：理解规则的意义，能与同伴协商制定游戏和活动规则。

四、活动目标

1.通过聆听、体验，感受大声讲话和轻轻讲话的不同，了解大声讲话带来的不利影响。

2.通过游戏化、生活化的活动逐渐养成轻轻讲、静静听的好习惯。

3.在日常活动中做一个遵守规则，会轻轻讲、静静听的好孩子。

五、活动准备

幼儿经验准备：幼儿有一定的相关经验。

教师资源准备：大声讲话（吵闹）的音频。

六、活动过程

【环节一】听一听，感受大声讲话（吵闹）的不利影响。

师：小朋友们，仔细听，你都听到了什么？

幼：一段录音。

师：这段录音来自哪里？听起来感觉如何？

幼1：我听到了小朋友的声音，好像是在玩具区域。

幼2：好吵啊，听得耳朵有点疼。

小结：这是咱们小朋友在玩具区域时的录音，大家都在大声讲话，听起来很吵，听长了让人感觉耳朵不舒服。

师：如果长时间大声讲话，会怎样呢？

幼1：嗓子会疼。

幼2：耳朵会疼。

师：下面，请小朋友和你旁边的小朋友一起互相大声讲话1分钟感受一下吧！内容不限，可以讲今天发生的事情，也可以说一说你的爱好。开始行动吧！

师：好了，孩子们，感觉怎么样？

幼1：我好累啊。

幼2：我的嗓子好疼啊。

小结：经常大声讲话会让我们的嗓子会变得很累、很疼、很干，嗓子还可能会变得红肿、发炎，长时间大声讲话，我们的声带会受损，声音会变得嘶哑，不利于我们的身体健康。

【分析与解读】

通过音频导入，唤起幼儿的生活经验，激发幼儿参与本次活动的兴趣。通过聆听和大声说话，体验大声说话带来的不利影响，为后面的环节做好铺垫。

【环节二】想一想，做一做，体验轻声讲话的好处。

师：小朋友们，经常大声说话会对我们的身体有这么多不好的影响，那我们在说话时应该怎么做呢？

幼1：轻轻地讲话。

幼2：小点声说话。

师：那我请一位小朋友到前面来试一试怎样是轻声地说话？现在，请小朋友们和自己旁边的小朋友用1分钟的时间轻声地来分享一件快乐的事情，开始行动吧！轻轻地讲话感觉怎么样?

幼1:很舒服。

幼2:嗓子一点也不疼。

师:那你觉得是大声讲话好还是轻声讲话好呢?

幼1:轻轻讲话。

小结:在讲话的时候要小声地、轻轻地,因为轻声说话别人很容易就听见了,不损害嗓子,有利于我们的身体健康。

【环节三】说一说,试一试,学会轻轻讲,静静听。

师:当周围的老师、小伙伴在轻声讲话时,我们应该怎么做呢?

幼1:认真地听。

幼2:要安静地听。

师:那现在请小朋友们找一位自己的好朋友,去试一试轻声地讲一件快乐的事吧,还要注意静静地聆听哟。谁来分享一下?你和好朋友讲了哪件快乐的事情?你们是怎样做的?

幼:我和我的好朋友说我周末出去捡叶子的事情,我轻轻地讲,她也在静静地听。

小结:当别人对我们讲话时,我们应该安静地、认真地听对方讲话,而且我们的眼睛要注视着对方,及时地给予对方回应。这样我们就会成为轻轻讲、静静听的有礼貌的好孩子。

【分析与解读】

通过认真思考,亲身感受轻声讲话的好处,知道当别人和我们说话时要静静听,做一个有礼貌的好孩子,逐渐养成好习惯。

【环节四】游戏:传话筒。

师:小朋友们,接下来我们一起来玩个游戏吧!游戏的名字叫作传话筒。

游戏玩法:全体小朋友分为三组,排成三竖排,每一组的第一位小朋友到前面,教师轻轻地和他说一句话,然后依次向后传达,看看哪一组能轻轻讲、静静听,说得完整。

(游戏可重复两遍,在游戏中帮助小朋友们习惯轻轻讲、静静听)

师：小朋友们表现得太棒了！

【分析与解读】

通过好玩、有趣的游戏引导幼儿在轻松、愉快的氛围下学会轻轻讲、静静听，拉近师幼、同伴间的关系，锻炼逐步养成良好的倾听、讲话习惯。

【环节五】教师小结。

师：小朋友们，今天我们一起体验了轻轻讲、静静听，大家在以后的生活中也要坚持下去，做一个有礼貌的好孩子。

【分析与解读】

将活动延伸至日常生活，引导幼儿在生活中轻轻讲、静静听，养成良好的倾听、讲话习惯。

七、反思与调整

【优点】

生活中很多幼儿都不会小声说话，安静听别人讲话。此活动从实际出发，引导幼儿通过体验大声说话、小声说话的方式，感受轻轻讲、静静听的好处。幼儿兴趣十足，很配合，较好地实现了活动目标。

【不足】

个别幼儿在游戏环节无法记住别人对自己说的话并进行转述。

【改进措施】

在日常生活中增加幼儿记忆、转述体验。教师及时将课程延伸至一日生活。

271

活动12　悄悄话

一、活动名称

悄悄话

二、活动对象

5~6岁幼儿

三、《指南》目标

【领域】社会领域。

【维度】社会适应。

【目标4】关心、尊重他人。

【具体目标】5~6岁：能有礼貌地与人交往。

四、活动目标

1.理解悄悄话的意义，会说悄悄话。

2.培养幼儿的专注力、倾听能力和表达能力。

3.在群体活动中积极、快乐，愿意与人交往。

五、活动准备

幼儿经验准备：有与人交往的基本经验。

教师资源准备：幼儿说悄悄话的图片。

六、活动过程

【环节一】图片导入，激发幼儿兴趣。

师：图片上的两个人在干什么？

幼：他们在说话。

师：你觉得他们是什么关系？

幼：好朋友。

师：你觉得他们在说些什么？（请幼儿大胆猜测并说一说）

幼1：他们在分享好玩的事情。

幼2：他们在说周末要一起出去玩。

幼3：他们讨论新买的玩具。

师：小朋友的想象力真丰富啊！那你有朋友吗？他（她）是谁？

幼1：有，李启淞是我的好朋友。

幼2：我的好朋友是刘雅彤、乔家和。

师：小朋友们都有好朋友，你们真是社交小达人。

【分析与解读】

通过出示朋友间说悄悄话的图片引入活动名称，从而引出接下来的幼儿与自己的朋友分享有趣的事的活动内容，引导幼儿猜一猜图片中的人在说些什么，激发幼儿想象，发展幼儿口语表达能力。

【环节二】认识并理解悄悄话。

师：小朋友，什么是悄悄话？

幼1：悄悄话就是用很小的声音说的话。

幼2：只能让你旁边的人听见，不能让其他人听到。

师：恩，小朋友们说得都对，那既然我们已经知道什么是悄悄话，就请小朋友和你旁边的人说一说悄悄话，但要注意，只能你们两个人听见，这才是悄悄话。（请几名幼儿到前面说一说刚才另一个小朋友说的是什么，和大家一起分享一下）

师：那我们应该在什么情况下说悄悄话呢？

幼1：不想让别人听到的时候。

幼2：非常安静，不能大声讲话的时候。

师：小朋友说得很对，当你要和别人说秘密时就要说悄悄话，当你在特别安静的环境中时要说悄悄话，不能影响别人。我们要做一个讲文明、有礼貌的好孩子。

【环节三】 请幼儿与朋友分享自己觉得有趣的事情并用悄悄话的方式说出来。

师：请小朋友找到你的好朋友，和他说一说你觉得有趣的事。谁来分享一下你和好朋友说了什么有趣的事情？

幼1：昨天我和妈妈出去玩，妈妈给我买了一只小鸡。

幼2：我在电视上看到了一个搞笑的视频。

师：谢谢分享的小朋友，老师今天也听到了好多有趣的事情。

【环节四】 悄悄话游戏。

师：下面我们来玩一个游戏，名字叫悄悄话，请小朋友仔细听游戏规则哦。

游戏玩法：将幼儿分成两组或三组，每组分别找一名幼儿。教师悄悄说一句"太阳是红色的"，然后告诉一个小朋友，请这个小朋友告诉下一个小朋友，一个一个向下传，直到最后一个小朋友公布答案。先传完话并且传话正确的一队获胜。游戏可进行2~3次。如果幼儿传得不对，可适当减少每一队的人数，降低难度。

【环节五】 请幼儿分享说悄悄话的感受。

师：我们今天跟朋友分享了说悄悄话的事情，也知道了更多好玩的事情，你有什么感受呢？

幼1：我觉得说悄悄话不会影响到别人。

幼2：我觉得和好朋友分享很开心。

小结：请小朋友在今后的学习、游戏、生活中，适当的场合要注意自己说话的声音，不能打扰别人，学习做一个有礼貌、有教养的好孩子。

【环节六】活动延伸。

请幼儿回家和爸爸妈妈分享幼儿园讲悄悄话的趣事，增进亲子感情。

七、反思与调整

【优点】

这个活动对大班孩子来说是贴近生活的，通过谈话让幼儿了解了什么是悄悄话，通过情境模拟、幼儿猜一猜导入活动，引起了幼儿极大的兴趣，通过游戏《悄悄话》，锻炼了幼儿的专注力、倾听能力和表达能力。

【不足】

个别幼儿对稍微长一些的句子不能很好地传达，幼儿的倾听和表达能力需要进一步的培养。

【改进措施】

可以利用空闲时间多做一些类似的游戏，锻炼幼儿的口语表达能力。

活动13 学会倾听

一、活动名称

学会倾听

二、活动对象

5～6岁幼儿

三、《指南》目标

【领域】社会领域。

【维度】社会适应。

【目标2】遵守基本的行为规范。

【具体目标】5～6岁：能有礼貌地与人交往。

四、活动目标

1.理解故事内容，懂得倾听的重要性。

2.能够认真倾听，了解并遵守倾听规则。

3.喜欢参加集体活动。

五、活动准备

幼儿经验准备：幼儿有一定的倾听经验。

教师资源准备：绘本故事。

六、活动过程

【环节一】游戏导入，听要求做动作。

师：听老师的口令，当你听到水果时，需要拍一下手；当你听到动物时，需要拍两下手。我们一起来重复一下游戏规则。

幼：听到水果拍一下手、听到动物拍两下手。

（开始游戏）

师：老师看到有的小朋友好棒，能告诉大家怎样才能做正确呢？

幼：小耳朵仔细听。

师：小朋友们，我们想要不出错，一个很重要的前提就是认真倾听。

【分析与解读】

通过游戏，让幼儿分享成功的方法，激发了幼儿的兴趣，又能让幼儿在游戏中初步理解倾听的重要性。

【环节二】绘本促倾听。

师：接下来我们一起来听个故事：《你在听我说话吗？》。

（教师讲述故事）

师：绘本中讲到青蛙和长颈鹿结伴出行，但是它们都不听对方说话，它们的出行顺利吗？

幼：不顺利，它们去了相反的方向。

师：小朋友们，小青蛙是什么感受呢？

幼1：小青蛙不开心。

幼2：小青蛙还有点生气。

师：如果你说话时总是被打断或者说完后得不到对方的回应，你有什么样的感受呢？

幼1：我会伤心，觉得不被尊重。

幼2：我会不高兴，觉得不开心。

师：如果有人愿意认真地听你讲话，你是什么感受呢？

幼1：我会特别开心。

幼2：会很舒服、很幸福，觉得他很尊重我。

【分析与解读】

通过讲述绘本故事，让幼儿感受认真倾听的重要性，奠定认真倾听的基础。

【环节三】倾听技巧。

师：听到很多小朋友谈到"尊重"这个词，那我们一起来讨论一下：在交流的过程中，做哪些动作，可以让对方感觉被尊重呢？

277

幼1：好好地听别人说话。（耳朵）

幼2：要看着对方，真诚地交流。（眼睛）

小结：耳朵认真听（听谈话的内容、语音语调）；眼睛看对方（留意说话者的面部表情、肢体动作等）；小嘴巴不插话（及时回应，不随意打断，有疑问等别人说完再追问）；用脑思考（边听边思）；肢体动作（不做其他事情，不背向说话者）。

师：我们知道了被尊重、被倾听是一种非常好的感受，那我们一起来探讨一下，我们在沟通、交流、倾听的过程中能获得什么好处呢？

幼1：我能知道很多之前不知道的东西，能学到新知识。

幼2：如果两个人发生矛盾了，沟通、交流可以让两人更快地变成好朋友。

小结：倾听有很多技巧，学会倾听还会给我们带来很多好处，认真倾听，我们会获得准确的信息，从而使我们顺利完成任务，还会收获很多好朋友。

【分析与解读】

引导幼儿掌握更多的倾听技巧，在日常生活和学习中多倾听、多观察、多学习，成为优秀的倾听者。

【环节四】猜猜我是谁。

游戏规则：请所有小朋友闭上眼睛，趴桌子上认真听，悄悄请一位小朋友起来讲一句话，让大家猜猜是哪位小朋友说的话，说了什么。

【分析与解读】

通过设计此游戏，让幼儿更进一步体会倾听的重要性并尝试辨别小伙伴的声音。

【环节五】活动延伸。

师：老师今天发现，在我说话的时候，小朋友们坐姿端正，小眼睛追随着我，和我有眼神的交流，不打断我说话，积极地回应我，老师感觉很开心。希望小朋友们在日常生活中都能做一个会倾听的孩子。请小朋友今天回家后认真听爸爸妈妈讲一个故事，并向爸爸妈妈提两个与故事有关的问题。

【分析与解读】

将活动延伸至日常生活，引导幼儿在生活中养成良好的倾听习惯。

七、反思与调整

【优点】

本次活动通过听口令做动作、聆听绘本、谈话激发、猜猜我是谁等环节开展，游戏性很强，整个过程中幼儿都很投入，效果很好。在游戏中全员参与，亲身体验，既激发了幼儿的兴趣，又能让幼儿在游戏中感受到认真倾听对于信息捕捉的重要性，奠定认真倾听的基础。

【不足】

在听口令做动作游戏时，个别幼儿能听明白，也能说出来，但是在动作配合的时候出现了不一致的现象。

【改进措施】

在日常生活中可以加强"我说你做"此类游戏的练习。

活动14　倾听的规则

一、活动名称

倾听的规则

二、活动对象

5~6岁幼儿

三、指南目标

【领域】社会领域。

【维度】社会适应。

【目标2】遵守基本的行为规范。

【具体目标】5~6岁：理解规则的意义，能与同伴协商制定游戏和活动规则。

四、活动目标

1.理解故事内容，懂得倾听的重要性。

2.能够按照规则参与游戏，在生活中学做良好倾听者。

3.喜欢游戏，适应集体生活。

五、活动准备

幼儿经验准备：有倾听的经验。

教师资源准备：小鸟玩偶；小狐狸、小兔子、小羚羊的小动物图片；传递纸条。

六、活动过程

【环节一】故事导入，激发幼儿兴趣。

师：小朋友们，大家好！我是小鸟飞飞（出示小鸟玩偶），今天我给大家带来一个故事。

幼：什么故事呀？

师：小朋友们仔细听，故事开始了哦。

（教师讲故事《森林音乐会》）

【环节二】深入理解故事，感受倾听的重要性。

师：故事里的小兔子为什么没有听到森林音乐会？

幼：因为它们没有听清楚小鸟的话，小鸟刚说到周一晚上举行音乐会，它们就跑了。

师：故事里的小羚羊为什么没有听到森林音乐会？

幼：因为它们没有听清楚小鸟的话，小鸟刚说到周一晚上七点举行音乐会，它们就跑了。

师：故事里的小狐狸为什么没有听到森林音乐会？

幼：因为它们没有听清楚小鸟的话，小鸟刚说到周一晚上七点在月亮广场举行音乐会，它们就跑了。

师：小鸟到底是怎么说的呢？为什么别的小动物都去听音乐会了呢？

幼1：小鸟说，下周一晚上七点在月亮广场西剧场举行音乐会。

幼2：因为其他小动物都认真听完了小鸟的话。

师：小朋友们说得很对，要认真听完别人说的话。你看，小兔子、小羚羊、小狐狸没听完就跑了，耽误了这么重要的音乐会，多后悔呀！

小结：小朋友们都知道了认真倾听的重要性，生活里可不要学小兔子、小羚羊、小狐狸，要做一个认真倾听的好孩子。

【分析与解读】

通过故事导入，引导幼儿对倾听这件事产生兴趣，深化幼儿的规则意识。

【环节三】开展有关"倾听"的讨论。

讨论一：为什么要倾听？

师：小朋友们，你们知道为什么要倾听吗？

幼1：因为有的事情不听就不知道。

幼2：上课的时候如果不听就不会。

师：小朋友们说得非常好，大家都知道要好好听别人说话。

讨论二：倾听的规则。

师：我们应该怎样好好听别人讲话呢？

幼1：认真听完别人说的话。

幼2：别人说话的时候不打断别人。

幼3：看着别人的眼睛认真听。

幼4：别人说话的时候要保持安静。

师：小朋友们说得太好了，总结出了很多倾听的规则。让我们一起用一个小口诀记住倾听的规则吧。

耳朵听，要完整。

眼睛看，看对方。

嘴巴闭，不插话。

身体定，不乱动。

（师幼复述口诀，用男、女生比赛的方式记忆口诀）

【分析与解读】

通过回忆已有经验、幼儿讨论、教师引导，了解倾听的重要性和倾听的规则，提高幼儿的规则意识，帮助幼儿养成认真倾听的好习惯。

【环节四】游戏巩固。

师：下面我们通过传话游戏来检验大家有没有学会倾听吧。

游戏规则：将小朋友分为四组，每组用提前准备好的传递纸条悄悄传递一句比较复杂的话（例如，老师说"星期五的午餐是牛肉包子、八宝粥、鹌鹑蛋"），看看第一个接收到的小朋友和最后一个接收到的小朋友说的话是否一模一样。

师：在玩传话游戏的过程中，小朋友们要像小口诀里说的一样，看着对方眼睛，安静地、完整地听，身体不要乱动，不要打断对方说话。

（分组进行游戏，检验幼儿最后接收到的话是否完整）

小结：要认真倾听别人讲话才能完整地接收到信息。

【分析与解读】

通过朗朗上口的儿歌和传话游戏帮助幼儿巩固倾听的要点，养成倾听的好习惯。

【环节五】日常生活中练习倾听。

师：小朋友们既然知道了倾听的重要性，也明确了倾听的规则，就让我们好好练习，学会做一个倾听者吧。

【环节六】活动延伸。

教师在班级群内引导家长帮助幼儿巩固倾听的规则，比如，家长说话的时候让孩子安静地听，不要打断别人讲话；给孩子布置任务时引导孩子认真倾听指令，完成任务，帮助孩子养成倾听的好习惯。

【分析与解读】

在日常生活中，巩固倾听的规则，提高幼儿的倾听能力。

七、反思与调整

【优点】

本次活动教师通过讲授故事，让幼儿深入理解故事，联系已有经验以及幼儿讨论、教师引导，了解倾听的重要性和倾听的规则，帮助幼儿养成认真倾听的好习惯。游戏有趣，幼儿参与度高。

【不足】

在传话游戏中，个别幼儿传递得不完整。

【改进措施】

在日常活动中多练习、多锻炼幼儿的倾听能力和表达能力。

附：故事内容

《森林音乐会》

小鸟从老虎大王那里得知，下周一晚上七点要在月亮广场西剧场举行音乐会，它赶紧飞到大森林里通知小动物们。它找到小兔子，小兔子一听有音乐会，赶紧问什么时候举行音乐会，小鸟说："下周一晚上……"可是心急的小兔子还没听完就赶紧跑去告诉自己的好朋友去了。小鸟在后面大声喊："七点在月亮广场的西剧场！"可是小兔子什么也没有听见。

小鸟叹了一口气，又去找小羚羊。小羚羊一听有音乐会，赶紧问什么时候举行音乐会，小鸟说："下周一晚上七点……"可是心急的小羚羊还没听完就赶紧跑去告诉自己的好朋友去了。小鸟在后面大声喊："在月亮广场的西剧场！"可是小羚羊什么也没有听见。

小鸟叹了一口气，又去找小狐狸。小狐狸一听有音乐会，赶紧问什么时候举行音乐会，小鸟说："下周一晚上七点在月亮广场……"可是心急的小狐狸还没听完就赶紧跑去告诉自己的好朋友去了。小鸟在后面大声喊："在西剧场！"可是小狐狸什么也没有听见。

到了音乐会开始的时候了，小兔子们着急地问来问去，已经周一晚上了，怎么音乐会还不开始呀？小羚羊们着急地说，已经七点了，怎么音乐会还不开始呀？小狐狸们在大大的月亮广场上转来转去，怎么音乐会还没开始呀？此时，在月亮广场的西剧场里音乐会正在进行，很多小动物都听得如痴如醉。等到小兔子、小羚羊、小狐狸找到西剧场的时候，音乐会已经结束了，小动物们开心地走出西剧场，说今天的音乐会真是太震撼了。

小兔子、小羚羊、小狐狸后悔地说："如果我要是认真听小鸟说话就好了。"

活动15 上下楼梯

一、活动名称

上下楼梯

二、活动对象

5~6岁幼儿

三、《指南》目标

【领域】社会领域。

【维度】社会适应。

【目标2】遵守基本的行为规范。

【具体目标】5~6岁：理解规则的意义，能与同伴协商制定游戏和活动规则。

四、活动目标

1.理解故事内容，懂得遵守规则的重要性。

2.能够说出《上下楼梯安全歌》，并按照规则上下楼梯。

3.增强规则意识。

五、活动准备

幼儿经验准备：有上下楼梯的经验。

教师资源准备：PPT。

六、活动过程

【环节一】观察图片，激发幼儿学习兴趣。

师：小朋友们，今天老师给你们带来了几张图片，瞧，图片中的小女孩在干什么呢？

幼：爬楼梯。

师：小女孩是怎样上楼梯的？

幼：小女孩在跪着上楼梯。

师：小朋友们，你们平时是怎么上下楼的？上下楼应该注意什么？

幼1：要扶栏杆走，上下楼梯的时候不能推其他小朋友。

幼2：要一个跟着一个走，不能插队。

幼3：上下楼梯要靠右走。

师：小朋友说得都正确，现在让我们来听一个小故事，学习一下如何上下楼梯吧！

【分析与解读】
通过观察图片，激发幼儿已有生活经验，引出主题。

284

【环节二】听故事，进一步了解上下楼梯怎样注意安全。

师：有一天，皮皮猴受伤了，它是怎样受伤的呢？一次皮皮猴下楼梯，它听到了一个声音，很好奇声音是从哪里来的。原来，皮皮猴发现小脚踩在楼梯上就会发出好听的声音。它低下头认真地听着，一不小心，与小黄鸭撞得人仰马翻。大象老师发现了，它语重心长地说："上下楼梯要礼让，安全第一靠右走"又过了一天，皮皮猴还是在楼梯上跳来跳去，结果又摔倒在地上。可是皮皮猴一点也不长记性，把楼梯扶手当滑梯玩，又摔倒了，疼得哇哇叫。皮皮猴的腿摔骨折了，河马医生说需要住院进行治疗。

师：故事听完了，想一想皮皮猴和小黄鸭发生了什么事？

幼：低头走着的皮皮猴没有看到楼下来的小黄鸭，互相没有礼让对方，于是撞在了一起。

师：故事中的皮皮猴是如何上下楼梯的？这样上下楼梯发生了什么事情？

幼1：皮皮猴在楼梯上跳上跳下，摔了一大跤。

幼2：它把楼梯扶手当滑滑梯，摔成了骨折。

师：皮皮猴把楼梯当滑梯对吗？

幼1：当然不对，楼梯是用来走路的，不能当滑梯。

幼2：皮皮猴这样做太危险了。

师：大象老师对它们说了什么？

幼：上下楼梯要礼让，安全第一靠右走。

285

【分析与解读】

通过倾听故事，充实幼儿生活经验，初步掌握正确上下楼梯的方法。

【环节三】观看上下楼的安全视频，学习儿歌，懂得上下楼梯的规则。

师：如何正确上下楼呢？我们一起来看视频了解一下吧！

师：通过观看视频，你们觉得我们应该怎样上下楼梯呢？

幼：上下楼梯不能搭肩。

幼：不能跨多个台阶。

幼：不能蹦跳、不能倒着走。

幼：不能随意插队拥挤、不能牵着手。

师：今天老师给你们带来了一首《上下楼梯安全歌》，我们一起来学学吧。一二三四五六七，上下楼梯要注意。不要打闹不嬉戏，靠右行走是规矩。遇到危险脚步急，你推我挤最危机。有人跌倒快扶起，大家一定牢牢记。

【分析与解读】

通过观看视频、学习儿歌，掌握更多关于上下楼梯的规则。

【环节四】根据图中幼儿表现判断对错，掌握上下楼梯的注意事项。

师：看一看，这些小朋友上下楼梯的方式正确吗？看，这个小男孩在干吗？（出示第一幅图片）谁能完整地说一说？

幼1：这个小男孩把栏杆扶手当马儿骑。

幼2：这样做太危险了，会掉下来摔倒的。

师：这几个小女孩又在干吗呢？

幼：在楼梯台阶上玩，这样做是不对的。

师：再来看这个小男孩上楼梯的方式对吗？

幼：对，他扶着扶手一步一步地上楼梯。

师：小朋友们都掌握了上下楼梯的方法，老师相信，你们一定会有秩序地上下楼梯的，你们真棒！

【分析与解读】

通过判断上下楼梯行为的对错，幼儿深入了解上下楼梯的注意事项。

【环节五】情景模拟：练习上下楼梯。

师：现在让我们一起分组上下楼梯吧！女生一队，男生一队，男生要跟在女生后面哦。

【分析与解读】

通过情景模拟上下楼梯，巩固幼儿对日常行为规范的掌握。

七、反思与调整

【优点】

本次活动贴近幼儿的实际生活，让幼儿联系生活实际上下楼梯，在快乐轻松的活动中真正感受学习的快乐。

【不足】

《上下楼梯安全歌》对幼儿来说有点太长，不便于记忆。

【改进措施】

选择容易记忆的儿歌，帮助幼儿更好地掌握上下楼梯的技巧。

活动16 规则的秘密

一、活动名称

规则的秘密

二、活动对象

5~6岁幼儿

三、《指南》目标

【领域】社会领域。

【维度】社会适应。

【目标2】遵守基本的行为规范。

【具体目标】5~6岁：理解规则的意义，能与同伴协商制定游戏和活动规则。

四、活动目标

1.了解生活中各种各样的规则，学习看指示牌。

2.能够在不同的场景中按照指示牌约束自己的行为。

3.增强规则意识和安全意识。

五、活动准备

幼儿经验准备：初步了解生活中一些"禁止"的事。

教师资源准备：PPT，禁止标志牌。

六、活动过程

【环节一】谈话导入，激发幼儿学习兴趣。

师：小朋友，你们有秘密吗？

幼：有。

师：谁想来说一说你的秘密是什么？

幼1：我妈妈给我买了一个大玩具。

幼2：我有很多零食。

幼3：我喜欢上幼儿园。

师：哇，小朋友们有这么多的秘密。规则也有秘密，让我们一起寻找规则的秘密是什么呢？

【分析与解读】

通过与幼儿交谈，教师可以引导他们回忆自己的生活经历，引出活动的主题。

【环节二】观察图片，让幼儿了解禁令标志。

师：有一群小猪要出去旅行啦，看，它们来喽。七只小猪外出旅行时会发生什么呢？我们一同来观察吧。

1.片段一：摘花，了解禁止摘花标志。

师：第一站，小猪来到了一个美丽的大花园。花园中有一块标志牌，牌上给了我们什么信息呢？请小朋友们来猜猜看！

幼：不能摘花。

师：花朵特别好看，因此小猪们还是忍不住去采摘花朵了。每只小猪各采了一朵花，然后戴在头上。小猪们都变得格外漂亮了。但是，花园现在怎么样了呢？

幼：不漂亮了。

师：小猪们不遵守提示牌上的规定，导致花园失去了它的美丽。

2.片段二：过危桥，了解禁止通过此桥的标志。

师：第二站，小猪们要穿过桥，然而他们发现这桥怎么了？桥上的绳子和木头有什么不一样的地方？

幼1：桥上的绳索都断了。

幼2：木头可能也有点松动了。

幼3：这座桥很危险。

师：你们猜猜，在桥头有一块标志，它是什么意思呢？

幼1：不能过这座桥。

幼2：不能从这儿走。

师：可小猪们仍然没有遵循指示牌的规则，它们依次通过了这座桥。小猪们刚刚走上桥，结果桥突然断了，小猪们不遵守指示牌上的规则，从桥上掉了下来。

3.片段三：钻木桶，了解禁止进入标志。

师：这时，小猪们闻到了一阵芳香，匆忙跑到木桶旁边一瞧，原来是甜美的蜂蜜。可是，在木桶的旁边又竖了一块牌子。谁来说一说会是什么啊？

幼：不能进木桶里。

师：小猪们被蜂蜜的芳香所吸引，完全无法抗拒它的美味。尽管有提示标志在那里提醒它们，但它们毫不理会。结果，它们一个接一个地跳进了木桶里。之后木桶咕噜噜噜，滚到山坡下面去了，七只小猪全都受伤了。

小结：禁止标志是一个圆圈，内部有一个红色的斜线。这个斜线表示禁止，就是不允许进行某项活动。小猪们不遵守规则，因此不断出现问题。原来规则的秘密在于不遵守规则就会出现问题。

【分析与解读】
通过观察图片，幼儿可以学习一些禁止行为的标志，了解不遵守规则可能带来的危险。

【环节三】观看过马路的图片，知道遵守规则的好处。

师：七只小猪受了伤，然而它们仍然坚持前行，现在它们来到了什么地方？

幼：一条马路上。

师：是的，这是一条又长又宽大的马路。小猪们要过马路了。咦，道路旁边又出现了一个指示牌，这是什么意思呢？

幼1：红灯，不能过马路。

幼2：马路上有很多汽车，随便过马路是非常危险的。

师：对，小朋友说得真对。小猪们这次会按照提示牌上的指示做吗？过马路要怎样做才能安全呢？

幼：会。

师：小猪们听到了你们的建议，它们根据提示牌上的要求行动，不乱过马路，遵守交通信号灯，走人行横道线，排着队安全、快乐地回到了自己的家。看来啊，只有遵守规则，我们才能安全，获得快乐。这也是规则的秘密，遵守规则会让我们安全，还会使我们快乐。

【分析与解读】
通过观看图片，知道遵守规则的好处。

【环节四】播放图片，请幼儿根据图片内容，举起对应的禁令标志。

师：下面我们来看看还有哪些禁止标志吧！有一个标志告诉我们不可以随意丢弃物品；有一个标志告诉我们不可以随意触摸物品；有一个标志告诉我们不可以随意攀爬物品；有一个标志告诉我们不可以下水游泳。

【分析与解读】
通过认识禁止标志，幼儿更加了解生活中的各种规则。

【环节五】活动延伸。

师：现在我们知道了规则的秘密，在我们的生活中遵守规则是非常重要的。如果我们不遵守规则的话，可能会有非常严重的结果。遵守规则不仅给我们的生活带来便利，有时还会带来快乐。回家寻找一下生活中还有哪些规则标志呢？让我们一起争做遵守规则小标兵吧！

七、反思与调整

【优点】

　　故事贯穿整个活动，充分调动了幼儿的积极性，幼儿能够通过规则标志知道需要遵守的规则，将小猪的经历联系到自己身上，引导幼儿意识到不要像小猪一样吃了亏再去遵守规则，从而让幼儿懂得在生活中要做一个遵守规则的人。

【不足】

　　班级一日活动中存在很多规则，幼儿大多数知道规则的要求，知道应该怎样做，但是实践起来有困难。

【改进措施】

　　日常活动中教师要给幼儿渗透规则意识，多监督、整改、鼓励，树立榜样。

第七章

趣味运动

活动1 花样拍球

一、活动名称

花样拍球

二、活动对象

5~6岁幼儿

三、《指南》目标

【领域】健康领域。

【维度】动作发展。

【目标1】具有一定的平衡能力,动作协调、灵敏。

【具体目标】5~6岁:能连续拍球。

四、活动目标

1.能根据音乐节奏连续拍球。

2.锻炼手臂的力量,培养动作的协调性和灵活性。

五、活动准备

幼儿资源准备：人手1个篮球。

教师资源准备：平整的场地、音乐。

六、活动过程

【环节一】热身运动。

教师带领幼儿进入活动场地，随音乐《游啊游》做热身运动。

师：随着动感的音乐节奏，让我们的身体动起来吧。

【分析与解读】

用音乐调动幼儿参加体育活动的积极性，活动身体的各个部位，避免在运动中受伤，为体育游戏活动的进一步开展奠定基础。

【环节二】探索花样拍球。

引导幼儿探索双手拍球、单手拍球、双手交替拍球、转圈拍球等多种拍球方式。幼儿探索花样玩球，教师规范拍球要领。

师：今天陪我们一起活动的是篮球，篮球可以怎么玩呢？

幼：篮球可以拍，可以滚动，也可以转。

师：好，我们一起来玩一玩。今天我们还要一起来探索一下不同的拍球方式，谁想来演示下你知道的拍球方式？

（幼儿尝试拍球）

1.双手拍球。

师：这位小朋友带来的是双手拍球。在进行双手拍球时，请小朋友双脚打开，双手抱球，做好拍球的姿势，跟随老师的指令我们一起来试试。

2.单手拍球。

师：谁还想来试试你知道的拍球方式？

（幼儿尝试拍球）

师：这位小朋友带来的是单手拍球。在进行单手拍球时，请小朋友双脚打开，双手抱球，做好拍球的姿势，另一只手背在身后，我们一起来试试。

3.双手交替拍球。

师：谁还想来试试你知道的拍球方式？

（幼儿尝试拍球）

师：仔细看这位小朋友是怎么拍球的，跟刚刚单手拍球有什么不一样？

幼：两只手交替拍球。

师：这是双手交替拍球，请小朋友试一试。在拍球时，请小朋友双脚打开，双手交替进行拍球。

4.转圈拍球。

师：谁还想来试试你知道的拍球方式？

（幼儿尝试拍球）

师：这位小朋友带来的是转圈拍球。在进行转圈拍球时，身体快速转一圈，回到原处时接球，我们一起来试试。

【分析与解读】

　　幼儿自主探索不同的拍球方式，激发学习新技能的积极性。其次，教师示范花样拍球并讲解动作要领，请小朋友们观察学习并尝试。最后，教师请小朋友们尝试花样拍球并在练习中给予针对性指导。

【环节三】跟随音乐节拍进行花样拍球。

师：接下来，让我们跟随欢快的音乐一起进行花样拍球，音乐不停，拍球不断，看哪个小朋友能够坚持到底。

【分析与解读】

通过花样拍球的练习，增加活动的趣味性，提高幼儿拍球技巧。

【环节四】放松运动。

师幼进行放松运动。

师：请小朋友们回家跟爸爸妈妈一起游戏并分享今天的收获。

【分析与解读】

　　放松身体的各个部位，保证幼儿身心健康发展。在活动的最后，用舒缓的音乐让幼儿从紧张的气氛当中放松下来，愉悦身心。

七、反思与调整

【优点】

为幼儿提供大胆探索的机会，让幼儿成为活动的主人，在试一试、玩一玩中掌握拍球的方法，让幼儿体验运动的挑战与快乐，增强自信心，提高音乐节奏感。整个活动幼儿参与度高。

【不足】

少数幼儿控球能力不足，会出现跑球的现象。

【改进措施】

家园共育，引导幼儿在家进行拍球打卡练习。

活动2 变换方向拍球

一、活动名称

变换方向拍球

二、活动对象

5～6岁幼儿

三、《指南》目标

【领域】健康领域。

【维度】动作发展。

【目标1】具有一定的平衡能力，动作协调、灵敏。

【具体目标】5～6岁：能以合作的方式进行游戏。

四、活动目标

1.练习原地和前后左右四个方向单双手拍球的技术。

2.能够运用变向拍球的方法绕过障碍物。

3.愿意参加比赛，在团队合作中感受游戏的乐趣。

五、活动准备

幼儿经验准备：有合作游戏的同伴，能辨别左右。

教师资源准备：平整的场地、螃蟹方向指示牌、比赛道路通道、路障若干、绳子若干、终点标志。

六、活动过程

【环节一】热身运动，导入活动。

师：各位小朋友们，快来看今天老师变成了什么？

幼：螃蟹。

师：小螃蟹们，快和我一起随着音乐动起来吧！

（幼儿随老师进行螃蟹拍球体操）

【分析与解读】

以幼儿喜欢的情景导入，用音乐调动幼儿兴趣，进行热身花样拍球运动，为接下来活动做铺垫。

【环节二】尝试原地四个方向拍球。

1.根据方向指示牌，探索不同方向拍球。

师：今天的小螃蟹要进行大迁徙，但是迁徙的路上困难重重，道路弯弯曲曲，而且有众多的指示牌，你们能看懂这些指示牌吗？

幼1：这是向左。

幼2：这是向前。

幼3：这是向右。

师：如果你碰到这个方向，说明我们要怎么拍球？

幼：按照这个方向的提示来拍。

师：哪位勇敢的小螃蟹来试试？

（教师变换放方向指示牌，个别幼儿尝试）

师：这几个小朋友在拍球时有什么特点？

幼：遇到哪个方向，就要把身体转向哪个方向来进行拍球。

师：小螃蟹们，我们现在一起随着老师的方向牌来试试吧！

（教师出示方向牌，随口哨引导幼儿练习前、左、右、后变向拍球）

【分析与解读】

幼儿的思维为直观形象思维，根据方向牌的指示能够直观地理解拍球的方向；同伴的示范以及教师的引导练习可帮助幼儿熟悉本节活动重点技能。

【环节三】行进式变向拍球与游戏。

1.行进式变向拍球。

师：恭喜我们的小螃蟹，掌握了技能。如果我们要成功迁徙，需要小螃蟹们带上我们的球行走，你们敢不敢挑战呢？

幼：敢挑战。

师：请小朋友分成两纵队，准备动作，开始！

（教师出示方向牌，引导幼儿跟随方向牌与哨声向前行进、向左转弯行进、向右行进练习）

2.障碍游戏比赛：《螃蟹迁徙》。

师：小螃蟹们，你们的本领可真厉害，接下来我们就迎来了迁徙比赛。在迁徙路上，不再出现指示牌，但是你可以根据我们的道路以及障碍物判断你可以改变的方向。我们的游戏规则：两组小螃蟹同时从起点出发，沿跑道走向终点，哪一队率先走到终点则获胜。

（幼儿游戏。教师总结比赛情况，颁发小奖励。进行放松运动并整理器械）

【分析与解读】

通过层次化、循序渐进地练习，幼儿在游戏中巩固变换方向拍球，练习行进中变换方向拍球。在结束活动后，幼儿以柔和的律动进行放松运动，缓解身体的紧张感，并有序地整理器械，养成良好的习惯。

【环节四】活动延伸

师：请小朋友们回家跟爸爸妈妈一起玩一玩《螃蟹迁徙》的游戏。

七、反思与调整

【优点】

在这个活动中幼儿成为主体，整个活动都是根据"螃蟹迁徙"这一线索进行的。其次，教师放手让幼儿自由探索操作的方法，在说一说、看一看、玩一玩中掌握变换方向拍球的技巧。最后，本节活动所有环节层层递进，循序渐进，幼儿逐步提高运动技能，由在原地变换方向到行进中变换方向再到与同伴合作比赛，在玩中学，习得技能，获得愉悦。

【不足】

在活动中未能让幼儿去探索变换方向拍球的其他玩法。

【改进措施】

留有时间允许幼儿探索更多变换方向的玩法，并回到教室进行记录，提升游戏水平。

活动3 小熊过桥

一、活动名称

小熊过桥

二、活动对象

5～6岁幼儿

三、活动目标

1.通过走平衡木进行探究学习，幼儿掌握并提升自己的平衡力。

2.在活动过程中，培养幼儿沉着冷静、勇于挑战的品质。

3.体验体育活动的乐趣。

四、活动准备

幼儿经验准备：知道小熊过桥的儿歌。

教师资源准备：平衡木四根、四种不同的身体颜色粘贴卡、体操凳、沙袋、音乐《三只小熊》、放松音乐《虫儿飞》。

五、活动过程

【环节一】情境导入，热身活动。

师：小朋友们，还记得我们之前学的小熊过桥的儿歌吗？

幼：记得。

师：那我们现在变身成小熊，一起来随《三只小熊》动起来吧！

【环节二】兴趣激发，进行探究。

师：小熊们，今天熊妈妈带你们一起玩过小桥的游戏，一起来玩吧。

幼：好。

师：我们的游戏围绕平衡木进行。你们敢接受挑战吗？

幼：敢。

师：请小朋友快速站到和自己卡片颜色一样的平衡木旁。

师：小朋友们，我们一起来说一说，平衡木可以怎么玩？

幼1：可以抬东西。

幼2：可以举着玩。

幼3：可以走一走。

师：让我们一起来玩吧。

小结：通过提问，可以激发幼儿的想象力，发散兴趣，探究一物多玩。

【分析与解读】
　　教师与幼儿进行有关平衡木一物多玩的话题互动，引导幼儿探索和发现平衡木的多样玩法，激发幼儿的兴趣。

【环节三】小熊过桥。

师：熊宝宝们，请你说一说，我们怎样能把平衡木架成小桥？

幼：用两个体操凳撑住他们。

幼2：还可以用轮胎。

师：小朋友们的想法真不错，那我们开始架桥吧，看看哪一组的小朋友最先完成。

师：我们的小熊宝宝可真厉害，通过大家一起合作很快就把四座小桥铺好了，那熊宝宝们想不想试一下走小桥呢？

幼：想。

师：我们一起试一试吧。

【分析与解读】

引导幼儿尝试探索多种方式架小桥和过小桥，激发幼儿参与活动的兴趣。

【环节四】幼儿尝试多种方式过小桥。

师：刚才熊宝宝们走小桥的时候，用了很多不同的方式方法，哪位熊宝宝来展示一下呢？

（幼儿展示螃蟹横着走）

师：小熊宝宝们，你们觉得哪个熊宝宝又快又稳地过了小桥呀？

幼：用螃蟹走的熊宝宝。

师：哪种方法比较困难呢？

幼：向前走。

师：熊宝宝们，我们一起来挑战一下吧！

（幼儿自主尝试，教师帮助指导）

【分析与解读】

通过探究，幼儿尝试多种通过小桥的方法，体验游戏的乐趣。

【环节四】挑战升级，多次进行。

师：熊宝宝们，现在熊妈妈给大家提高难度了，你们想不想挑战一下呢？觉得自己想挑战单根平衡木的可以挑战单根平衡木，喜欢玩两根平衡木的熊宝宝就继续玩。

（幼儿尝试自己喜欢的玩平衡木方式）

师：熊宝宝们，我们现在进行一场比赛，比赛规则是走一块平衡木板不落地，看哪一队完成得最棒。

（幼儿开始进行挑战，教师小结幼儿初次挑战遇到的问题，再次进行比赛）

【环节五】放松活动。

师：熊宝宝们今天累不累啊？我们是不是很厉害？让我们一起坐在平衡木上吧！跟着音乐一起拍一拍肩膀，拍拍腿，给旁边的小朋友拍一拍，我们一起整理完，然后回教室喝水吧。

六、反思与调整

【优点】

教师始终将幼儿的兴趣放在首位，尊重幼儿，运用开放式提问，鼓励幼儿表达，并有效回应，及时肯定幼儿的想象力。

【不足】

幼儿表达的积极性非常高，教师没有很好地把握住时机，给幼儿充分表达的机会。

【改进措施】

教师为幼儿创造更多表达的机会。

活动4　猴子爬山

一、活动名称

猴子爬山

二、活动对象

5~6岁幼儿

三、《指南》目标

【领域】健康领域。

【维度】动作发展。

【目标1】具有一定的平衡能力，动作协调、灵敏。

【具体目标】5~6岁：能以手脚并用的方式安全地爬攀爬架、网等。

四、活动目标

1.能以手脚并用的方式安全地爬攀爬架。

2.在活动过程中，锻炼幼儿的核心力量和四肢的协调能力。

3.培养幼儿不怕困难、勇于挑战的品质，体验体育活动的乐趣。

五、活动准备

幼儿经验准备：知道猴子爬山的动作。

教师资源准备：绳子、平衡木、攀爬架、海绵垫、轮胎若干、放松音乐。

六、活动过程

【环节一】谈话导入，热身活动。

师：小朋友们，你们平时跟爸爸妈妈一起去爬过山吗？

幼：爬过。

师：那你们是自己爬还是让爸爸妈妈抱呢？

幼1：我自己爬的。

幼2：我让爸爸抱着。

师：那今天老师这里有个闯关活动，小朋友们学到新本领，下次就可以自己爬山了。在闯关之前，我们先来做个热身操。

【分析与解读】
通过谈话导入，激发幼儿参与活动的兴趣。

【环节二】变身小猴子，尝试手脚着地和手膝着地。

师：小朋友，齐天大圣孙悟空听说蟠桃园的桃子熟了，它要去摘桃子，你们想不想去啊？

幼：想。

师：那在去蟠桃园的路上有两条小路，一条绳子索道，一条垫子通道，我们要怎样爬过去呢？

幼1：我们可以手脚着地穿过绳子。

幼2：可以跪着爬过垫子。

师：小朋友的方法可真多呀，那现在我们变身小猴子一起来试试吧。

【分析与解读】

设置情景，引导幼儿探索练习攀爬的动作。

【环节三】闯关活动：《猴子爬山》。

师：小朋友都练会了新本领，现在我们就可以和孙悟空一起去蟠桃园摘桃子了。想要到达蟠桃园我们还需要通过闯关，小朋友敢不敢接受挑战？

幼：敢！

师：我们班的小朋友都是勇敢的小猴子呢！那请仔细听闯关规则，不遵守规则的小朋友闯关就会失败。小朋友先是用手脚着地的方式穿过绳子索道，然后爬上攀爬架，爬过平衡木，最后用手膝着地的方式爬过垫子通道，就可以到达蟠桃园了。在爬的过程中一定要注意安全，不推挤。听明白了吗？

幼：听明白了。

师：我们一起试一试吧。

【分析与解读】

通过闯关活动，锻炼幼儿的身体协调性、平衡性，使其体验体育活动的乐趣。

【环节四】放松活动。

师：猴宝宝们今天累不累啊？你们今天表现得真是太棒了，都是敢于接受挑战的小勇士！让我们一起来跟着音乐拍拍肩膀、拍拍腿，给旁边的小朋友拍一拍。好了，小勇士们，我们还有最后一项任务，一起来整理好我们的场地吧。

七、反思与调整

【优点】

通过这一游戏，幼儿掌握了攀爬的技能，并且在游戏中不断地与队友互动合作，增强了他们的团队精神。同时，教师的规则引导提高了幼儿的自信心和勇气，培养了他们的好习惯，让他们在健康地成长中获得快乐。

【不足】

部分幼儿没有看教师示范，游戏规则不清晰，自顾自地游戏。游戏结束时教师没有及时对闯关成功组进行反馈。

【改进措施】

教师及时关注全部幼儿的表现。

活动5　小兔跳绳

一、活动名称

小兔跳绳

二、活动对象

5～6岁幼儿

三、《指南》目标

【领域】健康领域。

【维度】动作发展。

【目标1】具有一定的平衡能力，动作协调、灵敏。

【具体目标】5～6岁：能连续跳绳。

四、活动目标

1.知道跳绳的多种玩法。

2.练习运用绳子做各种动作的技能，增强幼儿的弹跳力，发展幼儿动作的协调性和灵活性。

3.提高幼儿身体的协调能力，体验玩游戏的乐趣。

五、活动准备

幼儿经验准备：知道跳绳的一些常见玩法。

教师资源准备：绳子、《兔子舞》音乐、放松音乐。

六、活动过程

【环节一】谈话导入，热身活动。

师：小朋友们，老师今天请来了兔宝宝来幼儿园做客，它给小朋友们带来了好玩的东西。你们看这是什么？

幼：跳绳。

师：现在让我们拿起手中的跳绳，一起来跳《兔子舞》，欢迎兔宝宝来做客吧！

【分析与解读】

通过谈话导入，激发幼儿参与活动的兴趣。

【环节二】探究趣味跳绳。

师：小朋友们，兔宝宝觉得我们班的小朋友特别聪明，想考考我们。请你想一想你手中的这根绳子可以怎么玩呢？

幼1：可以双脚跳过去。

幼2：可以把绳子放在地上跨越跳。

幼3：可以跑着跳。

师：哪位小朋友想上来示范一下自己的玩法呢？（鼓励幼儿大胆表现自己）让我们一起向他学一学吧。

幼1：我们可以这样手脚着地穿过绳子。

幼2：可以双腿跪着爬过绳子。

【分析与解读】

设置情景，引导幼儿探索跳绳的玩法。

【环节三】"照镜子"游戏。

师：小朋友们，兔宝宝还带来了一个好玩的游戏，游戏的名字叫"照镜子"。请仔细听游戏规则：男生一组、女生一组，站在第一个的男生、女生和后面的小朋友面对面，其他的小朋友需要向后转，第一个的男生和女生轻拍后面小朋友的后背，这时被拍到后背的小朋友需要面向前面的小朋友，然后站在第一个的男生、女生和后面的小朋友面对面用绳子做一样的动作，然后依次传递，站在最后的小朋友面向大家做出动作，看看是小男生做的动作标准还是小女生做的动作标准。

【分析与解读】

"照镜子"游戏不仅能够锻炼幼儿的肢体协调能力，还能够锻炼幼儿的记忆力，让幼儿体验与同伴合作的乐趣。

【环节四】探究绳子的多种玩法。

师：我们的兔宝宝是一只聪明能干的小兔子，哪位小朋友会连续自摇自跳？谁想上来试一下呢？（鼓励幼儿大胆表现自己）

师：除了以上的玩法，还可以怎样玩呢？

幼：还可以连续跳。

师：让我们一起试一试吧。

【环节五】活动延伸。

师：小朋友你们今天表现得真是太棒了，都是敢于接受挑战的小勇士！让我们一起来跟着音乐拍拍肩、拍拍腿，一起来整理好我们的场地吧！

七、反思与调整

【优点】

通过自主探索跳绳的玩法，引起幼儿的兴趣，锻炼了幼儿的想象力以及肢体协调的能力。通过展示自己的玩绳方法增强了幼儿的自信心。

【不足】

个别幼儿不会连续跳绳，教师缺少评价，这样导致了幼儿并没有掌握动作要领。

【改进措施】

建议不会连续跳绳的幼儿回家后多加练习，教师要给予鼓励。在活动过程中要多关注不愿跳绳和跳得相对较差的幼儿，多给予鼓励和指导。

活动6　扔沙包

一、活动名称

扔沙包

二、活动对象

5～6岁幼儿

三、指南目标

【领域】健康领域。

【维度】动作发展。

【目标2】具有一定的力量和耐力。

【具体目标】5～6岁：能单手将沙包向前投掷5米左右。

四、活动目标

1.练习踢、投、跳跃、跑、躲闪等基本动作。

2.培养幼儿的灵活性、敏捷性、动作的协调性。

3.乐意参与游戏，体验游戏的乐趣。

4.喜欢帮助别人，与同伴友好相处。

五、活动准备

材料准备：爬行垫、平衡木、沙包若干，搭建碉堡模型2座。

场地布置：在操场上布置好场地。

六、活动过程

【环节一】趣味热身。

1.教师做指挥员，幼儿做勇敢的小战士，指挥员带领小战士进入场地。

师：今天我们要进行特训，现在，请小战士们跟我一起做热身运动吧！

（放音乐《我是一个兵》，幼儿跟随老师学解放军的样子做热身运动）

【分析与解读】

趣味热身运动，激发幼儿参加体育活动的积极性。

【环节二】幼儿学习新本领并完成任务。

师：小战士们，你们看我给你们带来了什么？

幼：沙包。

师：现在请你们每人拿一个沙包，找一块空地玩一玩，看看沙包可以怎么玩。注意拿的时候要排好队，有次序地拿沙包。

（幼儿自由探索沙包的玩法）

师：小战士们，你们是怎么玩的？谁愿意来展示一下？

幼1：我是拿着沙包往前扔的。

幼2：我把沙包放在头上顶着玩。

幼3：我用腿夹着沙包往前跳着玩。

师：小战士们看，刚才小朋友的这个动作，有个好听的名字，叫投掷。今天你们就跟指挥员学习这个本领，我们先学习正面投掷。小战士们请看，两脚前后开立（左脚在前）面对前方，右手拿东西向后、向上放，上体稍向后屈，重心落在右脚上，右脚用力蹬地，同时右臂向前上方挥动，将物体投掷出去。

师：现在我们来练习投掷，我们分两组进行，比 比看谁投得远。注意：前面一组投出去、捡完沙包回来，下一组听到口令才能投掷，一定要听口令、注意安全，不能打到别的小战士。第一排听口令，我数到3就投出去，1、2、3！第二排准备……

（幼儿反复练习）

【分析与解读】

幼儿主动探索沙包玩法，激发学习新技能的积极性。

【环节三】集体游戏：炸碉堡。

师：我的小战士们真棒，本领练好了！看，那边有敌人的碉堡，我们一起去炸掉它们！我们的沙包就是手榴弹。哪个战士愿意先去探路？我们要跨过小河、钻过山洞、翻过小山，才能到达碉堡面前。注意：路上有一定的危险，过河时一定不能掉到河里，打碉堡时需要小战士们一起努力、一起打才能打掉，不能离得太近，小心受伤！

（观察幼儿动作掌握情况，教师纠正动作，请个别幼儿示范标准动作：跨过小河、钻过山洞、翻过小山，找到碉堡，瞄准目标，准备射击。组织幼儿站成两队，再次游戏）

师：那我们来比一比，看谁速度最快。

【分析与解读】

此环节锻炼了幼儿手臂的力量并让他们掌握正确的投掷方法，训练了幼儿动作的协调性，培养了幼儿克服困难的品质和合作的意识。

【环节四】师幼交流，放松整理。

师：今天，我的小战士们出色地完成了任务，真能干，给自己鼓鼓掌！谁来说一说你是怎么消灭敌人的？路上遇到了什么困难？你害怕了吗？（鼓励幼儿大胆表达）我们在生活中，不管遇到什么困难，都要勇敢面对，一起想办法解决，能做到吗？

幼：能。

（在音乐伴随下做放松运动，师幼共同整理场地）

【分析与解读】

放松身体的各个部位，促进幼儿身心健康发展。

七、反思与调整

【优点】

幼儿对投掷沙包很感兴趣，提高了投掷能力。本活动发展了幼儿动作的协调性，培养了幼儿团结友爱的精神。在活动过程中，让幼儿自己寻找各种玩法，通过多角度开展运动，让幼儿运用不同方式去运动、去创造，幼儿的主体性得到了充分的尊重，幼儿在活动中锻炼了体能，发展了抛、跳、接等能力。

【不足】

个别幼儿容易违反游戏规则，在以后的游戏中一定要引导幼儿遵守游戏规则。

【改进措施】

在活动中多关注幼儿的兴趣、经验和表现，引导幼儿学会遵守规则。

活动7　投掷小达人

一、活动名称

投掷小达人

二、活动对象

5～6岁幼儿

三、指南目标

【领域】健康领域。

【维度】动作发展。

【目标2】具有一定的力量和耐力。

【具体目标】5～6岁：能单手将沙包向前投掷5米左右。

四、活动目标

1.通过投掷练习，提高幼儿协调性和灵敏度。

2.通过游戏逐渐掌握投掷技巧，提高投掷的准确性。

五、活动准备

幼儿资源准备：地板块、平衡木、拱形圈、沙包。

教师资源准备：音乐、活动场地。

六、活动过程

【环节一】热身运动。

教师做指挥员，幼儿做勇敢的小战士，指挥员带领小战士进入场地。复习学过的一些动作：平衡、双脚跳、弯腰小跑、卧倒。

师：今天，我们又要学习新本领了，在学习新本领前，我们先来复习一下学过的本领。

【分析与解读】

热身运动，引起幼儿兴趣，为下一环节做铺垫。

【环节二】学习新本领并完成任务。

师：小小兵们要学习新本领了，你们看，这是什么？

幼："电网。"

师：我们该怎么过"电网"呢？幼儿相互讨论并在原地做出动作。

师：下面请几位勇敢的小小兵做一下动作，大家要看仔细了，他们中谁的爬法最像解放军叔叔？（两三个幼儿同时示范，其他幼儿观察，比较出谁最像解放军的爬法。教师原地示范，边做边讲解动作要领，幼儿在地垫上边看边听，进行动作练习）

【分析与解读】

通过讨论，幼儿运用已有经验掌握匍匐前进动作。

【环节三】玩游戏:勇敢的小小兵。

师：小小兵们学会了这么多的本领，你们真棒！今天，我们要用学会的本领执行一项战斗任务——炸掉敌人的城堡，你们怕不怕？

幼：不怕。

师：你们看，这是任务的线路图，我们先来看这个任务要经过什么地方？

幼：钻过山洞→走过小桥→爬过电网→用沙包炸碉堡→返回。

师：在这项任务当中，你觉得哪个项目最难完成？(幼儿说出后，老师讲一下动

作要领)

师：小小兵们，你们能够完成这个任务吗？

幼：能。

【分析与解读】

创设情境，幼儿在闯关的过程中达成目标，突破重难点。

【环节四】幼儿尝试投掷并分组进行比赛。

老师发出"开始"的口令，幼儿钻过山洞→走过小桥→爬过电网→用沙包炸敌人碉堡。

师：小小兵们是怎样用沙包炸碉堡的？

幼：用力把沙包扔出去。

师：如何用力呢？脚是什么姿势？手臂怎样用力？（找幼儿示范，游戏反复进行，教师肯定幼儿出色表现）

【分析与解读】

运用比赛的形式再次进行游戏，增加游戏趣味性。

【环节五】放松结束

放音乐《我是一个兵》，幼儿做放松操。

师：小小兵们，今天开心吗？

幼：开心。

师：完成了任务我们放松一下，跟着音乐做放松操！

七、反思与调整

【优点】

教师始终将幼儿的兴趣放在首位，尊重幼儿，运用开放式提问，鼓励幼儿表达，并有效回应，及时肯定幼儿的表现。

【不足】

幼儿表达的积极性非常高涨，教师没有很好地把握住时机，给幼儿充分表达的机会。

【改进措施】

教师提供更多的机会、让幼儿充分表达。

活动8 天冷我不怕

一、活动名称

天冷我不怕

二、活动对象

5～6岁幼儿

三、指南目标

【领域】健康领域。

【维度】动作发展。

【目标1】具有一定的平衡能力，动作协调、灵敏。

【具体目标】5～6岁：能连续跳绳。

四、活动目标

1.锻炼幼儿身体的平衡能力和协调能力。

2.乐于探索跳绳的多种玩法，体验创造性玩绳的多种乐趣。

五、活动准备

幼儿经验准备：会跳绳。

教师资源准备：平整的场地、绳子若干。

六、活动过程

【环节一】健康操活动导入。

师：小朋友，我们一起跟着音乐做模仿操吧！（可组织幼儿连做两遍，让幼儿能明显感受到身体的变化）

师：小朋友们做完模仿操后，感觉身体和做操前有什么不同？

幼：做完操身体热热的。

师：做操前我们的身体觉得有点冷，刚刚锻炼身体后觉得身体有点热了，这是因为我们运动了，所以身体就有点热了！

师：小朋友们，在冬天我们可以通过哪些方式来抵御寒冷呢？

幼1：跑步。

幼2：跳绳。

幼3：拍球。

师：小朋友们，抵御寒冷的方法可真多呀！下面就让我们用小朋友说的这些方法来御寒吧。

【分析与解读】

引导幼儿体验冬天进行体育锻炼前后身体的感受，鼓励幼儿不怕冬天的寒冷，积极参加体育锻炼。

【环节二】花样玩绳。

师：小朋友们看，老师给小朋友带来了什么？

幼：跳绳。

师：今天这一堂活动，我们就先用跳绳的方式来抵御寒冷吧。

师：小朋友们，你们玩过跳绳吗？你们都知道哪些好玩的跳绳游戏？

幼1：双脚跳绳。

幼2：两个人摇着一个人跳。

师：今天老师给小朋友带来了好玩的花样跳绳游戏，让我们一起来玩一玩吧。

【环节三】教师讲解游戏规则及注意事项。

1.玩法一：走小路。

两条绳拉成间隔一定距离的平行线做小路，幼儿在小路中间走，踩绳、出绳为犯规。

2.玩法二：走钢丝。

把绳子拉成直线或S形，幼儿踩绳前进。

3.玩法三：踩绳跳。

每人一根一米长的绳子，两手捏住绳子的两端，双脚踩在绳子的中间部位，两手拉紧绳子，双脚用力向前跳，脚不离绳。

4.玩法四：连续跳绳。

边跳边跑、单脚跳、交换脚跳、向后翻绳跳等。

5.总结游戏情况，做放松运动。

【分析与解读】
通过逐步操作，让幼儿体验玩法。

【环节四】活动延伸
请小朋友们回家跟爸爸妈妈一起游戏并分享今天的收获。

七、反思与调整

【优点】

在跳绳活动中，充分发挥幼儿自主性，让他们懂得一根跳绳能有多种玩法，学会在活动中思考，在玩中锻炼。通过游戏，发展幼儿的协调能力，激发幼儿积极参加体育活动的兴趣，在快乐中锻炼身体。

【不足】

活动中，教师用语过于成人化和书面化，导致幼儿对其中一些较为抽象的词语和句子产生疑问，如果能改为幼儿较好理解的语言会更好。

【改进措施】

教师用语中的不足，在下一次活动中要加以改进，以促进活动效果更好地提升。